KB063819

통일과 전쟁, 고려 태조 왕건

한국중세사학회 연구총서 9

통일과 전쟁, 고려 태조 왕건

김 명 진 지음

혜안

책을 펴내며

나의 전공은 한국사이다. 그 중에서도 고려시대사, '고려 태조 왕건의 통일전쟁'이 내 주 전공이다. 그런데 나는 여러 대학에서 강의명은 조금씩 다르지만 주로 '교양 한국사'를 10년 넘게 강의하고 있다. 그 쌓인 양이 많아서 이제는 '교양 한국사'가 나에게 제2의 전공이 아닌가 하는 생각이 든다. 이 과목이 굉장히 중요한데 대학원에서 '교양 한국사' 전공은 없다. 이는 모순이다. 나는 이 강의에서 학생들의 마음에 오래 남을 교양으로서의 한국사를 가르치려 노력하고 있다.

한국사 강의 초반에 학생들에게 반드시 물어보는 주제가 있다.

"통일을 찬성하는가? 통일을 반대하는가? 편하게 손을 들어보세요."

한 번은 이런 일이 있었다. 중국에서 유학 온 여학생이 수강하였다. 그 여학생은 한국말을 잘했는데 남북한 통일 반대에 힘차게 손을 들었다. 나는 통일 반대에 손을 든 그 유학생에게 물었다.

"왜 남북한 통일을 반대하나요?"

"지금도 한국은 잘살고 강합니다. 만약 통일이 되면 더 잘살고 강해질 겁니다. 그러면 중국한테 불리합니다. 그래서 남북한 통일을 반대합니다."

순간 강의실이 조용하였다. 아! 정적에 휩싸인다는 게 이런 거구나. 내가 특별히 더 설명을 안 해도 수강생들은 깨달았다. 학생들은 자신이 남북통일을 반대하면 결과적으로 중국을 이롭게 한다는 것을 그 유학생의 말을 통해서 제대로 알았다. 반대로 통일을 하면 우리한테 이롭다는 것을 학생들은 알게 되었다. 그 학기 한국사 통일 강의는 대성공이었다.

대학생들에게 물어보면, 대부분 초중고에서 단 한 번도 통일교육은 없었다고 말한다. 어쩌다 통일교육을 받은 적이 있었다는 학생의 이야기를 들어보면, 그 학생이 받았다는 통일교육은 반공교육이었다. 통일 찬반에 대한 이유를 물으면, 학생들은 나름 근거를 들어 말한다. 일단 나는 반대하는 학생에게 그 이유를 논리적으로 옹호해주고, 찬성하는 학생에게도 그 이유를 논리적으로 옹호해준다. 그런 다음 서로 상대를 설득시키라고 주문한다. 한참을 서로 설득한다. 때에 따라서 같은 의견을 갖고 있는 옆 학생이 동조하기도 한다.

"경제적 사상적 차이로 인한 격차와 이질화 때문에 통일을 반대한다. 아니다. 오히려 북한의 지하자원 같은 경제적 이로움, 군대를 안 갈 수도 있다는 남학생들의 외침 등의 이유로 통일을 찬성한다."

이러한 견해들이 한참 오간 후에, 나는 한 화면을 보여주고 웃으며 말한다.

"통일을 반대한 학생들은 헌법을 위반했습니다."

한국 사람들은 통일을 반대할 권리가 없다. 우리 헌법은 여러 곳에 통일을 해야만 된다는 문구를 품고 있다. 2016년 10월 29일 1차 촛불집회부터 2017년 5월 9일 대통령보궐선거까지 국민의 힘으로 정권을 바꾸었다. 이는 '촛불혁명'이라 이름을 붙여도 되리라 판단된다. 촛불혁명은 한국, 나아가 세계 민주주의 역사에 큰 획을 그은 대사건이었다. '행동하지 않는 양심은 악의 편이다'라는 말이 있다.

나는 촛불을 들었다. 그런데 데모가 진화하였다. KTX고속열차 타고 광화문 광장 가서 LED 촛불로 시위하고 우리 집이 있는 천안으로 내려오곤 했는데 나 같은 사람이 천안에 많아서 놀랐다. 주둥이로만 학생들에게 바름을 가르치면 결과는 그름이 될 것이다. 이 혁명의 도화선을 제공한 박근혜와 최순실이 큰일을 했다. 두 사람은 한국인에게 헌법공부를 제대로 시켰다. "대한민국은 민주공화국이다. 대한민국의 주권은 국민에게 있고, 모든 권력은 국민으로부터 나온다."

나는 우리나라 사람들에게 헌법을 조금 더 읽어 보시길 권하고 싶다. 우리는 통일을 찬성할 의무만 있지 반대할 권리는 없다. 우리가 통일을 반대하려면 헌법에 들어있는 통일이라는 단어를 다 빼고 개정하면 된다. 그러나 이는 불가능하다. 헌법을 들먹이니 학생들이 숙연해졌다. 수강생들이 내 '교양 한국사' 강의를 듣고 통일에 대한 생각이 긍정으로 바뀌었다고 말할 때 나는 보람을 느낀다. 훗날 "통일은 도둑처럼 찾아왔다"고 말할 것인가? 나는 잡초(雜草)지만 남북통일에 조그마한 보탬이라도 해야 떳떳할 것 같아 노력하고 있다.

대한민국 통일부 장관은 왜 나를 안 알아봐 주는지 모르겠다.

우리나라 건강의 상징은 전두환이다. 그의 건강비결은 5·18민주화운동과 북한군을 억지 연계시키며 쾌감을 느끼는 것이 아닐까 한다. 나는 운전 중에 라디오를 틀곤 한다. 상황은 다소 다르지만 어느 전직 팽 당한 의원이 라디오에 희망곡을 신청하여 전 국민에게 들려준 노래가 있다. '봄날은 간다'. 이 노래를 여러 가수가 불렀는데 그 중에서 조용필 버전이 제일 좋단다. 웃느라 운전이 즐겁다.

세상의 모든 것은 우리에게 가르침을 준다. 시궁창에서도 진리가 있다. 시궁창은 우리에게 더럽다는 것을 가르쳐 준다.

나는 두 가지 이유로 운동을 한다. 요즘 나는 바쁘지만 짬을 내서 하루 십리씩 걷는데, 작게는 전두환보다 오래 살고 싶어서 운동을 한다. 크게는 우리 민족이 통일되는 것을 보려면 오래 살아야 하기에 나는 오늘도 십리를 걷는다. 안 걸으면 발병날 것 같다.

이 책은 고려 태조 왕건의 통일전쟁에 관한 내용을 품고 있다. 내 박사학위논문을 다듬어 『고려 태조 왕건의 통일전쟁 연구』라는 단행본을 2014년에 내놓았다. 그후 연구 성과로 만들어진 논문 6편을 모아서 혹시 있을지 모를 일반인 독자까지 생각하여 조금 쉽게 풀어서 정리한 것이 이 책이다. 앞선 책의 2탄인 셈이다. 남북통일을 원하는 내가 왕건의 통일에 대해서 연구하는 것은 당연한 숙명이라 하겠다.

2018년은 고려 건국 1100주년이 되는 해이다. 왕건이 주인공인 고려 건국을 기념함에 비록 실력은 없지만 왕건 연구자인 내가 가만히 있는 것은 스스로에 대한 직무유기이다. 그래서 이 책은 세상의 빛을 보고 싶어한다. 왕건은 918년 음력 6월 15일에 고려를 건국하였다. 이 책의 발행일은 그 날짜의 상징성 때문에 굳이 음력을 양력으로 환산하지 않고 6월 15일로 맞추었다.

책은 크게 2편으로 나누어 담았다. 제1편에는 삼한일통과 왕실신성화, 질자정책(기인), 기병 운영 등을 모아 거창하게 '정책 및 군사운영(軍事運營)'이라고 하였다. 제2편에는 고려 통일전쟁의 여러 전투 중에서 그 셋을 담아 '전투 실상'이라 이름 붙였다.

본문은 한글전용을 원칙으로 쓰되 한자는 괄호 안에 넣었다. 다만 이 책의 본질이 전문 연구서이기에 각주는 한자 원문을 그대로 적었다. 이 책은 내가 만든 새로운 용어들이 담겨 있다. 다국시대, 후다국시대, 후다국통일, 자칭장군, 장군의 시대, 과시의 시대, 통일고려, 질자정책, 갑사부대 등등.

이 책이 세상에 나올 수 있도록 격려해주신 은사님들, 한국중세사학회 임원진 선생님들, 선후배 · 동료 연구자님들께 삼가 감사 인사를 올린다. 경제적으로 도움이 안 될 이 책을 흔쾌히 발간해 준 도서출판

혜안의 배려도 마음에 담아 놓으려 한다. 특히 이 책에 새로운 기운을 넣어 주신 김태규 선생님께도 "고맙습니다"라는 인사를 전하고 싶다.

2018년 6월 15일

고려 태조 왕건이 오른 산이라 해서 이름 붙여진 천안 태조산 품에서

김 명 진

목 차

제2편 전투 실상

표·도 목차

| 출전 |

1. 김명진, 「고려 태조 왕건의 삼한일통과 왕실 신성화 검토」『한국중세사연구』 46, 한국중세사학회, 2016.(이 책의 Ⅰ장에 수록)
2. 김명진, 「고려 태조 왕건의 질자정책에 대한 검토」『한국중세사연구』 35, 한국중세사학회, 2013.(이 책의 Ⅱ장에 수록)
3. 김명진, 「고려 태조 왕건의 기병 운영에 대한 검토」『군사』 101, 국방부 군사편찬연구소, 2016.(이 책의 Ⅲ장에 수록)
4. 김명진, 「고려 태조 왕건의 일모산성전투와 공직의 역할」『군사』 85, 국방부 군사편찬연구소, 2012.(이 책의 Ⅳ장에 수록)
5. 김명진, 「고려 태조 왕건의 공산동수전투와 신숭겸의 역할」『한국중세사연구』 52, 한국중세사학회, 2018.(이 책의 Ⅴ장에 수록)
6. 김명진, 「고려 태조 왕건의 운주전투와 긍준의 역할」『군사』 96, 국방부 군사편찬연구소, 2015.(이 책의 Ⅵ장에 수록)

제1편

정책 및 군사 운영(軍事運營)

Ⅰ. 삼한일통과 왕실 신성화

1. 머리글

고려 태조 왕건(高麗 太祖 王建, 재위 : 918~943)[1]은 9세기 후반과 10세기 전반에 걸쳐 전개되었던 분열의 시기에 여러 세력 및 국가를 하나로 만들어 '통일고려(統一高麗)'[2]를 탄생시켰다. 한국사 육지 영역의 주 무대는 만주와 한반도이다. 남쪽의 신라는 진성여왕대(재위 : 887~897)부터 국정 운영에 심각한 문제가 발생하면서 멸망의 길로 접어들었다. 그 이북의 발해 또한 926년에 멸망하였다. 이러한 한국사상(韓國史上) 급변의 시기에 여러 세력 및 국가가 할거하였으나

---

1) 왕건은 877년 1월 14일[병술일(丙戌日)]에 태어나 918년 여름 6월 15일[병진일(丙辰日)]에 즉위, 943년 5월 29일[병오일(丙午日)]까지 살았다(『고려사』 권1, 세가1, 태조1, 글머리·원년 하6월 병진·권2, 세가2, 태조2, 26년 5월 병오 ; 『고려사절요』 권1, 태조신성대왕, 글머리). 그가 통일을 완성한 때는 936년 9월이었다(『고려사』 권2, 세가2, 태조2, 19년 추9월).

2) 한국사 최초의 통일국가는 고려이다. 필자는 그렇게 판단을 하고 있다. 따라서 이 책에서 '통일고려'라는 용어를 사용하였다. 아울러 '통일신라'라는 용어는 부정하기에 사용하지 않았다.

왕건은 이를 통일하여 새로운 시대를 열었다.

왕건의 새 시대 개창에 대한 선학의 연구 성과는 그 중요도에 걸맞게 축적되었다.[3] 따라서 왕건과 그 시대에 대한 학문적 갈증은 많은 부분 해소되었다고 말할 수 있다. 하지만 새 시대 개창이라는 중요성으로 인하여 아직도 여러 사안들에 대한 연구가 남아 있다. 예컨대 분열의 시대에 나타난 지역세력의 과장된 몸짓, 삼한(三韓)에 대한 인식, 왕건의 삼한일통(三韓一統)에 대한 의지, 고려 왕실의 신성화(神聖化) 작업에 대한 분석 등이 그것이다.[4]

---

3) 신라 말 고려 초 정치변동과 그 주역들에 대한 주요 박사학위논문은 다음과 같다. 박한설, 『高麗 建國의 研究』, 고려대학교 대학원 박사학위논문, 1985 ; 문경현, 『高麗太祖의 後三國統一研究』, 영남대학교 대학원 박사학위논문, 1986/『高麗太祖의 後三國統一研究』, 형설출판사, 1987 ; 최규성, 『고려 초기 정치세력과 정치체제 연구』, 단국대학교 대학원 박사학위논문, 1988 ; 김갑동, 『羅末麗初의 豪族과 社會變動 研究』, 고려대학교 대학원 박사학위논문, 1989/『羅末麗初의 豪族과 社會變動 研究』, 고려대학교 민족문화연구소, 1990 ; 신호철, 『後百濟 甄萱政權 研究』, 서강대학교 대학원 박사학위논문, 1989/『後百濟 甄萱政權 研究』, 일조각, 1993 ; 조인성, 『泰封의 弓裔政權 研究』, 서강대학교 대학원 박사학위논문, 1991/『태봉의 궁예정권』, 푸른역사, 2007 ; 이재범, 『後三國時代 弓裔政權의 研究』, 성균관대학교 대학원 박사학위논문, 1991/『後三國時代 弓裔政權 研究』, 혜안, 2007 ; 문수진, 『高麗의 建國과 後三國統一過程 研究』, 성균관대학교 대학원 박사학위논문, 1991 ; 정청주, 『新羅末高麗初 豪族 研究』, 전북대학교 대학원 박사학위논문, 1991/『新羅末高麗初豪族研究』, 일조각, 1996 ; 전기웅, 『羅末麗初의 文人知識層 研究』, 부산대학교 대학원 박사학위논문, 1993/『羅末麗初의 政治社會와 文人知識層』, 혜안, 1996 ; 음선혁, 『高麗太祖王建研究』, 전남대학교 대학원 박사학위논문, 1995 ; 류영철, 『高麗와 後百濟의 爭覇過程 研究』, 영남대학교 대학원 박사학위논문, 1997/『高麗의 後三國 統一過程 研究』, 경인문화사, 2005 ; 신성재, 『弓裔政權의 軍事政策과 後三國戰爭의 전개』, 연세대학교 대학원 박사학위논문, 2006 ; 김명진, 『고려 태조 왕건의 통일전쟁 연구』, 경북대학교 대학원 박사학위논문, 2009/『고려 태조 왕건의 통일전쟁 연구』, 혜안, 2014 ; 정선용, 『高麗太祖의 新羅政策 研究』, 서강대학교 대학원 박사학위논문, 2010.

4) 고려 태조대의 삼한의 인식변화·삼한 일통에 대한 분석·고려 왕실의 신성화

당시 새로운 나라를 세우고 왕이 된 사람은 견훤(甄萱)[5]과 궁예(弓裔),[6] 그리고 왕건이었다. 이들의 등장은 한국사에서 매우 특이한 첫걸음이라 하겠다. 혼란스러운 시기에 당시 민(民)들은 자신들을 보호해줄 자위력을 갖춘 지도자를 원했다. 아울러 지도자는 민들을 통솔하기 위한 권위와 힘이 필요하였다. 이러한 서로 간의 필요충분조건이 어떻게 조합되었는지, 그러면서 어떻게 통일의 길로 나아갔는지 그 내면에 숨겨진 여러 궁금함에 대하여 질문을 하게 된다.

이에 이 글에서는 다음의 세 가지 부분을 알아보려 한다. 먼저 혼란스러웠던 당시의 시대적 배경을 살펴보는 것이 요구된다. 그리고 왕건의 삼한일통 의지, 즉 통일에 대한 의식 및 그 실천에 대한 의지가 어떠했는지 살펴보고자한다. 끝으로 왕건이 삼한일통의 주도자가 되기 위해서는 민들의 호응 속에서 그 권위가 세워져 있을 때 추진동력이 붙는 것이므로 이에 대한 그 자신의 노력도 알아볼 필요가 있다.

작업 등에 대하여 다음 연구성과가 참고된다. 노태돈, 「三韓에 대한 認識의 變遷」『한국사연구』 38, 한국사연구회, 1982 ; 노명호, 『고려국가와 집단의식』, 서울대학교 출판문화원, 2009 ; 한정수, 「고려시대 태조 追慕儀의 양상과 崇拜」『사학연구』 107, 한국사학회, 2012 ; 이정란, 「高麗 王家의 龍孫意識과 왕권의 변동」『韓國史學報』 55, 고려사학회, 2014 ; 윤경진, 「고려의 三韓一統 意識과 '開國' 인식」『한국문화』 74, 서울대학교규장각한국학연구원, 2016.

5) 견훤은 왕건보다 10살 연장이었다(『고려사』 권1, 세가1, 태조1, 8년 동10월 을해). 왕건이 877년생이라 하였으니 견훤은 867년에 태어났던 것이다. 견훤이 후백제(後百濟)[당시 실제 사용한 국호는 백제(百濟)]를 건국한 해는 900년이었다(『삼국사기』 권50, 열전10, 견훤). 그는 936년 9월의 일리천전투(경북 구미) 직후에 사망하였다(『고려사』 권2, 세가2, 태조2, 19년 추9월).

6) 궁예의 태어난 해는 알려지지 않았다. 그는 901년에 고려(마진, 태봉)를 건국하고, 918년 6월에 사망하였다(『삼국사기』 권50, 열전10, 궁예 ; 『삼국유사』 권1, 왕력1, 후고려).

2. 분열과 과시(誇示)의 시대적 배경

신생 고려의 탄생은 신라의 멸망과정 속에서 나타났다. 신라는 진성여왕 3년(889)부터 급속히 혼란의 회오리에 휘말리게 되었다. 신라 혼란의 시작은 사벌주(경북 상주)에서 찾아 볼 수 있다.

Ⅰ 가) (889년에) 나라 안의 여러 주·군들이 공물과 부세를 보내오지 않으니, 창고가 비고 나라 재정이 궁핍하였다. 왕이 사신들을 보내 독촉했더니, 이로 말미암아 도처에서 도적들이 벌떼처럼 일어났다. 이때 원종(元宗)과 애노(哀奴) 등은 사벌주에 웅거해 반란하였다.[7]

위와 같이 공물과 부세가 지방으로부터 올라오지 않자, 진성여왕이 이를 독촉했더니 도적들이 벌떼처럼 일어났다고 한다. 가장 강하게 반발한 지역은 사벌주였으며 우두머리는 원종과 애노였다. 이는 진성여왕이 즉위한 후에 여자 국왕이라는 이유로 국정 장악 능력이 떨어지고,[8] 거기에 더해 기상까지 농사에 역행하면서 백성들의 삶이 어려워졌기 때문이다. 진성여왕 원년(887) 겨울에 눈이 내리지 않았다.[9] 눈이 내리지 않으면 강수량 부족으로 이어져 다음해 농사에 지장을 주는 것이었다. 바로 이어서 888년 봄 2월에는 우박이 쏟아졌으며[10] 여름 5월에는 가물었다.[11] 신라 백성들 대부분이 농부였다는 것을

---

7) 『삼국사기』 권11, 신라본기11, 진성왕, 3년, "國內諸州郡 不輸貢賦 府庫虛竭 國用窮乏 王發使督促 由是 所在盜賊蜂起 於是 元宗哀奴等 據沙伐州叛".

8) 김명진, 『고려 태조 왕건의 통일전쟁 연구』, 혜안, 2014, 30~31쪽.

9) 『삼국사기』 권11, 신라본기11, 진성왕, 원년.

10) 『삼국사기』 권11, 신라본기11, 진성왕, 2년 춘2월.

감안하면 이처럼 연이은 이상기후 현상은 당연히 농사에 큰 지장을 주었을 터이다. 백성들의 경제적 삶이 힘든 상태에서 세금 독촉까지 더해졌다. 마침내 민심의 밑바닥부터 반발하기에 이르렀으니, 이후 신라는 급속히 분열되어 갔다.

하지만 혼란스러운 '분열의 시대'를 오히려 '기회의 시대'로 만들려는 무리들이 있었다. 신라는 진성여왕 3년(889)을 기점으로 지방이 중앙정부에 반기를 들며 이탈하였다. 마치 화산폭발처럼 신라는 일시에 분열되었다. 현 경기도 안성시 죽산면 일대인 죽주(竹州)의 기훤(箕萱)과 현 강원도 원주 일대인 북원(北原)의 양길(梁吉)[12], 그리고 신라의 영토 안에 새로운 국가를 건설한 견훤과 궁예·왕건 등이 이 시기에 이름을 날린 대표적인 인물들이었다.

분열된 정국은 중국도 마찬가지였다. 당(唐)이 907년에 멸망하고 5대10국의 역사(907~979)가 시작되었다. 당이 멸망한 후에 혼란스런 중국의 상황은 다음의 간단한 기록을 통해서 이해할 수 있다.

> I 나) 5대10국 시대에 황제라고 일컬으며, 개원(改元)한 자가 일곱이었다.[13]

위의 내용에 의하면, 당이 멸망한 후에 황제를 자칭한 자가 일곱이나 되었다고 하니 대분열의 시대였음을 알 수 있다. 또한 패권을 잡고자 하는 자들이 서로 황제를 칭하는 '과시(誇示)의 시대'였다.

---

11) 『삼국사기』 권11, 신라본기11, 진성왕, 2년 하5월.
12) 『삼국사기』 권50, 열전10, 궁예.
13) 『신오대사』 권71, 십국세가연보(十國世家年譜)11, "五代十國 稱帝改元者七".

이는 한편으로 한반도의 지역세력(호족)[14]에게 기회가 되었다. 중국 쪽에서 한반도 사정에 무력으로 간섭할 상황이 아니었기 때문이다.[15] 이 와중에 북쪽에는 거란이 일어서면서 926년에 발해가 멸망하였다.[16]

이와 같이 국내외적으로 혼란과 분열이 중첩된 시기는 오히려 야망을 품은 자들에게 기회의 시대로 다가왔다. 각 지역에 할거하였던 세력들은 특정 성(城)을 중심으로 자위권을 행사하였다. 그들은 관할 민(民)의 안녕을 책임지는 보호자를 자처하였다. 당시 지역세력이라 할 만한 자들은 성주(城主)·장군(將軍)·지주제군사(知州諸軍事)·수(帥)·대모달(大毛達) 등으로 자칭 또는 불리어졌다.[17] 적괴(賊魁)·적수(賊帥)로 불리어지기도 했으나 이는 반대 세력에서 비하한 호칭이었다. 그들 자신들은 성주(城主)·장군(將軍) 호칭을 제일 선호하였다.[18]

대표적인 예를 몇 찾아 볼 수 있다. 먼저 견훤의 아버지인 아자개(阿慈介)는 상주 가은현(경북 문경시 가은읍)에서 원래 농사짓던 사람인

14) '호족'이라는 용어는 학계에서 널리 쓰이고 있지만, 이 책에서는 '지역세력'이라는 용어를 쓰고자 한다.

15) 한편 일본이 바다를 건너 한반도에 영향을 주었다는 정황도 없었다.

16) 당시 국내외 상황은, 김명진, 앞의『고려 태조 왕건의 통일전쟁 연구』, 2014, 32~35쪽 참고.

17) 김명진,「고려 태조 왕건의 운주전투와 긍준의 역할」『軍史』96, 국방부 군사편찬연구소, 2015, 184쪽.

18) 당시 성주·장군 및 지주제군사에 대해서는, 윤희면,「新羅下代의 城主·將軍-眞寶城主 洪術과 載岩城將軍 善弼을 中心으로-」『한국사연구』39, 한국사연구회, 1982 ; 전기웅,「羅末麗初의 地方社會와 知州諸軍事」『경남사학』4, 경남사학회, 1987 ; 윤경진,「나말려초 성주(城主)의 존재양태와 고려의 대성주정책」『역사와 현실』40, 한국역사연구회, 2001 ; 최종석,「羅末麗初 城主·將軍의 정치적 위상과 城」『韓國史論』50, 서울대학교 국사학과, 2004 참고.

데 집안을 일으켜 장군(將軍)이 되었다.[19] 당시 장군은 '자칭장군'과 '임명직장군'이 있었다.[20] 자칭장군은 지역세력이 스스로 장군이라 칭한 것이고, 임명직장군은 왕이 임명한 것이었다. 또한 이 둘이 혼용된 경우도 있었을 것이다.[21] 아자개가 자칭장군이라 한 것은 시기적으로 신라 중앙정부의 위상이 흔들리기 시작한 889년 이후라고 여겨진다. 그런가 하면 궁예는 894년에 명주(강원도 강릉)에서 따르는 이들로부터 장군으로 추대 받았다.[22] 궁예도 추대라는 모양새를 갖추었지만 자칭장군이 되었다.[23]

왕건의 가문에서는 선대 호경(虎景)이 성골장군(聖骨將軍)이라고 자칭했다한다.[24] 이는 왕건이 활동했던 당대의 시대적 배경이 반영되어 부회(附會)된 호칭일 것이다. 견훤은 892년에 신라서면도통(新羅西面都統)·지휘병마(指揮兵馬)·제치지절도독(制置持節都督)·전무공등주군사(全武公等州軍事)·행전주자사(行全州刺史)·겸어사중승(兼御史

---

19) 『삼국사기』 권50, 열전10, 견훤.

20) 김명진, 앞의 「고려 태조 왕건의 운주전투와 긍준의 역할」, 2015, 186쪽. 당시 등장했던 장군은 지방에서 대두한 유력자, 중앙정부에서 파견된 관인, 지방 유력자가 자칭한 경우, 특정 유력자를 정부가 임용한 사례 등, 용례상의 의미가 여러 가지였다는 견해가 참고된다(윤경진, 앞의 「나말려초 성주(城主)의 존재양태와 고려의 대성주정책」, 2001, 99쪽).

21) 이는 임명직장군이었다가 혼란한 틈에 자칭장군이라 했거나, 자칭장군이었다가 특정 왕에게 귀부하여 임명직장군이 되었을 경우를 생각해 볼 수 있다. 아무튼 당시 장군은 여러 경우의 가능성이 혼재돼 있었다. 다만 크게 자칭장군과 임명직장군의 두 부류로 나눌 수 있다. 필자는 '자칭장군'과 '임명직장군'이라는 용어를 명명해 보았다. 그런데 자칭장군이라는 문구는 사료에서도 찾아볼 수 있다(『삼국사기』 권11, 신라본기11, 진성왕, 8년 동10월, "弓裔 … 自稱將軍").

22) 『삼국사기』 권50, 열전10, 궁예.

23) 김명진, 앞의 「고려 태조 왕건의 운주전투와 긍준의 역할」, 2015, 186쪽.

24) 『고려사』, 고려세계.

中丞)·상주국(上柱國)·한남군개국공(漢南郡開國公)·식읍이천호(食邑二千戶)라고 자서(自署)하였다.[25] 이 관직 중에서 전무공등주군사(全武公等州軍事)는 '~주군사(州軍事)' 즉 '지주제군사(知州諸軍事)'류의 것이었다. 이것은 신라 조정에서 공식적으로 인정해준 것이 아니라 자신이 그렇게 자칭한 것이다.[26] 지주제군사도 장군과 같은 성격의 칭호였다.

수(帥)라 칭한 자 중에는 양주(良州, 경남 양산시)의 김인훈(金忍訓)을 들 수 있다. 그는 903년에 양주의 수로 등장하고 있었는데[27] 이 또한 장군과 같은 명칭이었다. 옛 고구려 영역인 평주(平州, 황해도 평산)에서는 박직윤(朴直胤)이 대모달(大毛達)을 자칭하였다.[28] 대모달은 원래 고구려의 장군직이었다.[29] 그가 대모달을 자칭했을 시기는 889년 이후부터 900년 이전의 어느 시점일 것이다.[30]

이상 지역세력들이 표방한 호칭에 대해서 몇 사례를 간단히 살펴보았는데 대체로 자칭장군의 유형들이었다. 또한 자칭장군들은 자신의 근거지 성의 주인이라는 뜻으로 성주를 자칭하는 경우가 대부분이었

25) 『삼국사기』 권50, 열전10, 견훤.

26) 김갑동, 「예산지역」 『고려의 후삼국 통일과 후백제』, 서경문화사, 2010, 171쪽.

27) 『고려사』 권1, 세가1, 태조1, 글머리.

28) 김용선 편저, 「朴景山 墓誌銘」 『고려묘지명집성』 제4판, 한림대학교 출판부, 2006, 163쪽.

29) 『고려도경』 권7, 관복, 영관복(令官服), "其武官曰大摸達 比衛將軍 皂衣頭大兄以上爲之". 한편, 대모달이라는 호칭이 당시에 각 지역 대토호(大土豪)를 지칭하던 장군이라는 칭호의 이 지방 토착어라는 견해가 있는데 참고된다(김광수, 「高麗建國期의 浿西豪族과 對女眞關係」 『史叢』 21·22합집, 고려대학교 사학회, 1977, 139쪽).

30) 박직윤에 대해서는, 김명진, 앞의 『고려 태조 왕건의 통일전쟁 연구』, 2014, 39~40쪽 참고.

다. 이에 대한 기록이 잘 나타난 사례로 공직(龔直)이라는 인물을 들 수 있다. 공직은 매곡성(매곡산성, 충북 보은군 회인면)의 성주이자[31] 장군이었다.[32] 그는 어려서부터 용감하고 지략이 있었다고 한다.[33] 당시 혼란스런 분열의 시대에 민은 자신들을 보호해줄 무적 능력이 뛰어난 지도자를 원했다. 그리고 해당 민에게는 가까운 거리에 외부의 적을 막아낼 수 있는 성이 필요하였다. 이 모두를 충족해줄 지도자는 필요에 따라 과장된 몸짓, 즉 자기 과시가 요구되었다. 이러한 조건을 갖춘 자들이 바로 당시의 자칭 성주·장군이었다. 무적 능력을 갖춘 자가 특정 지역에서 자기가 바로 혼란한 세상의 보호자가 될 무적 능력을 갖춘 장군이고 성의 주인인 성주라는 것이다. 공직의 예를 통해서 이러한 면들이 잘 이해될 수 있다.[34] 이 시대는 가히 '장군의 시대'라 명명해도 되리라 여겨진다.

당시 자기 과시는 지역명에서도 두드러진다. 원래 9세기 말부터 시작된 분열의 시대 이전에 신라는 전국을 9주(州)로 나누어 지배하고 있었다. 따라서 신라의 주는 현재의 도(道)와 같은 큰 단위의 지역이었다. 9주는 상주(尙州)·양주(良州)·강주(康州)·한주(漢州)·삭주(朔州)·명주(溟州)·웅주(熊州)·전주(全州)·무주(武州)였다.[35] 그런데 이 시기에 9주 이외의 주가 다수 등장하고 있다.[36] 그 예를 하나 들면, 왕건이

---

31) 『고려사』 권127, 열전40, 반역1, 환선길 부(附) 임춘길, "… 景琮姊 乃昧谷城主龔直妻也".

32) 『고려사』 권92, 열전5, 공직, "龔直 燕山昧谷人 自幼有勇略 新羅末爲本邑將軍".

33) 『고려사』 권92, 열전5, 공직.

34) 공직에 대해서는, 김명진, 「고려 태조 왕건의 일모산성전투와 공직의 역할」 『軍史』 85, 국방부 군사편찬연구소, 2012 참고.

35) 『삼국사기』 권34, 잡지3, 지리1.

36) 고려 초의 주(州)는 궁예→태조의 경략 과정에서 그들에게 귀부 내지 협조한

즉위하고 불과 두 달 후인 918년 8월 기사에 등장하는 운주(運州, 충남 홍성)이다.[37] 이전 해풍현(해풍향) 자리에 들어선 새로운 주가 운주이고, 그곳의 지역세력은 긍준(兢俊, 홍규)이었다. 시기적으로 볼 때 운주는 긍준이 주로 자칭했거나, 아니면 이를 궁예가 승인 또는 설치했을 가능성이 있었다. 아무튼 해풍현은 그 명칭이 운주라는 주로 개칭되어 이전에 비해 한껏 격상된 대접을 받았다.[38] 운주의 예를 보아 당시 지역명에서도 과시적인 면이 있었다는 것을 짐작할 수 있다. 운주는 원래 9주가 아니었지만 그와 동등한 지역이라는 과시적인 면이 있었던 것이다.[39]

이러한 과시적인 주 표방보다도 더 적극적인 행위는 건국이었다. 견훤이 900년에 완산주(전북 전주)에서 후백제를 건국하고,[40] 궁예가 901년에 송악(개성)에서 고려(마진, 태봉)를 건국하기에 이르렀다.[41] 더 나아가 두 나라의 왕들은 독자적인 연호(年號)를 제정하였다. 견훤

지역이라는 견해가 참고된다(김갑동, 「'高麗初'의 州에 대한 考察」 『고려사의 제문제』, 삼영사, 1986, 279쪽).

37) 『고려사』 권1, 세가1, 태조1, 원년 8월 계해.

38) 운주와 긍준에 대해서는, 김명진, 앞의 「고려 태조 왕건의 운주전투와 긍준의 역할」, 2015 참고.

39) 한편, 당시 주(州)는 주변의 성읍들을 관할 운영하는 중심으로 설정되었으며, 지역 여건에 따라 관할범위에는 편차가 있었다는 견해가 참고된다(윤경진, 「고려 태조대 군현제 개편의 성격－신라 군현제와의 상관성을 중심으로－」 『역사와 현실』 22, 한국역사연구회, 1996, 145쪽). 이는 옳은 지적이지만 당시 주가 너무 많았다(죽주, 충주, 청주, 나주, 정주, 동주, 아주 등)는 점에서 과시적인 면도 있었다고 판단된다. 물론 후대에 설치 및 개정된 주가 소급 정리된 경우도 있겠지만 이전에 비해 주가 많다는 점은 주목할 필요가 있다 하겠다.

40) 『삼국사기』 권50, 열전10, 견훤.

41) 『삼국사기』 권50, 열전10, 궁예 ; 『삼국유사』 권1, 왕력1, 후고려(後高麗).

은 901년부터 정개(正開)라는 연호를 사용하였다.[42] 궁예가 사용한 연호는 무태(武泰, 904년), 성책(聖冊, 905년), 수덕만세(水德萬歲, 911년), 정개(政開, 914년) 등 네 개였다.[43] 신라는 536년(법흥왕 23)에 독자적인 연호인 건원(建元)을 사용한 이래로[44] 중국의 연호를 사용하지 않았다. 그러다가 650년(진덕여왕 4)부터 당(唐)의 연호인 영휘(永徽)를 쓰기 시작한 뒤로[45] 계속해서 당의 것을 가져다 사용하였다. 그런데 견훤과 궁예는 독자적인 연호를 칭하였던 것이다. 당은 907년에 멸망했으므로 당이 멸망하기 이전부터 두 나라가 독자 연호를 사용했다는 것은 주목되는 사건이었다. 이는 황제국 체제 속에서 독자 연호를 사용한 발해의 영향도 있었을 것이다.[46] 하지만 무엇보다도 독자 연호를 사용해야 될 시대적 필요성이 있었으리라 생각된다.

새로운 나라를 건설한 견훤과 궁예는 혼란스러운 분열의 시기에 민에게 희망을 안겨주어야만 하였다. 여기에 짝하여 건국자들이 민에게 무언가 보여줄 필요도 있었다. 즉 건국에 따른 과장된 몸짓, 과시가 필요했던 것이다. 따라서 우선적으로 필요한 것이 독자 연호를 사용하거나, 황제를 칭하거나 하는 과시적인 행위가 요구되었다. 마침 중국도 당나라 멸망기의 혼란, 이어진 5대10국시대의 혼란스런 정치적 상황 등이 연속되었기에 새 건국자들이 그 눈치를 보지 않아도

---

42) 신호철, 『後百濟 甄萱政權硏究』, 일조각, 1993, 52~53쪽.

43) 『삼국사기』 권50, 열전10, 궁예 ; 신호철, 위의 『後百濟 甄萱政權硏究』, 1993, 53쪽 주36.

44) 『삼국사기』 권4, 신라본기4, 법흥왕, 23년.

45) 『삼국사기』 권5, 신라본기5, 진덕왕, 4년.

46) 발해의 황제국 체제에 대해서는, 권은주, 『渤海 前期 北方民族 關係史』, 경북대학교 대학원 박사학위논문, 2012, 137~148쪽 참고.

되는 환경이 조성되었다.[47] 한편, 고려 초에 대불(大佛)이 조성되는 것도 이러한 상황과 연관이 있었을 것으로 추측된다. 부처상도 이전보다 과장된 형상이 요구되었던 것이다.[48]

이처럼 분열과 과시적인 상황 속에서 큰 변화가 시대를 가르고 있었다. '분열의 시대'와 '과시의 시대'에 기존의 신라 상층 신분의 권위는 추락하게 되고 새로운 세력들의 권위가 급상승한 것이다. 한마디로 권위의 대이동이 발생하였다. 권위의 대이동에 대해서는 뒷부분에서 살펴보도록 하겠다.

3. 삼한일통(三韓一統)과 그 전개

고려 통일전쟁기에 흩어진 여러 세력 및 국가를 하나로 만든 이는 왕건이었다. 그는 일찍부터 분열된 세상, 즉 삼한(三韓)을 하나로 만들겠다는 일통(一統, 통일[統一])에 대한 의지를 가지고 있었다. 이를 살펴보기 전에 삼한에 대한 기원과 당대 의식에 대해서 간단히 살펴볼 필요가 있다.[49] 한국사의 육지 영역은 만주와 한반도이다. 그 영역에

47) 당시 독자적인 연호의 사용은 신라 왕실에 저항했던 반란세력에게 공동의 관심사였다(정선용, 「고려 태조의 改元政策과 그 성격」 『동국사학』 52, 동국사학회, 2012, 88쪽).

48) 당시 대불의 한 예로 '논산 개태사지 석조여래삼존입상(論山 開泰寺址 石造如來三尊立像)'(충남 논산, 보물 219호)을 들 수 있다. 이 삼존입상 중에서 본존불의 높이는 415㎝로 대형에 속한다. 개태사는 태조 왕건이 삼한일통을 완수한 후에 창건한 사찰이었다. 이러한 경향의 연장선에서 광종의 명으로 조성한 '논산 관촉사 석조미륵보살입상(論山 灌燭寺 石造彌勒菩薩立像)'(충남 논산, 국보 323호)은 높이가 18.12m에 이를 정도로 대형 석불이다(『開泰寺址』, 공주대학교박물관·논산시, 2002, 81쪽·98~100쪽·214~217쪽 참고).

고대부터 다국(多國)이 시간의 차이를 두고 나타나거나 또는 공존하거나 등의 형식으로 존재하였다. 대체로 북쪽에는 고조선(조선)과 부여, 그리고 고조선이 멸망한 후에는 부여에서 갈리어 나온 고구려(고려) 등이 한국사의 주요 구성원이었다. 남쪽에서는 진국(辰國)·삼한(三韓)이 있었고, 이후 그 자리에 차츰 백제·가야·신라 등이 자리잡았다. 그런데 삼한은 세 개의 한(韓)을 말하는 통칭인데, 이에 대한 대표적인 기록은 다음과 같다.

Ⅰ 다) 한(韓)은 대방(帶方)의 남쪽에 있는데, 동쪽과 서쪽은 바다로 한계를 삼고, 남쪽은 왜(倭)와 접경하니, 면적이 사방 4천리쯤 된다. (한에는) 세 종족이 있으니, 하나는 마한(馬韓), 둘째는 진한(辰韓), 셋째는 변한(弁韓)인데, 진한(辰韓)은 옛 진국(辰國)이다. 마한(馬韓)은 (삼한 중에서) 서쪽에 위치하였다. … 진한(辰韓)은 마한의 동쪽에 위치하고 있다. …50)

위의 사료가 알려주는 바는 대체로 고대 한반도의 중부와 남부에 세 개의 한, 즉 삼한이 있었다는 것이다. 그 중에서 서쪽에는 마한이, 동쪽에는 진한이, 그리고 둘 사이에 변한이 있었다는 것이 기본적인 이들의 위치에 대한 이해 사항이다. 그리고 일반적으로 셋을 등가시켜 마한을 백제에, 진한을 신라에, 변한을 가야에 연결하여 이해하고

49) 이 글에서 삼한에 대한 인식의 형성 및 그 변천에 대한 자세한 검토는 논외로 한다. 다만 글의 이해를 위해 간단한 사항만 기술하려 한다.

50) 『삼국지』 권30, 위서30, 오환선비동이(烏丸鮮卑東夷), 한(韓), "韓在帶方之南 東西以海爲限 南與倭接 方可四千里 有三種 一曰馬韓 二曰辰韓 三曰弁韓 辰韓者 古之辰國也 馬韓在西 … 辰韓在馬韓之東 …".

있다. 따라서 원래 삼한은 북쪽에 있었던 고구려(고려)와 관련성이 없었다.

그런데 5세기와 6세기에 걸쳐 한국사 영역에 큰 변동이 왔다. 부여가 494년(고구려 문자명왕 3)에 고구려에 흡수되고,[51] 가야가 562년(신라 진흥왕 23)에 신라에 흡수되면서[52] 다국시대(多國時代)가 삼국시대(三國時代)로 재편되었다. 그 후 삼한에 대한 서술이 7세기에 들어서 바뀌었다. 삼한을 고구려로 보거나 삼국을 통칭하는 용도로 쓰이기 시작하였다. 대표적인 예를 들면, 612년(수 양제, 대업 8)에 수 양제의 고구려 원정을 수행하였던 우작(虞綽)이 지은 글에서 '삼한숙청(三韓肅淸)'이라는 내용이 있다.[53] 여기에서 숙청의 대상인 삼한은 고구려이므로, 삼한을 고구려의 별칭으로 쓰기도 했다는 것을 알 수 있다. 그런가 하면 백제의 마지막 왕인 의자왕의 아들 부여륭(扶餘隆)이 682년(당 고종, 영순 1)에 당나라에서 사망하였는데, 그의 묘지명에 "기세가 삼한을 압도하였다[기개삼한(氣蓋三韓)]"는 표현이 있다.[54] 여기에서 삼한은 고구려·백제·신라를 통칭한 것이었다. 이와 같이 7세기에 삼한은 고구려를 칭하거나 삼국을 칭하는 이름 등으로 쓰여지고 있었다.[55]

삼국은 7세기 후반에 대격돌하였는데 당나라가 개입되면서 복잡한

---

51) 『삼국사기』 권19, 고구려본기7, 문자명왕, 3년 2월.

52) 『삼국사기』 권4, 신라본기4, 진흥왕, 23년 9월.

53) 『수서』 권76, 열전41, 우작(虞綽).

54) 부여륭의 묘지명과 그 해석은, 송기호, 「扶餘隆墓誌銘」 『譯註 韓國古代金石文』 I (고구려·백제·낙랑 편), 가락국사적개발연구원, 1997, 545~553쪽에 의존하였다.

55) 노태돈, 「三韓에 대한 認識의 變遷」 『한국사연구』 38, 한국사연구회, 1982, 130~140쪽 참고.

혈투가 연속되었다. 결국 최종 승자가 된 신라는 삼한을 통일했다고 자부하였다.

Ⅰ 라)-① 선왕 춘추(春秋, 태종무열왕)는 … 생전에 어진 신하 김유신(金庾信)을 얻어서 한마음으로 정사를 하여 삼한(三韓)을 일통(一統)했으니, …[56]

Ⅰ 라)-② 삼한은 한집안[일가(一家)]이 되고 백성은 두 마음을 가지지 않게 되었으니, …[57]

Ⅰ 라)-①의 내용은 신문왕이 692년(신문왕 12)에 사신을 통해서 당 황제에게 대답하는 내용 중 일부이다. Ⅰ 라)-②는 673년(문무왕 13) 6월에 김유신이 죽기 직전에 문무왕에게 말한 내용 중 일부이다. 이 두 기사를 살펴보면 먼저 Ⅰ 라)-①에서 신문왕이 할아버지인 태종무열왕 김춘추가 김유신과 함께 삼한, 즉 고구려·백제·신라를 일통(통일)했다고 말하고 있다. 이는 시간상 앞뒤가 안 맞는 논리이다. 김춘추는 661년(태종무열왕 8) 6월에 사망하였다.[58] 고구려는 김춘추가 죽고 7년이나 지난 후인 668년에 멸망했으므로 그가 삼한일통했다는 것은 모순이다. 그리고 신문왕의 아버지인 문무왕은 백제를 철천지원수로 생각하고 있었다[심수백제(深讎百濟)].[59] 그런데도 Ⅰ 라)-②에서는 김

56) 『삼국사기』 권8, 신라본기8, 신문왕, 12년 봄, "先王春秋 … 況生前得良臣金庾信同心爲政 一統三韓 …".

57) 『삼국사기』 권43, 열전3, 김유신 하, "(문무왕 13년 여름 6월)… 三韓爲一家百姓無二心 …".

58) 『삼국사기』 권5, 신라본기5, 태종무열왕, 8년 6월.

59) 『삼국사기』 권7, 신라본기7, 문무왕 하, 12년 9월.

유신이 문무왕에게 이제 삼한은 한집안이 되었다며 강조하고 있다.

신문왕은 마치 고구려·백제·신라가 원래 한집안인데 셋으로 나뉘어졌다가 태종무열왕에 의해서 다시 하나로 합해진양 표현하였다. 이와 같은 논리는 태종무열왕·문무왕·신문왕 이렇게 3대를 거치면서 신라의 바램 또는 '인식의 발명'이 반영된 것이라 하겠다. 앞뒤가 안 맞지만 최종 승자인 신라의 국정 방향인 것이다. 하지만 현실은 698년에 고구려를 계승했다는 인식이 뚜렷한 발해가 대동강 이북에 나타나고 말았다. 하나의 국가가 아닌 두 개의 국가, 남북국시대가 전개된 것이다.

시간이 흘러 9세기 즈음에 신라인의 삼한 인식은 최치원(崔致遠)의 입에서 확인된다.

> Ⅰ 마) 신라 강역의 경계는 … 신라의 최치원이 말하기를, "마한(馬韓)은 곧 고려(고구려)요, 변한(卞韓)은 곧 백제요, 진한(辰韓)은 곧 신라이다"라고 하였다. 이러한 여러 설명들은 사실에 가깝다고 하겠다.[60]

위의 사료는 당대 저명한 학자인 최치원의 삼한인식이었다. 여기에서 삼한은 고려(고구려)가 포함되어 있었다. 최치원은 왕건보다 나이가 스무 살 연상이며 같은 시대에 살고 있었다.[61] 고구려 계승성을 분명히 표방한 궁예와 왕건은 고구려가 포함되어 있는 최치원의

---

60) 『삼국사기』 권34, 잡지3, 지리1, "新羅疆界 … 新羅崔致遠曰 馬韓則高麗 卞韓則百濟 辰韓則新羅也 此諸說可謂近似焉".

61) 왕건은 877년생이고, 최치원은 857년생으로 알려져 있다. 두 사람은 스무 살 차이가 나지만 당대의 유명한 유학자인 최치원의 명성을 왕건은 잘 알고 있었을 터이다.

인식을 부정하지는 않았으리라 여겨진다. 한편, 왕건의 숙적이었던 후백제왕 견훤은 삼한 중에서 마한을 백제의 근원으로 보았다.[62] 그렇다면 당시 이들이 생각하고 있었던 삼한의 영역적 범위를 찾아보자.

Ⅰ 바)-① 건녕 3년 병진(896) … 세조(왕륭)가 (궁예를) 설득함에, "대왕께서 만일 조선·숙신·변한의 땅에서 왕을 하시려면 먼저 송악(개성)에 성을 쌓고 저의 맏아들을 그 성주로 삼는 것이 가장 좋을 것입니다." 궁예가 그 말을 좇아서 태조를 시켜 발어참성을 쌓게 하고 이어 성주(城主)로 삼았으니 그때에 태조의 나이 스물이었다.[63]

Ⅰ 바)-② (927년 12월) 견훤이 왕(왕건)에게 편지를 보내어 말하기를, "… 내가 바라는 것은 평양의 누각에 활을 걸고, 말에게 패강(대동강)의 물을 마시게 하는 것이오. …".[64]

위의 사료 중에서 Ⅰ 바)-①은 896년에 왕건의 아버지인 왕륭이 궁예에게 귀부하고서 궁예를 설득하여 목적을 이룬 내용이다. 여기에서 조선·숙신·변한의 땅이라 함은 삼한의 전체 영역을 가리키는 말이었다. 대체로 조선·숙신의 땅은 대동강 유역과 그 이북 만주지역을 일컫는 것이고, 변한의 땅은 한반도 남쪽을 가리키는 것이었다. 이는

---

62) 『삼국사기』 권50, 열전10, 견훤.

63) 『고려사』 권1, 세가1, 태조1, 글머리, "乾寧三年丙辰 … 世祖說之曰 大王若欲王朝鮮肅愼卞韓之地 莫如先城松嶽 以吾長子爲其主 裔從之 使太祖築勃禦塹城 仍爲城主 時太祖年二十".

64) 『고려사』 권1, 세가1, 태조1, 10년 12월, "甄萱寄書于王曰 … 所期者 掛弓於平壤之樓 飮馬於浿江之水 …".

궁예의 삼한일통 목표치였다. 궁예는 삼한을 통일하려는 마음을 가지고 있었던 것이다.

Ⅰ바)-②는 927년 12월에 견훤이 왕건에게 보낸 편지 내용의 일부인데 견훤의 통일 목표치를 알 수 있다. 패강은 시기에 따라 비정되는 강이 다른데 여기에서는 평양과 짝을 이루는 표현이므로 대동강으로 단정된다. 따라서 견훤은 고구려의 옛 수도였던 평양과 대동강까지도 취하고 싶다는 욕망을 가지고 있었던 것이다. 즉 견훤도 옛 고구려 영토까지 모두 아우르는 통일 목표치가 있었다는 것이다. 이처럼 견훤과 궁예의 통일 대상 및 목표치는 비슷했다고 판단된다.

당시 삼한일통에 대한 정치적 분위기가 이러했으므로 왕건 또한 삼한일통에 대한 영역적 목표치가 자연스럽게 만주와 한반도를 아우르는 것이었다. 더욱이 왕건은 Ⅰ바)-①에 나타나있는 아버지의 영향을 강하게 받았기에 그 삼한일통의 영역적 대상은 옛 삼국시대 영토 전체였다. 여기에 고구려를 계승했다고 자부하는 발해(渤海)도 포함되었다. 실제 왕건은 발해에 대하여 동류의식(동족의식)을 가지고 있었다. 제일 중요한 것은 발해와 고려는 고구려를 계승했다는 공통 분모가 있었으며, 사용하는 언어와 문화가 비슷했다고 판단된다. 이는 발해의 멸망 전후로 많은 수의 민들이 고려로 유입되었지만 그들은 고려 내에서 어떠한 마찰이나 갈등의 흔적을 남기지 않고 고려에 융합되었기 때문이다.[65]

태조 8년(925) 3월에 궁성의 동쪽에서 지렁이[구인(蚯蚓)]가 나왔는데, 그 길이가 70척이었다. 이를 고려 조정에서는 발해국(渤海國)이

---

65) 고려와 발해의 동류의식에 대해서는, 노명호, 『고려국가와 집단의식』, 서울대학교 출판문화원, 2009, 91~97쪽 참고.

와서 의탁할 징조라고 말하였다.[66] 발해가 아직 멸망하기 이전인데도 왕건의 통합 대상에 발해국이 포함되어 있었던 것이다. 왕건의 삼한일통을 일반적으로 학계에서는 후삼국통일이라 부르고 있다. 고려·후백제·신라를 삼한에 등가시켰기 때문이다. 하지만 왕건의 삼한일통의 실체에는 발해가 포함되어 있었다. 따라서 왕건이 완수한 삼한일통과 동격의 단어는 발해가 포함된 '후다국통일'이 아닐까 한다.[67] 동시에 후삼국시대는 '후다국시대'라고 이름하여도 될 것이다.

그렇다면 그는 언제부터 통일의 꿈을 가졌는지 궁금하다. 『고려사』 '고려세계(高麗世系)'에서는 풍수에 밝은 팔원(八元)이라는 자가 왕건의 선대인 강충(康忠)에게 자신의 말대로 하면 삼한을 통합할 인물이 태어날 것이라 했는데 이는 허구이다. 강충이 활동했던 때를 정확히 알 수는 없지만 확실한 것은 신라가 아직 분열되지 않았던 시기였다. 따라서 신라가 분열되지도 않았는데 삼한통합 운운한 것은 시간상 허구이다. 후대에 왕건의 삼한일통에 대한 칭송을 왕건의 먼 조상까지 과장 소급했던 것이다.

하지만 분열의 시대에 살고 있었던 왕건의 아버지 왕륭은 삼한일통에 대한 의지가 있었다. 그러나 그는 897년(건녕 4) 5월에 일찍 세상을 뜨고 말았다.[68] 그의 꿈은 아들인 왕건에게 이어졌다.

Ⅰ 사) 처음 태조의 나이 30세 때에, 꿈에서 구층 금탑(金塔)이 바다

---

66) 『고려사절요』 권1, 태조신성대왕, 을유 8년 춘3월.

67) 한편, 우릉도(경북 울릉도)가 고려에 귀부한 것은 930년 8월이고(『고려사』 권1, 세가1, 태조1, 13년 8월), 탐라국(제주)이 내조(來朝)한 때는 938년 12월이었다(『고려사』 권2, 세가2, 태조2, 21년 12월).

68) 『고려사』 고려세계.

가운데에 서 있는데, 자기가 그 위를 오르는 것이 보였다.[69)]

왕건의 30세는 906년인데 그가 궁예 밑에서 장수로 활동하던 때였다. 궁예가 위의 꿈 내용을 들었다면 왕건의 안위가 위태로웠을 것이다. 이는 그만큼 매우 불경한 내용이었다. 이 꿈은 왕건의 정치적 야망과 의도를 상징화시키고 있었다.[70)] 황룡사 구층탑은 신라의 삼한일통 의식과 관련되어 있었다.[71)] 따라서 왕건의 꿈 내용이 무엇을 의미하는지는 명확하다. 왕건은 꿈속에서 바다 가운데에 서있는 구층금탑에 올랐다고 하였다. 구층 금탑은 통일을 의미하므로 그 탑을 올랐다는 것은 왕건 자신에 의한 통일을 이룩하겠다는 의지로 해석된다. 또한 금(金)은 황색으로서 위치는 중앙이고, 왕 또는 황제를 상징한다. 따라서 사료 Ⅰ사)의 내용은 권력의 정상에 서고 싶다는 왕건의 생각을 내포하고 있는 표현이었다.[72)] 구층 금탑의 꿈을 통해서, 왕건의 통일에 대한 의지가 일찍부터 그의 마음에 자리잡고 있었다는 것을 읽을 수 있다. 그의 통일의지는 아버지의 영향이 컸었다. 또한 구층 금탑이 바다 가운데에 서있었다는 것은 해상이 그의 강력한 기반이라는 것을 알 수 있다.[73)]

---

69) 『고려사』 권1, 세가1, 태조1, 글머리, "初太祖年三十 夢見九層金塔立海中 自登其上".

70) 왕건과 관련한 구층탑의 꿈에 대한 해석은, 음선혁, 『高麗太祖王建研究』, 전남대학교 대학원 박사학위논문, 1995, 47~48쪽 참고.

71) 『삼국유사』 권3, 탑상4, 황룡사구층탑.

72) 후대의 기록이지만 무신집권기의 실력자 중에 한 명이었던 이의민(李義旼)의 아버지 이선(李善)의 꿈 이야기를 통해서도 황룡사 구층탑의 의미를 알 수 있다. 이선은 이의민이 푸른 옷을 입고 황룡사 구층탑에 올라가는 꿈을 꾸었으며, 이 꿈으로 인하여 그는 이의민이 큰 귀인이 될 것이라 생각하였다(『고려사』 권128, 열전41, 반역2, 이의민).

마침내 왕건은 자신의 야심을 펼칠 기회를 잡았다. 그는 궁예를 몰아내고 새 나라를 세웠던 것이다. 왕건이 고려를 건국한 때는 918년 6월이었다.[74] 왕건은 등극하자 삼한일통에 대한 자신의 의지를 더욱 확고히 하였다.

Ⅰ 아)-① 최지몽(崔知夢)은 … 나이 열여덟에 태조가 그의 명성을 듣고 불러서 꿈을 점치도록 하였더니, (그가) 길조임을 알고서, "반드시 삼한을 거느려 다스릴 것입니다" 하였다. 태조가 기뻐하여 …[75]

Ⅰ 아)-② 이전에 태조가 최응(崔凝)에게 말하기를, "옛날에 신라가 구층탑을 만들고 드디어 통일의 위업을 이룩하였다. 이제 개경에 칠층탑을 건조하고 서경에 구층탑을 건조하여 현묘한 공덕을 빌어 여러 악당들을 제거하고 삼한을 통일하려 하니[합삼한위일가(合三韓爲一家)] 경은 나를 위하여 발원문을 만들라"고 하였다. 그래서 최응은 (그 글을) 지어서 바쳤다.[76]

위의 사료 Ⅰ 아)는 시기적으로 왕건이 즉위한 후에 있었던 일이다. 최지몽은 성종 6년(987)에 81세로 사망하였으니,[77] 그는 907년에 태어났다는 계산이 나온다. 따라서 Ⅰ 아)-①의 시기는 최지몽이 18세라고

---

73) 김명진, 앞의 『고려 태조 왕건의 통일전쟁 연구』, 2014, 47~48쪽.

74) 『고려사』 권1, 세가1, 태조1, 원년 6월.

75) 『고려사』 권92, 열전5, 최지몽, "崔知夢 … 年十八 太祖聞其名 召使占夢 得吉兆曰 必將統御三韓 太祖喜 …".

76) 『고려사』 권92, 열전5, 최응, "他日 太祖謂凝曰 昔新羅造九層塔 遂成一統之業 今欲開京建七層塔 西京建九層塔 冀借玄功 除群醜 合三韓爲一家 卿爲我作發願疏 凝遂製進".

77) 『고려사』 권92, 열전5, 최지몽.

했으므로 태조 7년(924)을 말함이다. Ⅰ아)-②도 내용으로 보아 왕건이 즉위한 후부터 후백제가 멸망되기 이전의 어느 시기에 있었던 일이라고 생각된다. 사료 Ⅰ아)의 내용으로 보건대 왕건은 즉위한 후에도 삼한을 통일하려는 강력한 의지가 있었다는 것을 읽을 수 있다.

또한 왕건이 사찰의 주요 구성요소인 탑을 건립하여 이를 통해 통일을 이룩하겠다는 것은 불력(佛力)의 가호(加護)를 굳게 믿고 있었다는 증거이다.[78] 그러면서 왕건은 고려도성인 개경에는 칠층탑을 만들고 옛 고구려도성이었던 서경(평양)에는 구층탑을 만들겠다고 하였다. 그는 고구려를 계승한 고려가 중심이 된 통일을 꿈꾸었다.[79] 이는 신라 삼한일통 의식과는 그 주체를 확실히 달리 하는 것이었다.

신라는 백제를 멸망시킨 후에 삼한일통 운운을 시작했지만 왕건의 고려는 상대를 멸망시키기 이전부터 삼한일통을 표방하였다. 이 점이 7세기 신라와 10세기 고려의 삼한일통에 대한 인식의 차이점이라 하겠다. 무엇보다도 왕건은 즉위하기 이전과 이후에 변함없이 삼한일통을 완수하겠다는 의지가 있었다. 마침내 그는 자신의 의지대로 936년(태조 19) 9월에 삼한일통에 성공하였다.[80] 왕건이 삼한일통에 성공한 이후로 삼한은 명확히 고려 또는 우리나라라는 명칭으로 굳어졌다. 왕건의 삼한일통 성공은 한국사상 최초의 통일국가를 이룩했다고 평가할 수 있는 대사건이었다.[81]

---

78) 문경현, 『高麗太祖의 後三國統一研究』, 영남대학교 대학원 박사학위논문, 1986/『高麗太祖의 後三國統一研究』, 형설출판사, 1987, 271쪽.

79) 김명진, 앞의 『고려 태조 왕건의 통일전쟁 연구』, 2014, 49~50쪽.

80) 『고려사』 권2, 세가2, 태조2, 19년 추9월.

81) 고려 통일에 대한 민족사적 의미는, 김갑동, 「고려의 건국 및 후삼국통일의 민족사적 의미」 『한국사연구』 143, 한국사연구회, 2008 참고.

4. 왕실의 신성화(神聖化) 양상

왕건이 고려를 건국하고 고려가 중심이 된 삼한일통을 완성하기 위해서 가장 우선시 되는 것은 민으로부터 얻어지는 권위의 확보였다. 이는 국가 통치의 수월성 차원에서 필요하였다.[82] 따라서 그 왕실의 신성성(神聖性) 확보는 절실한 것이었다. 더구나 그의 집안이 본래 평민에서 출발하여 지역세력으로 발전한 집안이었기에 더욱 그 필요성이 요구되었다.[83] 그 집안의 신성화 작업은 이미 왕건의 아버지인 용건(龍建, 세조[世祖])에 의해서 시작되었다. 바로 성씨(姓氏) 문제이다. 당시 대부분의 민들은 성씨가 없었다. 그런데 왕건 가문의 성씨는 임금 '왕'자('王'字)였다.

왕건이 왕씨(王氏)라는 성(姓)을 조상으로부터 물려받은 것인지, 궁예 아래에서 장수로 활약하던 시절에 자신이 삼은 것인지, 아니면 자신이 즉위한 후에 삼은 것인지 궁금하다. 두 번째 가능성은 없다. 의심 많은 궁예 아래에서 자의(字意)가 임금을 뜻하는 왕씨를 표방했다는 것은 곧 죽음을 부를 수도 있는 것이었기에 그 가능성은 없다

---

82) 당시 전쟁의 시기였던 만큼 가장 기본적인 권위의 확보는 무력적 우위였다. 강한 군사력으로 상대를 제압하고 예하 민들을 보호할 수 있는 무력의 보유가 권위 확보의 기본사항이었다. 하지만 통일전쟁기에 무력만 앞세운 권위가 전부는 아니었다. 그러한 측면에서 왕건은 무력 이외의 방법으로 얻을 수 있는 민으로부터의 권위 확보가 필요하였다.

83) 왕건 가문은 본래 고구려계 유민의 후예이며, 평범한 지방민이었다(정청주, 『新羅末高麗初 豪族研究』, 일조각, 1996, 200~203쪽). 다만 왕륭(용건)의 대에서 지역세력으로 자리잡았을 것이다. 신라 진성여왕 3년(889)부터 지방이 중앙으로부터 분리되기 시작했으며, 왕건이 877년생이므로 그리 판단된다. 왕륭의 출생년도는 알 수 없지만 889년은 그의 장년기에 해당되는 시기라고 생각되기 때문이다.

하겠다. 선행 연구에서 왕건이 즉위한 후에 왕씨를 성씨로 삼았다는 견해가 있다.[84] 그렇다면 왕건의 아버지를 포함하여 그 선대는 성씨가 없었다는 것이 된다.

왕건의 아버지의 처음 이름은 용건(龍建)이었다. 용건은 후에 이름을 륭(隆)으로 고치고, 자(字)는 문명(文明)이라 하였다. 자라는 것은 일반적으로 생전에 윗사람이 지어주는 것이다. 따라서 용건이 이름을 륭으로 고친 것도 그의 생전에 했다고 이해된다. 그는 두 글자인 용건이라는 이름을 한 글자인 륭으로 개명하였다. 그렇다면 성씨가 없이 륭이라고만 하지는 않았을 것이다. 아마도 성씨를 채택하고 여기에 륭이라는 이름을 붙였으리라 생각된다. 그러므로 고려 왕실의 성씨인 왕씨는 왕건의 아버지에 의해서 선택되었을 것이다. 즉 용(龍)과 뜻이 통할 임금 왕(王)을 선택하여 집안의 성씨로 삼은 것이다. 이미 왕륭과 왕건 부자가 궁예를 만나기 전에 왕씨를 성씨로 사용하고 있었기 때문에 궁예의 의심을 피할 수 있었다고 여겨진다.

또한 왕건이 즉위하기 전에 이미 왕씨를 성씨로 사용하였다는 것을 왕시중(王侍中)과 왕공(王公)이라는 표현을 통해서 확인할 수 있다.[85] 왕시중은 왕씨 성을 가진 시중이라는 호칭이었다. 또한 그의 아들 이름을 통해서도 유추할 수 있다. 912년에 왕건의 맏아들로 태어난 이의 이름은 무(武, 혜종)였다.[86] 이미 성씨가 있었기에 이름이

84) 박한설, 「王建 및 그 先世의 姓·名·尊稱에 對하여」 『史學硏究』 21, 한국사학회, 1969, 60쪽 ; 문경현, 앞의 『高麗太祖의 後三國統一硏究』, 1987, 104쪽 ; 이종서, 「羅末麗初 姓氏 사용의 擴大와 그 背景」 『韓國史論』 37, 서울대학교 국사학과, 1997, 76~78쪽.

85) 『고려사』 권1, 세가1, 태조1, 글머리.

86) 『고려사』 권2, 세가2, 혜종, 글머리.

한 글자인 것이다. 무는 왕건이 궁예에게 충성을 바치고 있을 적에 태어났다. 왕건의 아버지인 세조가 성씨가 없는 상태에서 이름만 한 글자인 륭이고, 왕건의 맏아들 역시 성씨가 없이 이름만 한 글자인 무였다고 볼 수가 없다. 적어도 왕건의 아버지대부터 집안의 성씨는 왕씨였다고 생각된다.

후대의 기록인 『택리지』에서 왕륭이 아들을 낳아 성(姓)과 명(名)을 따로 짓고 왕건이라 했다고 한다.[87] 따라서 왕건의 아버지인 왕륭은 궁예를 만나기 전에 이미 왕씨를 집안의 성씨로 삼았을 것이다. 현전하는 기록상 추정해 볼 때, 왕륭이 왕씨 성을 만들었다고 판단된다.[88] '왕'(王)의 자의(字意)가 임금을 뜻하므로 이러한 왕씨라는 성씨를 통해서 왕건 가문의 신성화 작업은 왕륭으로부터 비롯되었다는 것을 알 수 있다. 이는 왕륭이 삼한일통에 대한 큰 포부를 가지고 있었기 때문에 이해되는 사항이다.[89]

왕건에게는 즉위한 후에 고려를 통치하기 위해서 민에 대한 권위가 필요하였다. 고려 건국자의 권위를 위해서 그 자신 및 조상에 대한 신성화 작업은 가장 우선시 되는 정책이었다. 이미 성씨는 임금 왕자로 정해져 있어서 왕건이 즉위한 것에 대해서 정당성을 부여한 측면이 있었다. 태조 왕건의 신성화 작업이 잘 드러난 대표적인 자료는 『고려사』 '고려세계'이다. 고려세계는 설화적인 이야기를 통해 왕건의 혈통

---

87) 『택리지』, 팔도총론, 경기, "隆又生子 別制姓名 曰王建 實李氏也". 이중환은 근거제시 없이 고려의 왕성(王姓)인 왕씨를 왕륭이 지었다고 서술하였다. 그리고 원래는 이씨라고 하였다.

88) 왕건의 왕씨 성에 대해서는, 김명진, 앞의 『고려 태조 왕건의 통일전쟁 연구』, 2014, 45~46쪽 참고.

89) 왕륭은 삼한을 병탄(倂呑)하려는 뜻을 가졌었다(『고려사』, 고려세계).

을 신비화하였다. 그 내용은 옛 고구려·백제·신라 등의 건국 및 시조 설화, 기타 이야기 등을 종합하여 버무렸다.[90] 이는 한국문화의 대표적인 특징이라 할 비빔문화의 시원을 보는 듯하다. 그런데 그 내용의 일부는 후대에 부가했을 가능성이 있다 하겠다. 따라서 이 글에서는 확실하게 왕건대에 시행했을 신성화 작업만을 살펴보려한다.

대개 건국의 정당성 및 건국자의 신성성을 위해 전통적인 방법은 신을 빌리거나 하늘을 빌렸다. 918년 6월, 왕건은 즉위한 당일에 국호를 고려(高麗)라 하고, 독자 연호를 천수(天授)라 하였다.[91] 이는 타 황제국에 사대하지 않는 동급의 국가라는 과시를 위해 필요했다고 여겨진다. 물론 견훤과 궁예가 독자 연호를 사용했기 때문에 그 영향도 있었다. 왕건이 정한 연호인 천수란, 하늘에서 내려줬다는 것이므

---

90) 한정수, 「고려시대 태조 追慕儀의 양상과 崇拜」 『사학연구』 107, 한국사학회, 2012, 6~7쪽.

91) 『고려사』 권1, 세가1, 태조1, 원년 하6월, "國號高麗 改元天授". 왕건이 정한 천수라는 연호는 원래 중국의 측천무후가 사용한(690~692) 연호였다(정선용, 앞의 「고려 태조의 改元政策과 그 성격」, 2012, 94~97쪽). 이 천수 연호를 왕건은 건원(建元)한 것이 아니고 개원(改元)했다고 한다. 이를 통해 태조의 건국이 지닌 역사적 성격은 궁예 정권과 맞닿아 있다는 견해가 있는데 참고된다(서금석, 「궁예의 국도 선정과 국호·연호 제정의 성격」 『한국중세사연구』 42, 한국중세사학회, 2015, 228쪽 주43). 이는 천자(天子, 황제)가 새 나라를 세우고 첫 연호를 제정하면 건원이라 하고 뒤에 새로운 연호를 제정하면 개원이라 했는데 왕건이 건원이라 하지 않은 것을 지적한 것이다. 왕건이 혁명 당일에 국호를 고려로 정한 것은 고구려 계승성을 강하게 인식하고 있었던 그로서는 당연한 것이었다. 그런데 궁예가 정한 첫 국호도 고려였다. 따라서 왕건은 옛 고려의 국호를 계승한 궁예의 첫 국호인 고려를 그대로 다시 사용하게 됐으므로 연호를 굳이 건원 제정하지 않고 개원 제정했다고 판단된다. 만약 왕건이 궁예보다 앞서 고려를 건국했다면 건원이라 했을 것이다. 그만큼 왕건은 고려라는 국호를 존중했던 것이다. 여기에 측천무후가 먼저 사용했던 것은 개의치 않고 자의(字意)가 왕건의 혁명 정당성에 합당하므로 천수를 연호로 선택했다고 생각된다.

로 그의 건국은 하늘의 명이라는 것이다.[92] 그 스스로도 자신의 즉위를 천명(天命)이라 하였다.[93] 이후 그는 자신의 행동을 하늘의 명으로 포장하였다. 예를 들면, 천덕전(天德殿)과 천안부(天安府, 천안도독부[天安都督府], 충남 천안) 그리고 천군(天軍) 등의 명칭에 의도적으로 하늘 '천'자('天'字)를 넣었다.

당시 고려 개경 궁궐의 정전(正殿)은 천덕전이었다.[94] 왕건은 마치 황제가 사용하는 정전이라는 자부심으로 그 이름에 하늘 천(天)을 넣었다.[95] 그리고 그는 930년 8월에 새로운 군사 거점으로 천안부를 설치하였다.[96] 천안부의 천안(天安)이라는 이름은 하늘의 명으로 편안하게 하는 곳, 또는 하늘아래 편안한 곳 등으로 해석되므로 혼란스러운 통일전쟁기에 큰 의미가 있었다. 앞선 시기에 중국의 북위(北魏) 헌문제(獻文帝)는 자신의 첫 연호를 천안(天安, 466~467)이라고 하였다. 또한 일본의 문덕천황(文德天皇)의 연호도 천안(天安, 857~858)이었다. 북위와 일본에서 황제(천황)를 표방한 자가 사용한 용어, 즉 하늘을 앞세운 천안이라는 이름은 그 격이 매우 높았던 것이다.[97]

---

92) 왕건의 독자 연호 사용에 대한 한계도 있었다. 933년에 천수 연호를 폐지하고 후당(後唐)의 연호를 쓰기 시작했기 때문이다(『고려사』 권2, 세가2, 태조2, 16년 3월). 이는 외교와 관련된 것이기에 복합적인 이유가 있었겠지만, 통일전쟁의 승기를 잡아 가던 왕건이 실리차원에서 외세의 직·간접적인 개입을 차단하기 위한 전략 중의 하나였을 것이다.

93) 『고려사』 권127, 열전40, 반역1, 환선길.

94) 천덕전이 처음 등장한 기사는 928년 9월에 나타난다(『고려사』 권1, 세가1, 태조1, 11년 9월 정유).

95) 천덕전에 대해서는, 김창현, 『고려 개경의 구조와 그 이념』, 신서원, 2002, 231~234쪽 참고.

96) 『고려사』 권1, 세가1, 태조1, 13년 8월.

97) 김명진, 「고려 태조 왕건의 아산만 일대 공략과정 검토」 『지역과 역사』 30, 부경역사연구소, 2012, 15쪽 주32.

왕건은 통일전쟁의 마지막 전투인 일리천전투에 참여한 고려군의 명칭에도 하늘에 의한 군대[천군(天軍)]라는 의미를 부여하였다.[98] 당시 고려군의 편제에 등장하는 지천군(支天軍)·보천군(補天軍)·우천군(祐天軍)·천무군(天武軍)·간천군(杆天軍) 등이 그것이다.[99] 하늘 천(天)이라는 글자는 주로 황제가 쓸 수 있는 것인데 왕건은 당당히 사용하였다. 이처럼 왕건은 하늘을 빌어 자신을 과시하면서 자신의 행위에 대한 정당성 및 신성성을 강조하였다. 민을 통치하기 위한 권위가 하늘에서 나온 것으로, 즉 하늘의 명(천명)으로 포장되었다.[100] 신하들도 왕건을 하늘[천(天)]이라 불렀다.[101] 그런가 하면 왕건은 짐(朕)을 비롯한 황제가 쓰는 용어들을 사용하였다. 이에 대한 사례들은 『고려사』 태조세가에서 찾을 수 있다.

왕건은 고려 국왕의 묘호(廟號)도 황제의 그것처럼 조종(祖宗)을 본격적으로 시행하였다. 이전에는 고구려의 태조대왕(太祖大王)[102]

---

98) 한정수, 「高麗 太祖代 八關會 설행과 그 의미」 『大東文化硏究』 86, 성균관대학교 대동문화연구원, 2014, 218쪽.

99) 『고려사』 권2, 세가2, 태조2, 19년 추9월. 또한 왕건은 통일전쟁을 승리로 장식하고 난 뒤에, 이를 기념하기 위해 개태사(開泰寺, 충남 논산)를 창건하였다. 그는 개태사가 자리한 황산(黃山)을 천호산(天護山)이라고 이름을 고쳤다[『고려사』 권56, 지10, 지리1, 청주목, 연산군(連山郡)]. 천호산이라는 이름은 '통일을 이룬 것은 하늘의 비호가 있었다'라는 생각의 표현이었다. 그런데 천호(天護)는 하늘뿐만 아니라 개태사가 있는 산이기 때문에 불력(佛力)의 가호(加護)까지 합하여 생각해야 될 것이다(한정수, 위의 「高麗 太祖代 八關會 설행과 그 의미」, 2014, 218~220쪽 참고).

100) 왕건의 '천(天)'에 대한 인식 반영은, 한정수, 위의 「高麗 太祖代 八關會 설행과 그 의미」, 2014, 217~219쪽 참고.

101) 『고려사』 권92, 열전5, 공직, "… 雖無助天之力 …". 여기에서 '천(天)'은 공직이 왕건을 지칭한 것인데, 하늘·제왕·천자(天子, 황제) 등으로 읽힐 수 있다.

102) 『삼국사기』 권15, 고구려본기3, 태조대왕.

과 신라의 태조대왕(太祖大王)·태종대왕(太宗大王, 태종무열왕 김춘추)[103]처럼 조종 묘호가 희소하게 있었지만 왕건의 고려에서는 이를 본격적으로 시행하였다. 이는 그 이전시대와 확연히 다른 것이었다.

> I 자) 삼대의 시호를 추존하여 증조부를 시조원덕대왕이라 하고 비를 정화왕후라고 하였으며, 조부를 의조경강대왕(懿祖景康大王)이라 하고 비를 원창왕후라고 하였으며, 부친을 세조위무대왕(世祖威武大王)이라 하고 비를 위숙왕후라 하였다.[104]

왕건이 즉위한 918년 6월부터 10월까지 짧은 시간 동안에 모반이 무려 6차례 발생하였다.[105] 왕건은 이를 바로 해결하고 그 다음해인 919년(태조 2) 3월에 사료 I 자)와 같이 선대를 추존하여 묘호를 의조(懿祖)·세조(世祖)라는 조종(祖宗)으로 하였다. 모반을 잘 마무리하고 선대를 신성화하는 작업의 일환으로 황제처럼 조종 묘호를 정했다는 데 시기적으로 의미가 있었다. 이후 원나라의 강박을 받기 전까지 고려는 묘호를 조종으로 사용하였다.[106] 조종 묘호의 정착은 신라

---

103) 『삼국사기』 권8, 신라본기8, 신문왕, 7년 4월. 한편, 김춘추의 태종이 묘호이지만 현실에서의 기능은 시호에 상응한다는 견해도 있다(윤경진, 「新羅中代 太宗(武烈王) 謚號의 追上과 재해석」 『韓國史學報』 53, 고려사학회, 2013, 223쪽).

104) 『고려사』 권1, 세가1, 태조1, 2년 3월 신사, "追謚三代 以曾祖考爲始祖元德大王 妃爲貞和王后 祖考爲懿祖景康大王 妃爲元昌王后 考爲世祖威武大王 妃爲威肅王后".

105) 김명진, 앞의 「고려 태조 왕건의 아산만 일대 공략과정 검토」, 2012, 7~11쪽.

106) 고려의 왕들은 왕건의 사후에 왕건만 태조(太祖)라 하여 조(祖)를 쓰고, 나머지 왕들은 종(宗)을 씀으로서 특히 왕건의 격을 더 높였다. 즉 신성화하였던 것이다.

왕실보다 고려 왕실의 권위가 더 격상되었음을 보여주는 것이다.

또한 태조 왕건은 자신의 권위를 높이기 위해 중국 황제가 예전에 신라왕에게 행했던 방법도 비슷하게 사용하였다. 앞 시기인 594년(진평왕 16)에 수 황제가 신라 진평왕을 상개부낙랑군공신라왕(上開府樂浪郡公新羅王)으로 임명하였다.[107] 여기서 낙랑군은 원래 한(漢)이 설치했다고 하는 군(郡)이었으니, 한의 후예인 수나라가 신라를 자신들에게 강하게 예속된 지역으로 표방한 것이다.[108] 왕건은 딸 아홉 명을 두었는데 큰 딸이 안정숙의공주(安貞淑儀公主)였다. 935년 11월에 왕건은 이 공주를 신라 경순왕이 귀부하자 그의 배필로 삼게 하였다. 이후 안정숙의공주의 새로운 호칭은 낙랑공주(樂浪公主)였다.[109] 계속해서 왕건은 다음 달인 12월에 김부를 낙랑왕(樂浪王)으로 봉하였다.[110] 이는 마치 수 황제와 신라 진평왕과의 관계를 연상하게 한다. 왕건은 중국의 황제처럼 귀부한 신라를 낙랑과 연관시키며 자신의 권위를 높였다. 이 또한 신라 왕실보다 고려 왕실의 격이 더 높다는 것을 보여주는 행동이었다. 그는 대부분의 통치 질서를 황제의 격에 맞추었다.[111]

---

107) 『삼국사기』 권4, 신라본기4, 진평왕, 16년.

108) 노태돈, 「三韓에 대한 認識의 變遷」 『한국사연구』 38, 한국사연구회, 1982, 131쪽 참고.

109) 『고려사』 권91, 열전4, 공주 ; 『고려사절요』 권1, 태조신성대왕, 을미 18년 11월.

110) 『고려사절요』 권1, 태조신성대왕, 을미 18년 12월.

111) 현재 북녘에 있는 고려 태조 왕건 동상의 관(冠)이 천자(天子, 황제)가 쓰는 통천관(通天冠)이라는 것도 고려가 초창기에 통치 질서를 황제의 격에 맞추었음을 짐작할 수 있다. 통천관에 대해서는, 노명호, 「고려 태조 왕건 동상의 황제관복과 조형상징」 『북녘의 문화유산』, 국립중앙박물관, 2006, 227~230쪽 참고.

그리고 고려의 국왕들은 용의 자손이라는 용손의식(龍孫意識)을 멸망할 때까지 간직하고 있었다. 조선 초에 세종이 "왕씨가 용손(龍孫)이라 하는 것은 그 말이 매우 괴상하여 황당하지만 『고려사』에 그대로 쓰라"[112]고 한 데서 고려시대 내내 국왕의 용손의식이 있었음을 알 수 있다. 그 용손의식의 시작은 태조 왕건과 그 선대까지 어우러지면서 비롯되었다. 『고려사』 고려세계에 의하면, 왕건의 할머니는 서해 용왕(龍王)의 딸인 용녀(龍女)였다. 그리고 용녀의 큰아들은 왕건의 아버지인 용건(龍建)이라고 서술되어 있다. 용건은 이름 자체가 용을 연상케 한다. 따라서 용손의식은 용건(세조, 왕륭)대부터 존속했을 것이다. 용건의 아들인 왕건이 태어날 때 그 집을 감싸고 있는 형상은 용(龍)과 같았으며, 그의 얼굴도 용의 형상이라 하였다.[113] 이는 이른바 '비보통적 출생 신화'[114]로서 왕건을 신성화하는 것이었다.

왕건은 자기 권력의 정당성을 천명과 용손이라는 신성성에서 구하였다.[115] 용손의식은 처음에 용녀라는 모계(母系, 여계[女系])에서 신성(神聖)을 수혈 받는 구조였는데,[116] 그 아들인 용건부터는 부계(父系)로 전환되는 특징을 보이고 있다. 이와 같은 용손으로서의 신성화는 계속 이어졌다. 왕건의 2비인 나주 장화왕후는 용꿈을 꾸고서 왕건을 받아들였으며, 그 결과 고려 2대 왕인 혜종(惠宗) 무(武)가 태어났다.[117]

---

112) 『세종장헌대왕실록』 권84, 21년 1월 12일.

113) 『고려사』 권1, 세가1, 태조1, 글머리.

114) 오강남, 『세계 종교 둘러보기』, 현암사, 2003, 71쪽 참고.

115) 이정란, 「高麗 王家의 龍孫意識과 왕권의 변동」 『韓國史學報』 55, 고려사학회, 2014, 11~12쪽.

116) 이정란, 위의 「高麗 王家의 龍孫意識과 왕권의 변동」, 2014, 14쪽.

Ⅰ 차)-① 항상 잠자리에 물을 부어 두었으며, 또 큰 병에 물을 담아 두고 팔을 씻음에 싫증을 내지 않았다 하니 참으로 용의 아들[진룡자(眞龍子), 혜종 무]이었다.[118]

Ⅰ 차)-② (921년 12월) 아들 무를 책봉하여 정윤(正胤)으로 삼았는데, 정윤이란 곧 태자(太子)였다.[119]

Ⅰ차)-①에 의하면, 왕건의 큰 아들로 태어난 무는 진짜 용의 아들(진룡자)로 인정받았으니 용손으로서 왕건의 뒤를 이은 것이다.[120] 또한 Ⅰ차)-②에서 무는 921년(태조 4)에 정윤이 되었는데 이를 태자라고 하였다. 하지만 당시 왕건의 아들 25명 중에서 여럿이 태자로 표기되어 있었다.[121] 그런데 Ⅰ차)-②의 태자는 원래 '황'자('皇'字)가 누락된 황태자(皇太子)이고, 정윤은 그 뜻이 바른 혈통의 아들 또는 정통을 계승할 아들이라는 견해가 있는데[122] 참고된다. 즉 진짜 용손으로서 '바른 혈통의 계승자'라는 뜻을 가진 정윤으로 책봉된 황태자 무가 고려 2대 왕인 혜종이었다. 용손인 왕건의 신성한 권위가 그대로 무에게 이어진 것이다. 이처럼 용왕(龍王)－용녀(龍女)－용자(龍子)로 이어지는 신성한 왕실 혈통이 구성되었는데,[123] 이 같은 논리는 용건

117) 『고려사』 권88, 열전1, 후비1, 태조 장화왕후 오씨.

118) 『고려사』 권88, 열전1, 후비1, 태조 장화왕후 오씨, "常以水灌寢席 又以大瓶貯水 洗臂不厭 眞龍子也".

119) 『고려사』 권1, 세가1, 태조1, 4년 12월 신유, "冊子武爲正胤 正胤卽太子".

120) 무는 어머니인 장화왕후가 측미하다 하여 정윤 임명에 대한 반대기류가 있었다(김명진, 앞의 『고려 태조 왕건의 통일전쟁 연구』, 2014, 104~116쪽 참고). 하지만 진짜 용자(龍子)라는 것을 강조함으로서 이를 타개하였다.

121) 『고려사』 권90, 열전3, 종실1, 태조 25자(太祖 二十五子).

122) 장동익, 『고려사세가초기편보유』 1, 경인문화사, 2014, 166~167쪽.

부터 시작되어 왕건대에 완성되었다고 판단된다.

이상 열거한 사례들 외에도 다방면에서 고려 왕실의 신성화 작업이 이루어졌다. 고려세계에 의하면, 풍수지리사상에 밝은 도선(道詵)이 점지해준 백두산에서 뻗어 나온 곡령(개성 송악산)아래 마두명당(馬頭明堂)에 왕륭이 새집을 지었다고 한다. 그리고 그곳에서 위숙왕후(왕건의 어머니)가 임신하여 왕건을 낳았다고 한다.[124] 이는 당시 유행했던 풍수도참설을 극대화하여 왕건의 탄생을 신성하게 만든 것이다. 덧붙여 왕건은 천안부를 설치할 적에, 술사(術師) 예방이 "(이곳은) 다섯 용이 구슬을 차지하려는[오룡쟁주(五龍爭珠)] 형상이라"하므로 이를 받아들였다.[125] 오룡(五龍)은 용손과 신성성 모두를 내포하는 것이었다. 또한 인근 산에 신(神)이 있다 하여 성거산(聖居山, 충남 천안)이라 했는데, 산 이름에 신성함이 있다는 뜻을 새긴 것이다.[126] 이 모두 자신의 행위를 신성하게 미화한 것이다. 왕건의 생전에 그의 호칭은 매우 거룩하고 성스럽다는 자의(字意)를 가진 '신성대왕(神聖大王)'이었다.[127] 이를 통해 실제 왕건에 대한 신성성이 그의 치세에 확실히 자리잡았었다는 것을 알 수 있다.

그런가 하면 왕건의 불교계에 대한 관심은 컸는데 이는 당시 불교가

---

123) 한정수, 앞의 「고려시대 태조 追慕儀의 양상과 崇拜」, 2012, 10쪽 ; 한정수, 앞의 「高麗 太祖代 八關會 설행과 그 의미」, 2014, 221쪽.

124) 『고려사』, 고려세계.

125) 『고려사』 권56, 지10, 지리1, 천안부.

126) 『신증동국여지승람』 권16, 충청도, 직산현, 산천.

127) 태조 왕건에 대한 신성(神聖)이라는 존칭은 그의 치세부터 이미 쓰이고 있었다. 941년에 보이는 '국주 신성대왕(國主 神聖大王)'이라는 기록이 그것이다(한국역사연구회 중세1분과 나말여초연구반 편, 「境淸禪院慈寂禪師凌雲塔碑」『譯註 羅末麗初金石文』上, 혜안, 1996, 103쪽 ; 정선용, 앞의 「고려 태조의 改元政策과 그 성격」, 2012, 95쪽 주58).

성행했다는 점을 생각할 때에 당연한 것이었다. 국왕의 권위를 높이는데 불교계의 협조는 필수적이었다. 왕건은 919년(태조 2) 3월에 개경 도성 안에 10개의 사원을 창건하고, 개경과 서경의 탑묘(塔廟)와 초상(肖像) 가운데 없어지거나 이지러진 것을 모두 수리하게 하였다.[128] 또한 928년 8월에는 후당(後唐) 민부(閩府)로부터 들여온 대장경을 왕건이 직접 맞아다가 제석원(帝釋院)에 안치(安置)하기도 하였다.[129] 그리고 왕건은 명망있는 고승(高僧)들을 위해 그들의 사후에 비(碑)를 세워 주었다. 태조대 고승비(高僧碑)는 8기로 알려져 있다.[130] 이 같은 왕건의 친 불교 행보는 불교계의 협조가 필요했기 때문이었다. 덧붙여 왕건이 팔관회(八關會) 설행에 관심을 가진 것도 통일전쟁을 수행하는 상황 속에서 고려 구성원 전체의 협조와 화합, 그리고 이를 통한 신성성 강화 등이 목적이었을 것이다.[131]

이상 살펴본 바와 같이 왕건은 다방면에서 자신의 권위를 높이는 작업을 하였다. 하지만 이는 매사에 솔선수범(率先垂範)하려는 자세가 우선 요구되는 것이었다. 견훤은 자립하기 전에 신라군의 비장(裨將)으로서 종군할 적에 자면서도 창을 베고 적에 대비하였으며, 항상 사졸들의 선봉이 되었다.[132] 견훤은 자신이 행한 이러한 솔선수범의 자세로 인하여 따르는 이가 많아 후백제를 건국할 수 있었다. 궁예는

---

128) 『고려사』 권1, 세가1, 태조1, 2년 3월.

129) 『고려사』 권1, 세가1, 태조1, 11년 8월.

130) 태조대 고승비에 대해서는, 임지원, 「高麗 太祖代 高僧碑 건립의 정치적 의미」 『大邱史學』 119, 대구사학회, 2015 참고.

131) 태조대 팔관회에 대해서는, 한정수, 앞의 「高麗 太祖代 八關會 설행과 그 의미」, 2014 참고.

132) 『삼국사기』 권50, 열전10, 견훤.

사졸들과 더불어 달고 쓰고 수고로움과 편안함을 함께하며, 주고 빼앗는 데 이르기까지 공평하여 사사로이 하지 않았다.[133] 처음 자립할 적에 권위를 버림으로써 권위를 얻은 지도자가 궁예였다. 이러한 궁예의 초창기 지도력은 일찍이 한국사에서 없었던 일이었다. 이를 바탕으로 궁예는 새 나라를 건국할 수 있었다.

당시 시대적 분위기가 이러했으므로 왕건 또한 매사에 모범이 되어야 했으며 자신을 낮추어야 했다. 왕건은 즉위한 지 불과 2달 만에 '중폐비사'(重幣卑辭)라는 행동지침을 표방하였다.[134] 이는 왕건이 자신에게 도움이 될 또는 도움을 준 사람에게 선물을 후하게 주고 말을 겸손하게 함으로써 세력을 넓혀 나가겠다는 것이다. 또한 왕건은 주요 전투를 자신이 직접 참여하고 주도하였다[친정(親征)]. 요컨대 권위를 버림으로써 권위를 얻으려 하였다. 무력만 앞세운 권위는 겉모양만 그럴 듯한 것이기에 그 깊이가 없기 때문이다. 이러한 낮은 자세를 바탕으로 앞에 열거한 다방면에 걸친 그의 신성화 작업은 성공할 수 있었다. 왕건에 대한 존칭 중에서 '신성(神聖)'이 있다는 점은 특기할 만한 것이었다. 고려 말에 대사헌 조준(趙浚)이 창왕에게 시무를 진술하여 아뢸 때 태조 왕건에 대한 존칭은 신성이었다.[135] 신성은 고려 전시기에 태조를 위한 단어였다.

이처럼 고려를 개국한 왕건과 그 선대에 대한 신성화 작업을 통해 고려 왕실은 신성왕실(神聖王室)이 되었다.[136] 하늘을 빌리고 황제처

---

133) 『삼국사기』 권50, 열전10, 궁예.

134) 『고려사』 권1, 세가1, 태조1, 원년 8월.

135) 『고려사절요』 권33, 신우4, 무진 신우 14년 8월.

136) 태조 왕건의 신성화 또는 신앙화된 제사에 대해서는 이 글에서 논외로 하였다. 이는 왕건 사후에 부가된 것이기 때문이다. 태조의 제사에 대해서는,

럼 격을 높여 새롭게 탄생된 고려 왕실의 권위는 이전의 신라 왕실보다 격상되었다. 이 시대는 한마디로 권위의 대이동이 나타난 것인데, 단순한 이동이 아닌 권위가 격상되어 신라 왕실에서 고려 왕실로 이동한 것이었다. 왕건이 삼한일통의 완성자가 된 데에는 이러한 정책들이 주요한 성공요소가 되었다.

5. 맺음글

신생 고려의 탄생은 신라의 멸망과정 속에서 나타났다. 신라는 진성여왕 3년(889)부터 급속히 혼란의 회오리에 휘말리며 분열되었다. 분열된 정국은 중국도 마찬가지였다. 당(唐)이 907년에 멸망하고 5대10국의 역사(907~979)가 시작되며 혼란의 시대가 되었다. 이와 같이 국내외적으로 혼란스러운 '분열의 시대'는 오히려 지역세력에게 '기회의 시대'가 되었다. 각 지역에서 할거하였던 지역세력은 관할민(民)의 안녕을 책임지는 보호자로서 성주·장군을 자칭하였다. 또한 신라 9주(州) 이외의 주(州)가 다수 등장하며 각 지역이 과시적인 면을 앞세웠다. 마침내 견훤이 후백제를, 궁예가 고려를 건국하기에 이르렀다. 이들은 독자적인 연호(年號)를 사용하며 자주성을 과시하였다. 이처럼 분열과 과시적인 상황은 새 시대를 가르고 있었다.

고려 태조 왕건(高麗 太祖 王建)은 일찍부터 분열된 세상, 즉 삼한(三韓)을 하나로 만들겠다는 일통(一統, 통일[統一])에 대한 의지를 가지고

한기문, 「高麗時代 開京 奉恩寺의 創建과 太祖眞殿」『韓國史學報』 33, 고려사학회, 2008 ; 한정수, 앞의 「고려시대 태조 追慕儀의 양상과 崇拜」, 2012 참고.

있었다. 왕건이 꿈꾸었던 삼한일통의 영역적 대상은 옛 고구려·백제·신라 영토 전체였는데, 여기에 발해도 포함되어 있었다. 따라서 이 시대를 '후다국시대'라고 지칭해 보았다. 이윽고 왕건은 궁예를 몰아내고 고구려를 계승한 고려를 건국하였는데, 이때가 918년 6월이었다. 그는 등극한 후에도 삼한일통에 대한 의지가 확고하였다. 신라는 상대를 멸망시키며 삼한일통 운운하였지만, 왕건의 고려는 상대를 멸망시키기 이전부터 삼한일통을 표방하였다. 마침내 그는 자신의 의지대로 936년(태조 19) 9월에 삼한일통(후다국통일)을 성공하였다. 왕건의 삼한일통 성공은 한국사상 최초의 통일국가를 이룩했다고 평가할 수 있는 대사건이었다.

왕건이 고려를 건국하고 고려가 중심이 된 삼한일통을 완성하기 위해서 우선시 되는 것은 민으로부터 얻어지는 권위의 확보였다. 이는 국가 통치에 필요한 기본 사항이었으므로 왕실의 신성성(神聖性) 확보는 절실한 것이었다. 먼저 임금이라는 자의(字意)를 가지고 있는 왕건의 '왕'씨('王'氏) 성은 아버지인 용건(龍建, 세조, 왕륭[王隆])에 의해서 만들어졌을 것으로 추정하였다.

그리고 그의 행위는 하늘의 명[천명(天命)]으로 포장되었다. 자주적 연호인 천수(天授), 정전(正殿)의 명칭인 천덕전(天德殿), 천안부(天安府, 천안도독부[天安都督府], 충남 천안)의 설치, 일리천전투 시 천군(天軍) 등에서 천(天)의 자의(字意)를 읽을 수 있다. 모두 하늘의 뜻이니 신성하다는 것이다. 왕건은 자신을 황제의 자칭인 짐(朕)이라 하였다. 또한 그는 조상의 묘호를 황제처럼 조종(祖宗)을 사용하기 시작하였으며, 예전에 중국의 황제가 신라에 대해 행했던 것처럼 낙랑호(樂浪號)를 사용하였다. 고려에 귀부한 신라의 마지막 왕 경순왕에게 왕건은 자신의 큰 딸을 그의 배필로 삼게 하였다. 그리고 왕건은 그 큰 딸을 낙랑공주(樂浪公主)라 하고, 경순왕에게는 낙랑왕(樂浪王)이라는 호칭을 주었다. 무엇보다도 고려 왕실의 신성성 부여에 큰 공을 들인 것은 그 혈통을 용손(龍孫)으로 포장하는 것이었다. 그 진룡자(眞龍子)로서 바른 혈통의 계승자가 된 이는 고려 2대 왕인 혜종 무(武)였다. 그 외에도 풍수도참설을 극대화하고 불력(佛力)의 가호(加護)를 구하는 등의 행위를 지속하며 고려 왕실의 신성성은 강화되었다. 왕건은 재위 시부터 '신성대왕'(神聖大王)이라 불리어졌다. 하지만 이러한 신성화 작업의 내면에는 왕건의 중폐비사(重幣卑辭 : 선물은 후하게 말은 겸손하게)에 의한 포용과 솔선수범하는 모범적 행동이 우선하였기에 가능하였다.

요컨대 고려 태조 왕건의 왕실 신성화 핵심은 천명의식(天命意識)과 용손의식(龍孫意識)이었다. 그러면서 왕건은 고려국의 체제를 황제국체제로 다듬으며 권위를 높이었다. 고려 왕실의 신성화는 신라 왕실보다 격상된 것이었다. 이제 고려 왕실은 신성왕실(神聖王室)이 되었다. 이 시대는 한마디로 권위의 대이동이 나타난 것인데, 단순한 이동이 아닌 권위가 격상되어 신라 왕실에서 고려 왕실로 이동한 것이었다. 왕건이 삼한일통의 완성자가 된 데에는 이러한 정책들이 주요한 성공요소가 되었다.

II. 질자정책과 기인

1. 머리글

고려 태조 왕건은 여러 정책을 통하여 통일을 완성하였는데, 그 중 하나가 질자정책(質子政策)이었다. 왕건은 모든 것을 무력적인 방법으로 성취하지는 않았다. 여러 지역 중 주요한 곳에는 지방관(地方官) 또는 관군(官軍)을 파견하거나 성곽을 쌓아 거점을 확보하기도 하고, 사민(徙民)을 실시하거나 질자(質子) 이용 등의 방법으로 장악하였다. 그런가 하면 지역세력(호족)을 상대로 혼인정책을 시행하여 결속을 다졌다. 또한 지역세력에게 사성명(賜姓名)하기도 하고 관계(官階)를 내려주어 우대하거나 선물을 후하게 주어 포용하였다.

이처럼 왕건은 사용가능한 모든 방법을 구사하여 최종 승리자가 되었던 것이다. 이 글에서는 그가 구사한 여러 통일의 수단 중 하나인 질자정책에 대해서 살펴보려 한다. 앞선 연구에서 질자정책은 기인(其人)에 가리어 주목받지 못하였다. 고려 통일전쟁기에 '질자(質子)'라는 용어가 사료에 여럿 등장한다. 이 질자는 간단히 해석한다면 볼모 또는 인질과 비슷한 개념이다. 『고려사』 선거지(選擧志)에는 기인(其人)으로 설명되어 있다. "국초(國初)에 향리의 자제를 뽑아서 서울에 질자로 두고 겸하여 그 고을의 사정을 물어 보는 고문으로 썼는데 이를 기인이라고 하였다."[1] 그동안 학계에서는 기인제의 틀 속에서 질자를 이해하였다. 이 기인에 대해서는 고려시대의 제도 중 하나로서 살펴 본 연구들이 축적되어 있다. 주로 기인의 시원문제 및 그 성격의 시기별 변화에 대해서 살펴본 연구들이었다.[2]

하지만 이 기인에 대한 설명만으로 태조대(太祖代) 질자를 이해하기에는 미흡함이 있다. 이 기인보다도 더 넓은 범위에서 왕건은 질자정책을 운영하였기 때문이다. 따라서 이 글에서는 먼저 질자의 시원을 밝힌 후에, 왕건이 시행하였던 질자의 유형과 그 운영에 대해서 살펴 보고자 한다. 편의상 태조대의 질자를 국내질자(國內質子)와 국외질자(國外質子)로 나누어 논지를 전개하려한다. 이를 위해 여러 사료와 기인에 관한 선행연구 등을 참고하였다.

---

1) 『고려사』 권75, 지29, 선거3, 기인(其人) 글머리. 여기에서 국초(國初)는 태조대를 포함한 시기일 터이다. 이 기록 외에는 태조대에 관한 현존 기록에 기인이라는 용어가 찾아지지 않는다(『고려사』, 『고려사절요』, 『삼국사기』, 『삼국유사』 등). '질(質)' 또는 '질자(質子)'라는 용어만이 여럿 보일 뿐이다. 또한 태조대의 질자가 기인조(其人條)의 기인에 대한 설명과 성격이 같지 않다고 생각된다. 따라서 이 글에서는 '질자'를 주 용어로 선택하였다. 대상이 여자일 때는 질녀(質女)라고 해야 옳으나 남자와 여자 모두 질자로 통칭하였다. 질자의 용어에 대해서는, 諸橋轍次, 『大漢和辭典』 권10, 大修館書店, 1985 수정판, 789쪽 질자(質子) 참고.

2) 이광린, 「其人制度의 變遷에 對하여」 『學林』 3, 연세대 사학연구회, 1954 ; 김성준, 「其人의 性格에 대한 考察」(上)·(下) 『歷史學報』 10·11, 역사학회, 1958·1959 ; 한우근, 「古代國家成長過程에 있어서의 對服屬民施策－其人制起源說에 대한 檢討에 붙여서」(上)·(下) 『歷史學報』 12·13, 역사학회, 1960 ; 한우근, 『其人制研究』, 일지사, 1992 ; 이우성, 「三國遺事所載 處容說話의 一分析－新羅末·高麗初의 地方豪族의 登場에 대하여－」 『韓國中世社會研究』, 일조각, 1997.

2. 고려시대 이전 질자(質子)의 시원

고려 통일전쟁기(統一戰爭期)에 볼모(인질)와 비슷한 개념으로 이해되는 질자(質子)가 있었다. 그런데 이 질자는 이미 고려시대 이전에 다양한 모습으로 존재하였다. 먼저 부여(夫餘)와 고구려(高句麗)의 경우를 살펴보자. "봄 정월에 부여왕(扶餘王) 대소(帶素)가 사신을 보내와 방문하고 질자(質子)를 교환할 것을 청하였다[청교질자(請交質子)]. 왕은 부여가 강대한 것을 꺼려 태자 도절(都切)을 질자로 삼으려 했으나[위질(爲質)] 도절이 두려워해 가지 않으니 대소가 화를 냈다. 겨울 11월에 대소가 군사 5만으로 침범해왔다가 큰 눈이 내려 사람들이 많이 얼어 죽자 그냥 돌아갔다."[3]

이 내용은 질자에 관한 『삼국사기』의 첫 기사이다. 고구려 유리명왕(瑠璃明王) 14년(B.C. 6)에 부여왕 대소가 유리명왕에게 질자를 서로 교환하자고 제의하고 있다.[4] 여기에서 온전하게 '질자'라는 용어가 보인다. 그런가 하면 장수왕대에 북연(北燕)과 북위(北魏)가 사용한 질자와 같은 뜻인 '시자(侍子)'라는 용어도 있었다.[5] 부여는 이미 이전부터 질자라는 것을 운영하고 있었으리라 생각된다. 그러한 경험 속에서 부여는 고구려에 대하여 질자 교환을 제의했을 것이다. 이때 양국이 서로 질자를 교환하지는 않았지만 질자에 대한 인식은 정확히

3) 『삼국사기』 권13, 고구려본기1, 유리명왕, 14년, "春正月 扶餘王帶素遣使來聘 **請交質子** 王憚扶餘强大 欲以太子都切**爲質** 都切恐不行 帶素恚之 冬十一月 帶素以兵五萬來侵 大雪 人多凍死乃去".

4) 부여왕 대소의 요청에 의한 질자 교환을 교질(交質, 인질교환[人質交換])이라고 표현한 견해가 참고된다(한우근, 『其人制硏究』, 일지사, 1992, 35~36쪽).

5) 『삼국사기』 권18, 고구려본기6, 장수왕, 24년, "燕王遣使入貢于魏 請送**侍子** 魏主不許 將擧兵討之 遣使來告諭".

가지고 있었으며 질자는 남자였다.

그 후 고국원왕 12년(342) 11월에 전연왕(前燕王) 모용황(慕容皝)이 고구려로 쳐들어와서 왕모(王母) 주씨(周氏)와 왕비(王妃)를 잡아 돌아갔다. 또한 왕부(王父)인 미천왕의 무덤을 파헤쳐서 그 시신(屍身)을 싣고 갔다.[6] 다음 해 2월에 고국원왕은 아우를 연에 보내어 칭신(稱臣)하고서 미천왕의 시신을 돌려받았다. 하지만 왕모는 여전히 연나라에 질자로 억류되었다.[7] 고국원왕 25년(355) 12월에 왕이 사신을 연에 보내 질자로 들이고 조공을 닦으면서 왕모를 보내줄 것을 요청하였다. 이에 전연왕 모용준(慕容儁)이 허락하여 왕모가 돌아올 수 있었다.[8] 전연은 질자를 여자뿐만 아니라 시신까지도 마치 질자처럼 그 대상으로 삼고 있었으며 질자를 다른 사람으로 대체하기도 하였다.

이후 고구려는 타국으로부터 질자를 받거나 잡아들이기도 하였다. 고국양왕 9년 봄에 신라는 왕[나물이사금(奈勿尼師今)]의 조카 실성(實聖)을 고구려에 질자로 보내왔다.[9] 이어서 고구려는 광개토왕 6년(396)에 백제로부터 질자를 거두어들이기도 하였다.[10] 장수왕 24년

---

6) 『삼국사기』 권18, 고구려본기6, 고국원왕, 12년 11월.

7) 『삼국사기』 권18, 고구려본기6, 고국원왕, 13년 2월.

8) 『삼국사기』 권18, 고구려본기6, 고국원왕, 25년 12월.

9) 『삼국사기』 권18, 고구려본기6, 고국양왕, 9년 춘.

10) 다음은 광개토왕릉비(廣開土王陵碑)의 일부 내용이다. "(영락[永樂] 6년(396) 병신에 왕이 친히 □군을 이끌고 잔국(백제)을 토벌하였다. … 잔주(백제왕)의 아우와 대신 10인을 데리고 수도로 개선하였다(以六年丙申 王躬率□軍 討伐殘國 … 將殘主弟并大臣十人 旋師還都)". 광개토왕릉비의 비문은 노태돈의 판독과 해석을 참고하였다(한국고대사회연구소, 『譯註 韓國古代金石文』 I (고구려·백제·낙랑 편), 가락국사적개발연구원, 1992, 3~35쪽). 여기에서 광개토왕이 데리고 간 백제왕의 아우와 대신 10인은 정황상 질자로 보아야 할 것이다.

(436)에 북위의 공격으로 북연이 멸망하자, 북연왕 풍홍(馮弘)이 고구려로 망명해 왔다.[11] 그러나 고구려는 장수왕 26년(438)에 풍홍의 태자(太子) 왕인(王仁)을 질자로 잡아두었으며, 이에 풍홍이 반발하자 풍홍과 그의 자손 10여 명을 죽였다.[12]

보장왕이 즉위한 해(642) 겨울에 신라의 김춘추(金春秋)가 사신으로 왔다. 신라는 백제를 치고자 고구려에 군사를 청하였다. 고구려는 이를 거절하고 오히려 김춘추를 억류하였다가 풀어주었다.[13] 이는 고구려가 신라 사신을 질자로 삼았다가 놓아준 경우였다. 동왕(同王) 3년(644) 9월에는 고구려의 실권을 장악하고 있었던 막리지(莫離支) 연개소문(淵蓋蘇文)이 당(唐)에 관리 50명을 숙위(宿衛)로 들여보내고자 하였으나 당 태종(太宗)은 용납하지 않았다.[14] 이때의 숙위 50명은 비록 성사되지 않았지만 질자의 성격도 가지고 있었을 것이다.

다음은 백제의 경우이다. 아신왕 6년(397) 여름 5월에 왕이 왜국과 우호를 맺고 태자 전지(腆支)를 질자로 보냈다고 한다.[15] 이는 『삼국사기』 백제본기의 질자에 관한 첫 기사이다. 그 후 개로왕 18년(472)에 백제가 북위로 사신을 보내어 고구려를 토벌해 줄 것을 청하였다. 그러면서 개로왕은 자신의 딸과 아들을 북위로 보내고자 청하였다.[16] 무왕 41년(640)에는 자제들을 당의 국학(國學)에 입학시켰다.[17] 아마

---

11) 『삼국사기』 권18, 고구려본기6, 장수왕, 24년.
12) 『삼국사기』 권18, 고구려본기6, 장수왕, 26년.
13) 『삼국사기』 권21, 고구려본기9, 보장왕 상, 글머리·권5, 신라본기5, 선덕왕 11년 동·권41, 열전1, 김유신 상.
14) 『삼국사기』 권21, 고구려본기9, 보장왕 상, 3년 9월.
15) 『삼국사기』 권25, 백제본기3, 아신왕, 6년 하5월·전지왕, 글머리.
16) 『삼국사기』 권25, 백제본기3, 개로왕, 18년.
17) 『삼국사기』 권27, 백제본기5, 무왕, 41년·권5, 신라본기5, 선덕왕, 9년.

도 백제가 고위층의 자제들을 당에 들여보내 숙위하도록 했을 개연성이 높다 하겠다. 백제는 의자왕대인 660년에 신라와 당의 연합군에 의해 멸망하였다. 멸망 후에 바로 백제 부흥운동이 일어났는데 복신(福信)은 도침(道琛)과 함께 주류성에 웅거해 당에 반기를 들었다. 그리고 왜국에 질자로 가 있던 부여풍(扶餘豊)을 맞아 왕으로 세웠다. 이 같은 백제 부흥운동은 결국 내분에 의해 실패로 돌아갔다.[18] 이처럼 백제의 경우도 질자의 형태가 몇 있었음을 알 수 있다.

이제 신라는 어떠한 형태의 질자가 있었는지 알아보자. 『삼국사기』 신라본기의 질자에 관한 첫 기사는 나해이사금(奈解尼師今) 17년(212) 봄 3월에 나타난다. 가야가 왕자를 보내와서 질자로 삼았다고 한다.[19] 그 후 앞에서 기술했듯이 나물이사금(奈勿尼師今) 37년(392)에 왕은 강성한 고구려에 이찬(伊湌) 대서지(大西知)의 아들 실성(實聖)을 질자로 삼아 보낸 바 있다.[20] 실성은 나물이사금 46년(401)에 신라로 돌아와[21] 다음 해에 즉위하였다.[22] 이번에는 왕위에 오른 실성이사금(實聖尼師今)이 자신을 질자로 삼아 고구려로 보낸 나물이사금을 원망하여 그의 아들들을 외국에 질자로 보냈다.[23] 그래서 미사흔(未斯欣)은 왜국으로(402),[24] 복호(卜好)는 고구려에(412) 질자로 삼아 보냈던 것이다.[25] 또한 실성이사금은 미사흔과 복호의 형인 눌지(訥祗)마저

18) 『삼국사기』 권28, 백제본기6, 의자왕, 20년 이후.
19) 『삼국사기』 권2, 신라본기2, 나해이사금, 17년 춘3월.
20) 『삼국사기』 권3, 신라본기3, 나물이사금, 37년 춘정월.
21) 『삼국사기』 권3, 신라본기3, 나물이사금, 46년 추7월.
22) 『삼국사기』 권3, 신라본기3, 실성이사금, 글머리.
23) 『삼국사기』 권3, 신라본기3, 눌지마립간, 글머리.
24) 『삼국사기』 권3, 신라본기3, 실성이사금, 원년 3월.
25) 『삼국사기』 권3, 신라본기3, 실성이사금, 11년.

질자로 삼아 고구려로 보내어 살해하려 했으나 실패하였다. 그러자 고구려에서 살아 돌아온 눌지는 실성이사금을 시해하고 스스로 왕위에 올랐다(417).[26] 다음 해인 눌지마립간(訥祗麻立干) 2년(418)에 왕의 아우 복호와 미사흔이 신라로 돌아왔다.[27] 선덕여왕 11년(642) 겨울에는 앞에서 기술한 대로 김춘추가 고구려에 사신으로 갔다가 억류되었다가 풀려났었다.[28] 신라는 가야에 대해서는 우위에 있었으나 선덕여왕 이전에 고구려나 왜국에 대해서는 미약한 모습을 보인 적이 있었음을 질자를 통해서 이해할 수 있다. 한편 647년에 김춘추가 왜국에 사신으로 갔다가 일시적이지만 질자가 되었다는 설이 있다. 이의 신뢰성 문제에 대한 찬성과 반대의 견해가 있다.[29]

진덕여왕대에는 신라의 질자 형태가 크게 변화하였다. 앞서 선덕여왕 9년(640) 여름 5월에 왕이 자제들을 당에 보내 국학에 들이기를 청하였다.[30] 그런데 진덕여왕 2년(648), 당에 입조한 김춘추가 당 태종에게 아뢰기를, "신에게 아들 일곱이 있사오니 폐하 곁을 떠나지 않고 숙위하게 해주시기를 바라나이다" 하였다. 이에 명을 내려 자신의 아들 문왕(文王)과 대감(大監) □□을 당에 머물게 하고 신라로 돌아왔다.[31] 숙위는 당나라 궁중에 머무르면서 황제를 호위하는 것을

26) 『삼국사기』 권3, 신라본기3, 눌지마립간, 글머리.
27) 『삼국사기』 권3, 신라본기3, 눌지마립간, 2년.
28) 『삼국사기』 권5, 신라본기5, 선덕왕, 11년 동.
29) 노태돈, 『삼국통일전쟁사』, 서울대학교출판문화원, 2010, 135~139쪽 참고.
30) 『삼국사기』 권5, 신라본기5, 선덕왕, 9년 하5월.
31) 『삼국사기』 권5, 신라본기5, 진덕왕, 2년, "… 春秋奏曰 臣有七子 願使不離聖明□衛 乃命其子文注與大監□□ … →… 春秋奏曰 臣有七子 願使不離聖明宿衛 乃命其子文王與大監□□ …"(이강래 교감, 『원본 삼국사기』, 한길사, 2003, 77쪽 참고).

말한다. 이것은 신라가 왕족을 당의 국학에 들이는 것보다도 더 적극적인 외교수단이었다. 동왕 5년(651) 2월에는 파진찬(波珍湌) 김인문(金仁問)을 당에 들여보내 조공하고 숙위하게 하였다.[32] 이러한 신라의 적극적인 태도는 신라와 당이 연합을 맺는데 크게 기여하였다. 결국 신라와 당은 힘을 합하여 백제와 고구려를 멸망시켰다.

신라는 이후에도 꾸준히 당에 숙위할 사람을 보내며 양국의 관계를 돈독히 하였다. 신라의 대당 숙위는 기본적으로 당 황제에게 보내는 신의의 표시였다. 그런데 이 숙위가 질자의 한 형태로 보이는 사례가 있다. 애장왕이 10년(809) 가을 7월에 시해되자 8월에 그 부고를 당에 전하였다. 부고를 접한 당 헌종은 최정(崔廷)을 보내면서 질자로 와 있던 김사신(金士信)을 부사(副使)로 하여 조문을 하였다.[33] 여기서 김사신은 이미 당에 와있던 신라의 숙위가 아닐까 한다. 또 다른 사례가 있다. 문성왕 2년(840)에 당 문종이 홍려시(鴻臚寺)에 조칙을 내려 신라의 질자 및 연한이 차서 귀국하게 된 학생 모두 1백 5명을 방환(放還)하였다.[34] 이때의 질자도 본래 신라의 숙위로 보아야 할 것이다. 따라서 당에 가있던 신라의 숙위는 질자의 한 형태이기도 하였다.[35] 한편, 애장왕대에 일본으로 질자를 보내려고 시도하다가 그만둔 적이 있었다. 애장왕 3년(802) 겨울 12월에 균정(均貞)에게 대아찬(大阿湌) 관위를 수여하고 가짜 왕자로 삼아 왜국(일본)에 질자

---

32) 『삼국사기』 권5, 신라본기5, 진덕왕, 5년 2월.
33) 『삼국사기』 권10, 신라본기10, 애장왕, 10년 추7월·헌덕왕, 글머리.
34) 『삼국사기』 권11, 신라본기11, 문성왕, 2년.
35) 신라의 대당 외교상에 나타난 숙위를 인질로 본 견해가 참고된다(신형식, 「新羅의 對唐交涉上에 나타난 宿衛에 對한 一考察」『歷史教育』 9, 역사교육연구회, 1966).

로 보내려 했으나 균정이 사양하였다고 한다.[36]

이상 『삼국사기』를 중심으로 간단히 나열하면서 고려 태조 왕건이 활동하던 시기 이전의 질자 용어와 그 양상에 대해서 거칠게 살펴보았다. '질자'라는 용어가 기원전부터 명확히 쓰였다는 것을 알 수 있으며 오랜 시간 다양하게 존재했다는 것도 살펴보았다. 고려 이전 시기의 질자는 대체로 국가 사이에 맞교환을 의뢰하거나, 전쟁을 통해서 거두어들이기도 하였다. 하지만 주로 세력이 약한 쪽에서 강한 쪽으로 올려 보냈다. 혹은 서로의 평화적인 안정을 꾀하고자 질자를 활용했던 것 같다. 그리고 질자의 대상은 주로 높은 지위에 있는 남자였지만 때에 따라 여자도 해당되었다. 특이하게 시신도 마치 질자처럼 다룬 경우도 있었다.

그 밖에 신라가 지방을 통제하는 수단으로서 상수리(上守吏)가 있었다. 이 또한 질자의 한 형태가 아닌가한다. 그리고 신라 질자의 특이한 형태로서 주목되는 인물이 있다. 바로 처용(處容)이다. 상수리와 처용은 다음에서 기술하려 한다.

3. 국내질자의 여러 양상과 기인(其人)

필자는 태조대의 질자를 '국내질자(國內質子)'와 '국외질자(國外質子)'로 명명 분류하여 정리하고자 한다. 국내질자는 지역세력이 왕건에게 올려 보낸 것이고, 국외질자는 고려의 외교와 관련된 외교질자

36) 『삼국사기』 권10, 신라본기10, 애장왕, 3년 동12월.

(外交質子)이다. 먼저 고려 질자의 시원과 국내질자부터 살펴보자. 태조가 지역세력을 장악하기 위해 그 자제들을 중앙으로 불러들였는데 그 시원은 신라에서 찾을 수 있다. 신라 중앙정부에서 지방의 관리 한 사람을 불러올려 지방을 장악하기 위한 방편으로서 사용한 수단이 상수리제도(上守吏制度)였다. 다음은 『삼국유사』에 나오는 문무왕의 서제(庶弟) 차득공(車得公)에 관한 기사의 일부이다.

Ⅱ 가) 나라 제도에 매년 각 주의 향리 한 사람을 서울 안에 있는 여러 관청에 올라오게 하여 지키게 했다[상수(上守)]. -지금의 기인(其人)이다-안길(安吉)이 올라와 지킬 차례가 되어 서울에 이르렀다.[37]

위의 Ⅱ가)에 의하면, 신라에서는 해마다 각 주의 관리 한 사람을 교대로 서울(금성, 경주)로 불러들였다. 올라오게 하여 지키게 한(상수[上守]) 이가 있었다. 그 사람에 대한 신라시대의 명칭이 무엇인지, 언제부터 존재했는지는 명확히 알 수 없다. 김성준은 그를 편의상 상수리(上守吏)라고 하였다.[38] 상수리는 서울 안에 있는 여러 관청을 지키는 역할을 했던 것이다. 이러한 신라의 상수리가 고려의 기인(其人)과 같다고 되어 있다. 그 상수리로서 안길의 존재가 보인다. 안길은 무진주(武珍州, 광주광역시)에서 부유한 사람이었으며[39] 그 자신이

37) 『삼국유사』 권2, 기이2, 문호왕(文虎王) 법민(法敏), "國之制 每以外州之吏一人上守京中諸曹 注今之其人也 安吉當次上守至京師".

38) 김성준, 「其人의 性格에 대한 考察」(上) 『歷史學報』 10, 역사학회, 1958, 202쪽 주6.

39) 안길은 문무왕의 서제 차득공을 자기 집으로 맞아 들여 극진히 대접하였으며, 처첩(妻妾)을 3인이나 데리고 살았으므로 부유했을 것이다(『삼국유사』 권2, 기이2, 문호왕 법민 ; 김성준, 위의 「其人의 性格에 대한 考察」(上), 1958,

직접 상수하러 서울에 올라왔었다. 내용상 안길이 최초의 상수리는 아니었을 터이다. 정해진 제도 때문에 안길이 서울로 올라왔으므로 이미 상수리제도는 존재했다고 읽혀진다.

상수리의 기원에 관하여 김철준은 『삼국사기』 신라본기 소지마립간 19년 7월조 기사를 기인제도[전사심관(前事審官), 상수리]의 발아(發芽, 싹트기)로 보았다(5세기 말).[40] 이광린은 신라가 외국에 인질을 파견했듯이 자국 내 토호(土豪) 향리에 대해서 유사한 인질정책을 강요했을 것으로 추정하였다. 그래서 첫 기인(상수리) 시행의 상한시기를 나물왕·법흥왕·진흥왕대 전후로 잡았다(4~6세기). 이 시기에 시작해서 신라가 백제와 고구려를 멸망시킨 후에 완전한 체제를 갖추었다고 하였다.[41] 또한 기인제도를 신라와 고려 초의 향리 인질제도로 보았다.[42] 그런가 하면 한우근은 신문왕 6년(686)에 무진주가 등장하고 그 이전에는 무진군(武珍郡)이므로 주리(州吏)가 있을 수 없다 하여 사료 Ⅱ가)의 내용을 신뢰하지 않았다. 따라서 기인제의 신라시대 기원설을 부정하고 고려 초를 그 기원으로 보았다.[43]

그러나 상수리(기인)제도는 앞에서 살펴본 바를 토대로 추정해보면 부여·고구려·백제·신라·가야 등에서 다양하게 시행하였던 질자운영이 자연스럽게 신라에서 상수리제도로 정착된 것이 아닐까 한다.

202쪽).

40) 『삼국사기』 권3, 신라본기3, 소지마립간, 19년 추7월, "命群官 擧才堪牧民者各一人" ; 김철준, 「新羅 上代社會의 Dual organization」(下) 『歷史學報』 2, 역사학회, 1952, 88쪽.

41) 이광린, 「其人制度의 變遷에 對하여」 『學林』 3, 연세대 사학연구회, 1954, 2~4쪽.

42) 이광린, 위의 「其人制度의 變遷에 對하여」, 1954, 23쪽.

43) 한우근, 앞의 『其人制硏究』, 1992, 11~12·47~48·70쪽.

타국과의 관계 속에서 시행되었던 질자운영이 백제와 고구려가 멸망하고 난 뒤에 평화가 정착되면서 국외적인 양상이 국내적인 양상으로 변화한 것이 상수리제도라고 생각된다. 다만 상수리제도의 정착 시기는 현존 사료에 보이지 않는다. 그런데 신라가 지방을 장악하는 수단으로서 이 상수리 외에 또 다른 형태가 있었다.

Ⅱ 나) 동해의 용은 기뻐하여 곧 일곱 아들을 거느리고 왕(헌강왕)의 수레 앞에 나타나 덕을 찬양하며 춤을 추고 음악을 연주하였다. 그 중 한 아들이 왕의 수레를 따라 서울로 들어와 왕의 정사를 보필했는데 이름을 처용(處容)이라 하였다. 왕은 미녀를 주어 아내로 삼게 하고 그의 마음을 잡아 머물도록 하면서 또한 급간(級干)이란 직책을 주었다.[44]

위의 처용이 활동했던 시기는 『삼국사기』에 의하면 헌강왕 5년(879)으로 추정된다.[45] 처용이 신라 서울에 와서 받았던 대우는 상수리와는 차이가 있다. 상수리인 안길은 향리로서 부유하였으며 그 자신이 직접 서울로 올라왔다. 처용은 지역세력의 아들로서 서울로 올라와 왕이 혼인도 시켜주고 벼슬도 주었다. 처용은 오히려 상수리보다는 다음에 나오는 고려의 기인(其人)과 비슷하였다.[46] 다음은 『고려사』

44) 『삼국유사』 권2, 기이2, 처용랑(處容郎) 망해사(望海寺), "東海龍喜 乃率七子 現於駕前 讚德獻舞奏樂 其一子隨駕入京 輔佐王政 名曰處容 王以美女妻之 欲留其意 又賜級干職".

45) 『삼국사기』 권11, 신라본기11, 헌강왕, 5년 3월.

46) 처용의 경우를 고려 기인제도의 원형으로 본 견해는, 이우성, 「三國遺事所載 處容說話의 一分析 - 新羅末·高麗初의 地方豪族의 登場에 대하여 -」 『韓國中世社會硏究』, 일조각, 1997, 186쪽 참고.

기인조(其人條)이다.

Ⅱ 다) 국초(國初)에 향리의 자제(子弟)를 뽑아서 서울에 질자(質子)로 두고[위질(爲質)] 겸하여 그 고을의 사정을 물어 보는 고문으로 썼는데 이를 기인(其人)이라고 하였다.[47]

고려 국초라 함은 대개 태조대를 포함한 시기이다. 그런데 기인조 외에는 태조대의 기록에 '기인(其人)'이 보이지 않는다. '질(質)' 또는 '질자(質子)'라는 용어만이 나타난다. 태조대 질자의 기록상 첫 사례는 매곡성(昧谷城, 매곡산성, 충북 보은군 회인면) 성주(城主) 공직(龔直)의 자녀를 통해서 발견된다.

Ⅱ 라) … 마군대장군 염상(廉湘)이 나아와서 아뢰기를, "신이 들으니 경종(景琮)이 일찍이 마군 기달(箕達)에게 말하기를, '누이의 어린 아들[유자(幼子)]이 지금 서울에 있는데 그들이 서로 떨어져 있는 것을 생각하면 불쌍한 마음이 견디지 못하겠고 게다가 시국을 보니 어지러워서 반드시 모여 살 수 있을 것 같지도 않으니 기회를 엿보다가 그 애를 데리고 도망쳐 돌아가야 하겠다'라고 하였으니 경종이 지금 모반함에 과연 증험(證驗)했나이다" 하였다. 태조가 크게 깨닫고 그를 죽이게 하였다.[48]

---

47) 『고려사』 권75, 지29, 선거3, 기인, 글머리, "其人 國初 選鄕吏子弟 爲質於京 且備顧問 其鄕之事 謂之其人".

48) 『고려사』 권127, 열전40, 반역1, 환선길 부(附) 임춘길, "… 馬軍大將軍 廉湘進曰 臣聞景琮嘗語馬軍箕達曰 姊之幼子今在京師 思其離散 不堪傷情 況觀時事 亂靡有定會當 伺隙與之逃歸 琮謀今果驗矣 太祖大悟便令誅之".

위의 내용은 태조 즉위년(918) 9월 을유일(15일)에 일어난 임춘길(林春吉)의 모반[49]과 관련된 내용의 일부이다. 이 모반에 매곡사람 경종(景琮)이 포함되었는데 태조가 그를 죽이고자 하였다. 그러자 매곡의 북쪽에 있는 청주사람 현율(玄律)이 태조에게 경종은 매곡성의 성주인 공직의 처남이므로 공직의 반발을 우려해 회유하자고 건의하였다. 하지만 마군대장군 염상(廉湘)은 경종을 살려두면 서울[경사(京師)]에 있는 공직의 어린 아들[유자(幼子)]을 데리고 도망갈 가능성을 태조에게 말하였다. 결국 태조는 경종을 죽이게 하였다.[50]

여기에서 918년 당시의 서울은 철원이었다. 그 철원에 공직의 어린 아들은 바로 질자로 얽매여 있었던 것이다.[51] 그런데 공직의 어린 아들은 언제부터 철원에 있었는지 알 수가 없다. 왕건이 궁예를 몰아내고 고려를 건국하며 즉위한 것은 918년 6월 병진일(15일)이었다.[52] 임춘길의 모반은 왕건이 즉위하고 3개월이 지난 9월 을유일(15일)에 일어났다. 그렇다면 공직의 어린 아들은 이 3개월 사이에 질자로 왔다고 볼 수 있을지 의문스럽다. 아마도 상상이 허락된다면 공직의 어린 아들은 궁예 정권 시절에 이미 철원에 와 있었지 않을까 한다. 또한 공직의 처남 경종도 공직의 어린 아들과 함께 온 질자였을 것이다. 질자를 이용한 질자정책은 견훤과 궁예가 세력을 확장하면서 먼저 사용하고 있었다고 추정된다.

---

49) 『고려사』 권1, 세가1, 태조1, 원년 9월 을유.

50) 『고려사』 권127, 열전40, 반역1, 환선길 부(附) 임춘길.

51) 김명진, 「고려 태조 왕건의 일모산성전투와 공직의 역할」 『軍史』 85, 국방부 군사편찬연구소, 2012, 73~74쪽. 왕건은 즉위 다음 해인 919년 정월에 서울을 철원에서 개경(송악)으로 옮겼다(『고려사』 권1, 세가1, 태조1, 2년 춘정월).

52) 『고려사』 권1, 세가1, 태조1, 원년 하6월 병진.

앞에서 살펴보았듯이 부여·고구려·백제·신라·가야 등은 다양하게 질자를 운영하였다. 주로 국가 간의 역학관계 속에서 질자가 존재하였다. 여기에 신라는 국내적으로 상수리를 활용하였다. 그런가 하면 신라의 처용은 고려의 기인과 비슷한 역할을 했을 것으로 판단된다. 이와 같이 고려 건국 이전부터 계속적으로 운영되었던 정책내지는 제도를 견훤과 궁예가 활용하였고 왕건도 자연스럽게 받아들였을 것이다. 따라서 왕건의 즉위 초 질자인 공직의 어린 아들과 처남 경종은 주목된다 하겠다.

공직의 어린 아들과 경종처럼 왕건은 궁예 때부터 있었던 질자를 수용하였다. 그렇다면 왕건이 즉위한 후에 언제부터 새로운 질자를 받아들였을까 궁금하다. 그가 즉위하고 두 달 후인 918년 8월에 각 지역에 단사(單使)를 내려 보낸 것이 그 시작일 것이다. 단사로 하여금 선물을 넉넉하게 주고 말을 겸손하게 하여[중폐비사(重幣卑辭)] 조정이 그들에게 은혜를 베푸는 뜻을 보이도록 하였더니 귀부하는 자가 과연 많았다고 한다.[53] 따라서 왕건은 즉위 직후부터 귀부하는 자가 올려 보낸 새로운 질자를 받아들였다고 생각된다. 물론 이들 중에는 궁예왕 때부터 있었던 질자가 왕이 바뀌는 어수선한 틈에 향리로 도망했다가 다시 온 이도 있었을 것이다. 이상에서 살펴본 이모저모들이 태조대 질자의 시원에 대한 설명으로 충족되리라 판단된다.

아래에 나열한 사료들은 왕건이 시행한 질자정책(質子政策) 중에서 고려 중앙정부와 지역세력 간의 질자(質子) 형태인 국내질자에 대해서 조사한 것이다.

---

53) 『고려사』 권1, 세가1, 태조1, 원년 8월 기유.

Ⅱ 마)-① 공직은 연산(燕山) 매곡(昧谷, 충북 보은군 회인면) 사람이다. … 신라 말에 본 읍의 장군이 되었다. 당시 바야흐로 난리가 나서 드디어 (후)백제를 섬기게 되었고 견훤의 심복이 되어 장자(長子) 직달(直達), 차자(次子) 금서(金舒) 및 딸 하나를 (후)백제에 질자(質子)로 두었다[질우백제(質于百濟)]. … 태조 15년(932)에 공직은 그의 아들 영서(英舒)와 함께 조정에 와서 말하기를, "신이 보잘 것 없는 고을에 살면서 오랫동안 좋은 정치에 대하여 듣고 있었나이다. 비록 하늘(왕건)을 보좌할 힘은 없사오나 신하의 절의는 다하기를 바라나이다"하니 태조가 기뻐하여 대상으로 임명했으며, 백성군(白城郡, 경기도 안성)을 녹(祿)으로 주고 (궁중) 마구간 말 3필과 채색 비단을 주었다. 그의 아들 함서(咸舒)를 좌윤으로 삼고 또 귀척(貴戚)인 정조 준행(俊行)의 딸을 영서의 아내로 삼고는 … 견훤은 공직이 항복하였다는 소식을 듣고 크게 노하여 직달, 금서 및 그의 딸을 잡아 가두고 정강이 힘줄을 불로 지져서 끊으니 직달은 죽었다.[54]

Ⅱ 마)-② 태조 3년(920), 강주장군(康州將軍, 경남 진주) 윤웅(閏雄)이 자기 아들 일강(一康)을 질자로 보내자[위질(爲質)], 일강에게 아찬을 제수하고 경(卿) 행훈(行訓)의 누이동생을 아내로 삼게 하였다. 낭중 춘양(春讓)을 강주에 보내어 귀부한 것을 위로하며 달래었다.[55]

Ⅱ 마)-③ 태조 5년(922) 가을 7월, 명주장군(溟州將軍, 강원도 강릉) 순식

54) 『고려사』 권92, 열전5, 공직, "龔直燕山昧谷人 … 新羅末爲本邑將軍 時方亂離遂事百濟 爲甄萱腹心 以長子直達 次子金舒及一女 質于百濟 … 太祖十五年 直與其子英舒來朝言曰 臣在弊邑 久聞風化 雖無助天之力 願竭爲臣之節 太祖喜 拜大相 賜白城郡祿 廐馬三匹 彩帛 拜其子咸舒爲佐尹 又以貴戚正朝俊行女 妻英舒 … 萱聞直降怒甚 囚直達金舒及其女 烙斷股筋 直達死".

55) 『고려사』 권1, 세가1, 태조1, 3년, "康州將軍 閏雄 遣其子一康 爲質 拜一康阿粲以卿行訓之妹妻之 遣郎中春讓於康州慰諭歸附".

(順式)이 자기 아들을 보내어 항복 귀부하였다.[56)]

(태조 5년 가을 7월) 순식이 드디어 맏아들 수원(守元)을 보내어 귀부하자, 왕씨 성을 내려주고 토지와 집도 주었다. (태조 10년 가을 8월) 또한 아들 장명(長命)을 보내어 군사 6백 명을 거느리고 숙위하러 들어왔다. 뒤에 자제들과 함께 부하들을 거느리고 입조하므로 왕씨 성을 내려주고 대광으로 임명하였다. 장명에게는 염(廉)이라는 이름을 내려주고 원보로 임명하였으며, 소장 관경(官景)에게도 왕씨 성을 내려주고 대승으로 임명하였다.[57)]

Ⅱ 마)-④ 태조 6년(923), 벽진군장군(碧珍郡將軍, 경북 성주) 양문(良文)이 자기 생질 규환(圭奐)을 보내어 와서 항복하였다. 규환에게 원윤을 제수하였다.[58)]

Ⅱ 마)-⑤ 태조 5년, 진보성주(眞寶城主) 홍술(洪術)이 사절을 보내어 항복하기를 청하므로 원윤 왕유(王儒), 경 함필(含弼) 등을 보내어 위로하며 달래었다.[59)]

태조 6년, 진보성주 홍술이 자기 아들 왕립(王立)을 보내어 갑옷 30벌을 바치었다. 왕립에게 원윤을 제수하였다.[60)]

---

56) 『고려사』 권1, 세가1, 태조1, 5년 추7월, "溟州將軍 順式 遣子降附".

57) 『고려사』 권92, 열전5, 왕순식, "順式遂遣長子守元歸款 賜姓王 仍賜田宅 又遣子長命 以卒六百入宿衛 後與子弟率其衆來朝 賜姓王 拜大匡 長命 賜名廉 拜元甫 小將官景 亦賜姓王 授大丞". 개경에 수원이 온 것은 태조 5년(922) 가을 7월이고, 장명이 온 것은 태조 10년(927) 가을 8월이다(『고려사절요』 권1, 태조신성대왕, 5년 추7월·10년 추8월).

58) 『고려사』 권1, 세가1, 태조1, 6년 추8월 임신, "碧珍郡將軍 良文 遣其甥圭奐來降 拜圭奐元尹".

59) 『고려사』 권1, 세가1, 태조1, 5년 동11월 신사, "眞寶城主 洪術 遣使請降 遣元尹 王儒卿含弼等慰諭之".

60) 『고려사』 권1, 세가1, 태조1, 6년 동11월 무신, "眞寶城主 洪術 遣其子王立

Ⅱ 마)-⑥ 태조 8년(925), 고울부장군(高鬱府將軍, 경북 영천) 능문(能文)이 사졸들을 데리고 와서 투항하였다. 그 성이 신라 왕도에 가까우므로 (신라와의 관계를 고려하여 그들을) 위로하여 돌려보내고 다만 그 부하들인 시랑 배근(盃近)과 대감 명재(明才)·상술(相述)·궁식(弓式) 등은 머무르게 하였다.[61]

Ⅱ 마)-⑦ (태조) 10년(927) 8월, 왕이 강주를 순행할 때 고사갈이성(경북 문경)을 지나니 성주 흥달(興達)이 그 아들을 먼저 보내어 귀부하였다. 이에 (후)백제에서 두었던 성 지키는 관리들 역시 모두 항복하니, 왕이 이를 가상히 여겨 흥달에게는 청주의 녹을, 그 맏아들 준달(俊達)에게는 진주(珍州)의 녹을, 둘째 아들 웅달(雄達)에게는 한수(寒水)의 녹을, 셋째 아들 옥달(玉達)에게는 장천(長淺)의 녹을 내려 주고, 또 토지와 집을 내려 주었다.[62]

Ⅱ 마)-⑧ 이총언(李悤言)은 … 신라 말기에 벽진군(경북 성주)을 지키고 있었는데 당시 도적의 무리가 충만하였으나 총언이 성을 굳게 고수하니 백성들이 그 덕으로 편안하였다. 태조가 사람을 보내 서로 힘을 합하여 화란을 평정할 것을 설득하자, 총언은 글을 받고 심히 기뻐서 그 아들 영(永)을 보내어 군사를 거느리고 태조를 따라 정벌하게 하였다. 당시 영은 18세였는데 태조는 대광 사도귀(思道貴)의 딸로써 그의 아내로 삼게 하고 총언을 본읍 장군으로 임명하고 이웃 읍의

獻鎧三十 拜王立元尹".

61) 『고려사』 권1, 세가1, 태조1, 8년 동10월, "高鬱府將軍 能文 率士卒來投 以其城近新羅王都 勞慰遣還 唯留麾下侍郎盃近大監明才相述弓式等".

62) 『고려사절요』 권1, 태조신성대왕, 10년 8월, "王徇康州 行過高思葛伊城 城主興達 先遣其子歸款 是於 百濟所置守城官吏 亦皆降附 王嘉之 賜興達靑州祿 其長子俊達珍州祿 二子雄達寒水祿 三子玉達長淺祿 又賜田宅".

정호(丁戶) 229호를 더 주었다. 또 충주(忠州)·원주(原州)·광주(廣州)·죽주(竹州)·제주(堤州) 창고의 곡식 2천 2백 석, 소금 1천 7백 85석을 주었다. 또한 친필 편지를 보내어 금석 같은 신의를 보이며 이르기를, "자손에 이르기까지 이 마음은 변치 않으리라"고 하였다. 총언은 이에 감격하여 군정(軍丁)들을 단결시키고 재물과 양식을 저장하였으므로 외로운 성으로써 신라와 (후)백제가 반드시 서로 쟁취하려는 지대에 껴있으면서도 엄연히 동남에서 (태조를) 성원하였다.[63]

위의 내용들은 대체로 여러 지역세력들이 태조 왕건에게 귀부하면서 항복과 복종의 증표로서 질자를 올려 보낸 사례들이다. 이보다도 질자의 사례는 더 있었을 가능성이 많다. 비교적 질자로 추정 가능한 사례들만 모아 본 것이다. 지역세력은 질자를 올려 보내고 왕건은 그에 대한 후대조치를 취하는 등 정형화된 상황을 읽을 수 있다. 따라서 이 같은 행위가 당시 고려에서 정책적으로 시행되었다고 생각된다. 특히 공직의 경우는 이 시기 질자의 교과서이다. 비록 견훤에 의해 행해졌지만 Ⅱ마)-①에서 질자는 질자를 보낸 이가 배반했을 때에 죽음이 뒤따른다는 것을 보여준다.

통일전쟁기 혼돈스러운 상황 속에서 각 지역세력들은 자위 수단으로 무장이 필수적이었다. 왕건은 모든 지역세력을 무력으로만 복종시

63) 『고려사』 권92, 열전5, 왕순식 부(附) 이총언, "李悤言 … 新羅季 保碧珍郡時 群盜充斥 悤言堅城固守 民賴以安 太祖遣人 諭以共戮力定禍亂 悤言奉書甚喜 遣其子永 率兵從太祖征討 永時年十八 太祖以大匡思道貴女妻之 拜悤言本邑將軍 加賜傍邑丁戶二百二十九 又與忠原廣竹堤州倉穀二千二百石 塩一千七百八十五石 且致手札 示以金石之信曰 至于子孫 此心不改 悤言乃感激 團結軍丁 儲峙資糧 以孤城介於羅濟必爭之地 屹然爲東南聲援".

킬 수는 없었다. 무력 이외의 방법도 요구되었다. 왕건은 지역세력을 통제하기 위한 방법의 하나로서 질자를 적극 활용하였다. 사료 Ⅱ라)와 사료 Ⅱ마)를 통해서 왕건에게 질자를 올려 보낸 주체는 여러 사례가 있다는 것을 알 수 있다. 이들을 필자는 태조 왕건의 질자정책 중에서 국내질자로 명명 분류하였다. 이 사례들은 여러 질자들에 관한 단순 나열뿐만 아니라 스스로 질자의 성격에 대해 설명해주고 있다. 이상의 사례 내용을 살펴보니 태조의 질자정책 중에서 국내질자는 다음과 같은 특징이 발견된다.

첫째, 태조대 질자는 즉위 당시부터 이미 존재하고 있었다. 궁예정권 때부터 있었던 질자를 태조가 즉위하면서 자연스럽게 이어받았을 것이다. 둘째, 지역세력이 질자를 올려 보낸 곳은 고려의 서울인 철원(918년)과 개경(개성, 919년 이후)이었다. 셋째, 모든 지역에서 질자를 올려 보낸 것은 아니었다. 몇몇 유력한 지역만이 그 대상이었다. 태조에게 질자를 올려 보낸 사람은 해당 지역의 성주·장군인 유력자였다. 대체적으로 왕건에게 귀부하면서 질자를 올려 보냈다. 지역세력이 왕건에게 질자를 올려 보냈다는 자체가 그 지역의 실권자임을 드러내 보이는 계기도 됐을 것이다. 넷째, 지역의 세력가인 당사자가 질자로 가는 경우는 없었으며 질자는 지역세력과 가까운 관계인 살아있는 남자였다. 시신이나 여자는 없었다(견훤은 여자도 받아들임).[64] 질자의 연령대는 공직의 아들처럼 어린아이도 있었지만 대체로 젊은 남자로 추정된다. 또한 집단 숙위의 형태도 있었다. 질자는 도성에서의 숙위뿐만 아니라 왕건을 따라서 종군하기도

---

64) 왕건은 질자의 대상으로 여자는 받아들이지 않았는데 그 대신 견훤보다 혼인정책을 더 활발히 전개했다고 생각된다.

하였다.

다섯째, 태조는 신라도성에 가까운 곳의 질자는 신라와의 우호적인 관계를 의식하여 매우 조심히 다루었다. 여섯째, 지역세력이 질자를 올려 보낼 때 갑옷 같은 선물을 함께 보내기도 하였다. 질자의 으뜸 목적은 목숨을 담보로 한 충성 맹세였다. 그러나 왕건에게 질자를 보낸 이가 배반하지 않는다면 영화가 주어졌다. 이에 왕건은 질자에게 반대급부를 내려 주었다. 태조는 질자에게 벼슬·녹(祿)·재물·성명(姓名) 등을 내려주거나 혼인을 주선하였다. 특히 질자에게 왕씨 성을 내려준 것은 파격적이었다. 왕족과 같은 특별한 우대의 표시였기 때문이다.[65] 일곱째, 지역세력이 질자를 보낸 이유와 태조가 받아들인 이유는 이렇다. 왕건은 질자를 받기만 했지 보내지는 않았다. 힘의 우위는 왕건에게 있었으며, 이는 지역세력이 왕건에게 항복 또는 복종하겠다는 의미였다. 즉 왕건은 지방을 장악하는 수단으로 질자를 적극 활용하였다.

이상 몇 가지로 정리했듯이 국내질자는 기인조의 설명보다도 그 성격 및 역할이 다양했음을 알 수 있다. 그리고 국내질자는 "매년 각 주의 관리 한 사람을 서울 안에 있는 여러 관청에 올려 보내어 지키게 했다"는 신라의 상수리제도와는 다른 점이 있었다. 질자는 어린아이도 있었으니 이는 상수리와 다른 것이다. 각 주의 관리에

---

65) 사료 Ⅱ마)-③에 의하면 왕건은 순식의 아들 장명을 왕렴이라고 하였다. 장명이 왕건으로부터 성씨뿐만 아니라 이름까지 하사받은 것은 왕건이 장명을 아들[가자(假子)]처럼 대했을 가능성이 있다. 장명이 개경으로 와서 숙위까지 했으므로 왕건이 더 각별하게 했을 것이다(장동익, 「高麗時代의 假子」 『한국중세사연구』 25, 한국중세사학회, 2008, 361쪽 주53 ; 김명진, 『고려 태조 왕건의 통일전쟁 연구』, 혜안, 2014, 154쪽 주15 참고).

어린아이는 해당이 되지 않는다. 상수리 안길은 본인이 직접 갔는데 반해 질자는 본인(지역세력)이 간 경우는 없었다. 또한 고려의 기인제도와도 다른 점이 있었다. "국초에 향리의 자제를 뽑아서 서울에 질자로 두고 겸하여 그 고을의 사정을 물어 보는 고문으로 썼다"고 했는데 공직의 어린아이 같은 경우는 고문으로 쓸 수 없었을 것이다. 그런가 하면 질자에는 자제가 아닌 사람도 있었다. 그리고 질자에게 벼슬을 내려주거나 혼인을 시켜주기도 하였다. 즉 태조의 질자정책 중에서 국내질자는 상수리제도나 기인제도와는 다른 점들이 있었다. 이와 같이 다른 점은 아마도 고려 통일전쟁기라는 시대적 상황 때문이었을 터이다.

하지만 태조대 국내질자가 신라의 상수리제도나 처용의 경우 및 고려 기인제도와 약간의 다른 점은 있었지만 그나마 가장 비슷한 유형이었다. 지역의 부유한 유력자인 안길과 질자를 올려 보낸 지역세력은 공통분모가 있었다. 혼인을 시켜주고 왕의 정사를 보필하게 한 처용 또한 국내질자와 공통분모가 있었다. 왕의 정사를 보필하게 한 처용과 그 고을의 사정을 물어 보는 고문으로 썼던 기인도 그러하다. 아마도 국내질자는 통일전쟁이 끝나고 현실에 맞게 적응하는 과정을 거친 후에 기인제도의 기인(其人)으로 변모했다고 추정된다.

그러나 상수리제도와 처용의 경우, 그리고 기인제도는 다음에서 살펴볼 태조 왕건의 질자정책의 국외질자와는 완전히 다른 형태였다.

4. 국외질자의 여러 양상

앞에서 살펴본 태조 왕건의 질자정책 중에서 국내질자(國內質子)는 고려 중앙정부의 내치(內治)에 관한 것이었다. 다음은 태조의 질자정책 중에서 외치(外治)와 관련된 국외질자(國外質子)의 사례들을 모아 보았다.

Ⅱ 바)-① (동광[同光]) 3년(925) 겨울 10월에 견훤(甄萱)이 3천 명의 기병을 거느리고 조물성(曹物城)에 이르자 태조 역시 정예병을 데리고 와 서로 겨루었을 때에 견훤 군사의 예봉이 날카로워 승부를 가르지 못하였다. 태조는 일단 화친을 모색하여 그들의 군사를 피로하게 하고자 글을 보내 화친을 청하고 당제(堂弟) 왕신(王信)을 질자로 삼았더니[위질(爲質)] 견훤 역시 외생(外甥) 진호(眞虎)를 삼아서 (서로) 질자를 교환하였다[교질(交質)].[66]

Ⅱ 바)-② (신라 경순왕) 5년(931), … 수십 일을 머물다 태조가 돌아가자 왕(경순왕)은 혈성까지 전송하고 당제(堂弟) 유렴(裕廉)을 질자(質子)로 삼아[위질(爲質)] 태조를 수행하게 하였다.[67]

Ⅱ 바)-③ (태조) 23년(940) 진(晉, 후진[後晉])에서 우리의 질자 왕인적(王仁翟)을 돌려보냈다.[68]

---

66) 『삼국사기』 권50, 열전10, 견훤, "三年 冬十月 萱率三千騎 至曹物城 太祖亦以精兵來 與之确時 萱兵銳甚 未決勝否 太祖欲權和以老其師 移書乞和 以堂弟王信爲質 萱亦以外甥眞虎交質".

67) 『삼국사기』 권12, 신라본기12, 경순왕, 5년, "因留數旬廻駕 王送至穴城 以堂弟裕廉爲質隨駕焉".

68) 『고려사』 권2, 세가2, 태조2, 23년 글꼬리 ; 『고려사절요』 권1, 태조신성대왕, 경자 23년 글꼬리, "晉 歸我質子王仁翟".

앞에서 기술했듯이 부여·고구려·백제·신라·가야 등은 서로 또는 당과 왜에 질자를 외교 수단으로 활용했었다. 고려도 외교적으로 질자를 이용하였다. 그런데 사료 Ⅱ바)-①은 질자가 외교질자이면서도 특이한 경우였다. 질자를 교환한 교환질자(交換質子)의 형태였기 때문이다. 질자는 힘이 약한 쪽에서 강한 쪽으로 올려 보내는 것이 일반적인 형태였다. 하지만 왕건과 견훤은 조물성에서 전투를 벌이면서 비슷한 격[당제(堂弟)와 외생(外甥)]의 질자를 교환하였다. 교환질자는 양국이 적대적일 때 발생하는 것이었다.[69]

이 교환질자의 결과는 다음 해인 태조 9년(926) 4월, 고려에 온 질자 진호가 병으로 죽음으로써 어긋났다. 견훤은 고려가 일부러 죽였다 하여 후백제에 온 질자 왕신을 죽이고 웅진(충남 공주)으로 군대를 보냈다. 이로 인하여 충돌직전까지 갔으나 실제 전투는 일어나지 않았다.[70] 질자는 본질적으로 살아있어야 가치가 있는데 양측의 질자가 모두 죽음으로써 이 교환질자는 의미가 없어졌다. 아무튼 앞서 국내질자는 일방적인 것이고 왕건이 질자를 받기만 했었다. 그러므로 925년의 교환질자는 당시 양측의 세가 비슷하였다는 것을 설명해주고 있다. Ⅱ바)-①은 고려의 입장에서 국외질자인데 교환질자의 형식이었다.

다음은 사료 Ⅱ바)-②를 살펴보자. Ⅱ바)-②의 일이 발생하기 전에 천년 신라를 송두리째 흔들어 놓은 사건이 발생하였다. 태조 10년(927) 9월에 견훤이 신라도성(금성, 경주)으로 쳐들어와 경애왕을

---

69) 諸橋轍次, 『大漢和辭典』 권10, 大修館書店, 1985 수정판, 789쪽 질자(質子) 참고.

70) 『고려사』 권1, 세가1, 태조1, 9년 하4월 경진, "甄萱質子眞虎病死 遣侍郞弋萱送其喪 甄萱謂我殺之 殺王信進軍熊津 王命諸城堅壁不出".

후백제의 군사들 가운데서 자살하게 하였다. 그리고 김부(金傅, 경순왕)를 신라왕으로 세우고 왕의 아우[왕제(王弟)] 효렴(孝廉)과 재신(宰臣) 영경(英景) 등과 자녀·각종 장인·병장기·진귀한 보배들을 가지고 후백제도성인 전주로 돌아갔다.[71] 여기에서 효렴과 영경·자녀·각종 장인들은 포로이면서 질자의 역할도 했을 것이다.

이때 사실상 천년 신라는 멸망한 것이나 다름없었다. 이후 급박하게 정세가 돌아갔다. 견훤의 신라도성 침공 소식을 듣고 구원하러 온 왕건은 공산 동수(대구 팔공산)에서 견훤과 격돌하여 참패하였다.[72] 하지만 929년 12월과 930년 1월에 행해졌던 고창군전투(경북 안동)는 그 반대였다. 왕건이 견훤을 상대로 치른 고창군전투는 왕건의 대승이었다.[73] 이에 신라왕의 연이은 초청에 응한 왕건은 신라도성으로 가서 머무른 다음에 돌아오면서 김유렴을 질자로 데려왔다. 이처럼 왕건은 신라를 상대로 외교적 수단으로써 질자를 이용하였다. 그는 지역세력의 질자를 개경에 놓아둔 것처럼 신라왕 김부의 당제 김유렴도 개경에 놓아두었다. 이는 일방적인 것으로서 왕건의 위상을 높이는 것이었다. Ⅱ바)-②는 국외질자인데 왕건은 마치 국내질자처럼 받아들였다.

다음은 Ⅱ바)-③에 대해서 생각해보자. 고려가 후진(後晉, 936~946)에 왕인적(王仁翟)을 국외질자로 보냈는데 그는 940년에 돌아왔다. 필자는 이를 어떻게 해석할 것인지 고민해 보았다. 왕건은 918년 6월에 궁예를 몰아내고 건국하였다. 나라이름을 고려(高麗)라 하고

---

71) 『고려사』 권1, 세가1, 태조1, 10년 9월.
72) 『고려사』 권1, 세가1, 태조1, 10년 9월.
73) 『고려사』 권1, 세가1, 태조1, 12년 12월·13년 정월.

연호(年號)는 천수(天授)로 정하였다.[74] 건국할 당시부터 연호를 제정했다는 것은 그 자주성을 드높였다는 것이다. 그런데 태조 16년(933)에 천수 연호 대신에 후당(後唐, 923~936)의 연호를 사용하기 시작하였다.[75] 고려의 국력은 930년의 고창군전투 승리와 932년의 제3차 일모산성전투(충북 청원군 문의면)의 승리[76] 등, 상승세를 타고 있었다. 이러한 시기에 왕건은 자신을 낮추어 후당의 연호를 사용하였다. 왕건이 후당의 연호를 사용하기 시작한 것은 여러 이유가 있었을 것이다.

태조 15년(932)에 고려는 후당에 대상 왕중유(王仲儒)를 보내어 방물(方物)을 바쳤다.[77] 다음 해 3월에는 후당이 고려의 조공에 답하기 위해 왕경(王瓊)과 양소업(楊昭業) 등을 보내어 고려국왕을 책봉하였다. 그 책봉 조서의 내용에 주목되는 부분은 이렇다. "왕건이 삼한의 땅을 진정(鎭靜)시키는 데 힘을 썼으며 주몽(朱蒙)의 건국한 전통을 계승했다. 견훤의 무리를 꺾었으며 홀한(忽汗) 사람들을 구제했다." 또한 후당에서 역서(曆書)를 내려주었다.[78] 왕건의 입장에서는 후당이 자신을 최대한 우대해 주었다고 생각했을 것이다.

조서의 내용을 더 자세히 정리하여 풀이하면 이렇다. "왕건은 주몽이 건국한 고구려의 전통을 계승하였다. 그리고 견훤보다 우위에 있으며 멸망한 발해(홀한) 사람들을 받아주었으니 삼한을 통일하려

---

74) 『고려사』 권1, 세가1, 태조1, 원년 하6월 병진.

75) 『고려사』 권2, 세가2, 태조2, 16년.

76) 일모산성전투는 총 3차례 벌어졌는데 이에 대해서는, 김명진, 앞의 「고려 태조 왕건의 일모산성전투와 공직의 역할」, 2012 참고.

77) 『고려사』 권2, 세가2, 태조2, 15년.

78) 『고려사』 권2, 세가2, 태조2, 16년 춘3월.

는 의지가 있다." 후당의 외교적 행동과 조서의 내용은 왕건에게 통일에 대한 명분을 확실하게 안겨주었다. 이에 왕건은 독자적 연호인 천수를 버리고 후당의 연호를 사용하겠다는 답례를 하였다. 고려 태조의 천수 16년(933) 3월은 후당 명종(明宗)의 장흥(長興) 4년 3월이었다. 고려가 이때 사용하기 시작한 후당의 연호는 장흥인 것이다.

후당의 연호를 사용하기 시작한 이유는 복합적으로 생각할 필요가 있다. 고려와 왕건에 대한 국제적인 공인, 교역에 의한 경제적 실리, 통일에 대한 명분 등이 추정 가능한 이유가 될 것이다. 그러나 무엇보다도 후당의 연호를 사용하게 된 현실적 이유는 지난 시기에 신라와 당나라가 연합하여 백제와 고구려를 멸망시킨 것을 의식하지 않았나 한다. 왕건의 통일전쟁 전략은 넓은 그림이 필요하였다. 왕건은 후백제가 경상지역과 충청내륙지역의 패배로 전력이 밀리면서 그 위기 탈출을 위해 바다 건너 후당과 연합하는 것을 미리 차단하려 했을 것이다. 후당으로서도 고려의 후당 연호 사용은 크게 이익 되는 일이었다. 고려가 후당의 연호를 사용해 줌으로써 후당을 중원의 주인으로 대접해주었기 때문이다. 왕건은 주변국의 간섭 없이 통일전쟁의 성공을 자신의 것으로 만들고자 하였다. 그래서 그는 국력이 상승하는 가운데에서도 자주성보다는 실리를 택했으리라 추정해 본다.

후백제도 이에 대응하였다. 신검(神劍)이 935년에 아버지 견훤을 몰아내고 후백제왕이 되었다.[79] 후백제는 다음 해인 936년 정월에 후당에 사신을 보내어 방물을 바쳤다.[80] 그러나 936년에 중원은 어수

79) 『고려사』 권2, 세가2, 태조2, 18년 춘3월.
80) 『구오대사』 권48, 당서24, 말제기하(末帝紀下) 청태(淸泰) 3년 춘정월 을미, "百濟遣使獻方物".

선하여 후백제의 대후당 외교는 별 성과가 없었을 것이다. 결국 중원의 간섭을 받지 않는 가운데 936년 9월에 왕건은 신검을 일리천(一利川, 경북 구미시 해평면 낙동강 일대)에서 격파하고 통일을 완수하였다.[81] 그 해 윤(閏) 11월에 후당은 석경당(石敬瑭)의 후진(後晉)으로 교체되었다.[82] 그리고 왕건은 자신이 최종 승자가 되어 통일을 완수했지만 혹시 있을지 모를 후백제의 부흥운동을 차단할 필요가 있었다. 앞선 시기에 백제와 왜가 손잡고 부흥운동을 했던 전례가 있었으므로 왕건은 외국의 간섭을 미리 막아야 했다. 또한 그는 가능하다면 고구려의 옛 영토인 압록강이북의 회복을 위해 후진과 손잡고 거란과 맞설 상황도 생각했을 것이다.[83] 그런 차원에서 왕건은 후당에 이은 후진에게도 실리를 위해 고개를 숙였다고 판단된다.

이렇게 판단한 근거는 왕건이 통일전쟁에서 승리했는데도 그 이전보다 더 적극적인 외교적 행동, 즉 후진에 질자를 보냈기 때문이다. 고려는 태조 20년(937)에 왕규(王規)와 형순(邢順)을 후진에 보내어 그 나라의 건국을 축하하였다.[84] 또한 왕인적을 후진에 질자로 보냈다. 태조 21년(938)에는 후진의 연호를 사용하기 시작했다.[85][86] 왕인

---

81) 일리천전투에 대해서는, 김명진, 「太祖王建의 一利川戰鬪와 諸蕃勁騎」 『한국중세사연구』 25, 한국중세사학회, 2008 참고.

82) 『구오대사』 권48, 당서24, 말제기하(末帝紀下) 청태(淸泰) 3년 11월 윤월(閏月) 정묘, "契丹立 石敬瑭爲大晉皇帝".

83) 고려와 후진의 대거란 협공 제의설에 대해서는, 이용범, 「胡僧 襪囉의 高麗往復」 『歷史學報』 75·76합집, 역사학회, 1977 참고.

84) 『고려사』 권2, 세가2, 태조2, 20년.

85) 『고려사』 권2, 세가2, 태조2, 21년.

86) 고려와 후진과의 밀접한 교류에는 정치 외교적인 측면과 더불어 무역의 이익과 같은 경제적인 측면이 복합적으로 고려되었다는 견해가 있어 참고된다(이진한, 「高麗 太祖代 對中國 海上航路와 外交·貿易」 『한국중세사연구』

적은 왕씨이고 후진에 질자로 갈 정도면 왕건과 가까운 혈연관계였을 것이다. II바)-③에 의하면 왕인적은 940년에 고려로 돌아왔다. 그런데 『구오대사』 천복 3년(938) 8월조에 의하면, "청주(靑州)에서 왕건립(王建立)이 아뢰기를, '고려국의 숙위 질자(質子) 왕인적이 고향으로 놓아서 돌아가기를 빈다' 하니 그대로 따랐다"고 한다.[87] 용어를 먼저 살펴보면 기원전부터 사용하기 시작한 질자가 같은 뜻으로 계속 사용되고 있었다. 당시 질자는 국제적으로 통용되었던 용어였다.

고려가 후진의 건국을 축하하는 사신으로 왕규와 형순을 937년에 보냈으므로 왕인적은 후진에 왕규와 같이 갔거나 그 이후에 갔다고 판단이 된다. 왕인적이 938년에 고려로 돌아왔는지 940년에 돌아왔는지, 아니면 938년에 허락을 받고 940년에 돌아왔는지는 두 기록에 차이가 있으므로 명확하지 않다. 이에 대해 『고려사』의 기록에 오류가 있다는 견해도 있다.[88] 그러나 오류 여부를 떠나서 분명한 것은 후진에서 왕인적의 질자 생활이 길지 않았다는 점이다. 그리고 질자로 온 왕인적이 비록 고려로 돌아가기를 빌었다고[걸(乞)] 표현되어 있으나 질자가 먼저 돌아가겠다고 한 것은 그만큼 이제 질자생활을 하지 않아도 되는 상황이 되었음을 의미한다.

왕건은 936년 9월에 통일을 했지만, 왕인적의 질자생활이 끝날 즈음에 통일에 대한 뒷마무리가 완성되었을 것이다. 즉 통일에 대한

33, 한국중세사학회, 2012, 20~39쪽).

87) 『구오대사』 권77, 진서3, 고조기(高祖紀)3 천복(天福) 3년 8월 무술, "靑州王建立奏 高麗國 宿衛質子王仁翟 乞放歸鄕里 從之". 후진의 왕건립은 청주절도사(靑州節度使)를 지냈던 인물이다(『구오대사』 권91, 진서17, 열전6, 왕건립).

88) 이용범, 앞의 「胡僧 襪囉의 高麗往復」, 1977, 330~331쪽.

마무리는 940년에 끝났을 터이다. 통일된 전국의 여러 주부군현(州府郡縣)의 이름을 고쳤으며,[89] 통일전쟁과 깊은 연관성이 있던 자리에 개태사(開泰寺, 충남 논산시 연산면 천호리)를 완성했으며, 신흥사(新興寺)를 중수하고 통일에 공이 많았던 삼한공신(三韓功臣)을 위한 무차대회(無遮大會)를 열었는데[90] 이러한 행위가 모두 940년에 있었기 때문이다. 그리고 왕인적의 귀환을 통해서 왕건의 자신감을 읽을 수 있다. 만약 통일직후에 국내적으로 어수선했다면 왕인적을 후진에 더 머물도록 고려에서 요청했을 것이다. 왕인적의 짧은 질자생활과 그가 먼저 돌아가겠다고 요구한 태도는 왕건의 자신감 속에서 나올 수 있는 현상이라 하겠다. 질자가 먼저 돌아가겠다고 말할 수 있는 것은 그만큼 고려의 위상이 높았음을 알 수 있다. 또한 고려는 태조 25년(942)에 거란(契丹)에서 보낸 사신 30명을 섬에 귀양 보내고 사신이 가져온 낙타 50필을 굶겨 죽게 하였다.[91] 이는 국내외적으로 여러 이유가 있었겠지만 무엇보다도 통일이후에 왕건의 자신감 속에서 나올 수 있는 행동이었다.

요컨대 왕건이 왕인적을 후진에 국외질자로 보낸 것은 통일전쟁 이후의 상황을 위해서였다. 그는 혹시 있을지 모를 후백제 부흥운동의 차단과 고구려의 옛 영토인 압록강 이북의 회복을 위해 후진과

---

89) 『고려사』 권56, 지10, 지리, 글머리에서 태조 23년(940)에 비로소 여러 주부군현의 이름을 고쳤다고 한다(始改諸州府郡縣名). 그러나 전국의 주부군현 중에서 부분적인 개편은 이미 그 이전부터 단행되었다. 이 당시의 개편은 단순한 명칭만의 개칭이 아니라, 그 조직체계의 구조적인 개편을 처음으로 단행했다는 뜻일 것이다(김윤곤, 『高麗郡縣制度의 硏究』, 경북대학교 대학원 박사학위논문, 1983, 11쪽 참고).

90) 『고려사』 권2, 세가2, 태조2, 23년.

91) 『고려사』 권2, 세가2, 태조2, 25년 동10월.

손잡고 거란에 맞설 상황 등을 생각했던 것이다. 특히 후진과 후백제 부흥을 꾀하는 세력과의 접촉을 미리 차단할 필요가 있었다. 그러나 무엇보다도 왕건의 질자정책 중에서 국외질자에 대해서 살펴보았지만 국외질자의 질자는 『고려사』 기인조의 기인과 그 역할이 확연히 다르다는 것을 알 수 있었다. 내치(內治)에 해당하는 기인과 외치(外治)인 국외질자의 질자는 같을 수 없는 것이다.

5. 맺음글

이상으로 고려 태조 왕건의 통일전쟁 중에 시행된 질자정책(質子政策)에 대해서 살펴보았다. 『고려사』 선거지 기인조의 글머리에 의하면, "국초에 향리의 자제를 뽑아서 서울에 질자(質子)로 두고 겸하여 그 고을의 사정을 물어 보는 고문으로 썼는데 이를 기인(其人)이라고 하였다"라는 설명이 있다. 하지만 이 기인에 대한 설명만으로 태조대의 질자정책에 대한 이해를 하기에는 미흡함이 있었다. 필자는 태조 왕건 시기의 질자를 '국내질자(國內質子)'와 '국외질자(國外質子)'로 명명 분류하여 살펴보았다. 국내질자는 지역세력이 왕건에게 올려 보낸 것이고, 국외질자는 고려의 외교와 관련된 외교질자(外交質子)였다.

먼저 고려시대 이전 질자의 시원과 여러 양상에 대해서 조사하였다. 기원전부터 이미 '질자(質子)'라는 용어가 국내외적으로 명확히 쓰였으며 오랜 시간 다양하게 존재했다는 것을 알 수 있었다. 부여·고구려·백제·신라·가야 등은 질자를 주로 세력이 약한 쪽에서 강한 쪽으로 올려 보냈다. 그런가 하면 국가 사이에 맞교환을 의뢰하거나, 전쟁을 통해서 거두어들이기도 하였다. 이와 같이 각 국가에서 시행되었던 질자운영이 고구려와 백제가 멸망한 후에 신라에서 상수리제도나 처용(處容)의 경우처럼 국내적인 상황에 맞게 정착되었다. 국외적으로는 숙위의 형태로 계속되었다. 이렇게 고려 건국 이전부터 계속적으로 운영되었던 질자의 정책내지는 제도를 견훤과 궁예가 활용하였고 왕건도 자연스럽게 받아들였으리라 생각된다.

왕건은 즉위하면서 궁예 때부터 있었던 질자를 이어받았다. 또한 즉위 초에 각 지역에 사신을 내려 보내며 새로운 질자를 받아들였다. 사신으로 하여금 선물을 넉넉하게 주고 말을 겸손하게 하여 조정이 그들에게 은혜를 베푸는 뜻을 보이도록 하였더니 귀부하는 자가 과연 많았다. 귀부한 자들은 왕건에게 항복과 복종의 의미로 질자를 올려 보냈다. 이러한 점들이 태조대 질자의 시원에 대한 설명으로 충족될 수 있을 것이다. 각 지역세력들이 왕건에게 올려 보낸 질자는 '국내질자'로 분류할 수 있다. 태조대 국내질자는 다음과 같은 특징이 있었다.

첫째, 태조대 질자는 즉위 당시부터 이미 존재하고 있었다. 궁예정권 때부터 있었던 질자를 태조가 즉위하면서 자연스럽게 이어받았을 것이다. 둘째, 지역세력이 질자를 올려 보낸 곳은 고려의 서울인 철원(918년)과 개경(개성, 919년 이후)이었다. 셋째, 모든 지역에서 질자를 올려 보낸 것은 아니었다. 몇몇 유력한 지역만이 그 대상이었다. 태조에게 질자를 올려 보낸 사람은 해당 지역의 성주·장군인 유력자였다. 대체적으로 왕건에게 귀부하면서 질자를 올려 보냈다. 지역세력이 왕건에게 질자를 올려 보냈다는 자체가 그 지역의 실권자임을 드러내 보이는 계기도 됐을 것이다. 넷째, 지역의 세력가인 당사자가 질자로 가는 경우는 없었으며 질자는 지역세력과 가까운 관계인 살아있는 남자였다. 시신이나 여자는 없었다(견훤은 여자도 받아들임). 질자의 연령대는 공직의 아들처럼 어린아이도 있었지만 대체로 젊은 남자로 추정된다. 또한 집단 숙위의 형태도 있었다. 질자는 도성에서의 숙위뿐만 아니라 왕건을 따라서 종군하기도 하였다.

다섯째, 태조는 신라도성에 가까운 곳의 질자는 신라와의 우호적인 관계를 의식하여 매우 조심히 다루었다. 여섯째, 지역세력이 질자를 올려 보낼 때 갑옷 같은 선물을 함께 보내기도 하였다. 질자의 으뜸 목적은 목숨을 담보로 한 충성 맹세였다. 그러나 왕건에게 질자를 보낸 이가 배반하지 않는다면 영화가 주어졌다. 이에 왕건은 질자에게 반대급부를 내려 주었다. 태조는 질자에게 벼슬·녹(祿)·재물·성명(姓名) 등을 내려주거나 혼인을 주선하였다. 특히 질자에게 왕씨 성을 내려준 것은 파격적이었다. 왕족과 같은 특별한 우대의 표시였기 때문이다. 일곱째, 지역세력이 질자를 보낸 이유와 태조가 받아들인 이유는 이렇다. 왕건은 질자를 받기만 했지 보내지는 않았다. 힘의 우위는 왕건에게 있었으며, 이는 지역세력이 왕건에게 항복 또는 복종하겠다는 의미였다. 즉 왕건은 지방을 장악하는 수단으로 질자를 적극 활용하였다.

왕건은 외교적으로도 질자를 활용하였는데 이는 '국외질자'로 분류하였다. 고려와 후백제는 대등한 입장에서 질자를 서로 교환하였다. 925년에 후백제의 진호와 고려의 왕신이 그 대상이었다. 이 교환질자는 국외질자이면서도 특이한 형태였다. 그런데 진호가 병들어 죽자 후백제왕 견훤은 고려가 일부러 죽였다 하며 왕신을 죽임으로써 교환질자는 한 차례로 끝나고 말았다. 신라의 경순왕은 쇠잔해진 신라의 위상을 보여주듯 왕의 당제인 유렴을 질자삼아 고려에 올려 보냈다. 왕건은 국외질자인 유렴을 마치 국내질자처럼 받아들였다. 왕건은 질자정책을 잘 운영하여 통일전쟁에서 유리한 상황을 선점하였다. 결국 통일전쟁은 태조 19년(936) 9월에 왕건의 승리로 끝났다. 그런데 통일전쟁이 끝난 후에 왕건은 후진에 국외질자로서 왕인적을 보냈다. 이는 여러 이유가 있었겠지만 혹시 있을지 모를 후백제 부흥운동의 차단과 고구려의 옛 영토인 압록강 이북의 회복을 위해 후진과 손잡고 거란에 맞설 상황 등을 생각했을 것이라고 판단하였다.

이 글에서는 특히 『고려사』 기인조의 기인은 태조 왕건의 통일전쟁기에 있었던 전체 질자정책의 질자와는 다소 다르다는 것을 설명하였다. 통일전쟁이라는 시대적 상황 속에서 질자는 다양한 형태로 시행되었으며 이 시기 전체 질자는 기인조의 기인과는 다른 점이 있었다. 통일전쟁기 질자 중에서 국내질자만이 통일이 완성된 후에 기인으로 변모했을 것으로 추정하였다. 국내질자가 기인조의 기인과 그 모습이 비슷하였기 때문이다.

한편, 통일전쟁기에 사민(徙民)과 유민(流民) 결집(結集) 등이 몇 차례 시행되었는데 이것이 질자와 어떤 연관성이 있는가하는 문제는 이 글에서 다루지 못하였다. 또한 각 지역세력과의 혼인문제가 질자와 어떤 연관성이 있는지도 궁금한 문제이다.

Ⅲ. 군마의 수급과 기병 운영

1. 머리글

통일고려(統一高麗)를 완성한 태조 왕건(太祖 王建)은 전쟁수행 능력이 탁월하였는데, 그 주요 수단 중 하나가 우수한 기병(騎兵)의 운영이었다. 그는 877년(신라 헌강왕 3)에 태어나 스무 살 때(896, 신라 진성여왕 10)부터 본격적으로 전쟁터에 맞닥뜨리게 되었다. 그리고 898년(신라 효공왕 2)에 궁예(弓裔)가 왕건을 정기대감(精騎大監)으로 임명하였다.[1] 왕건은 원래 기병 지휘관이었던 것이다.

왕건이 통일을 완성하는 과정은 전쟁의 연속이었다. 그 주요 상대는 견훤(甄萱)의 후백제(後百濟)였다. 따라서 전쟁사(戰爭史) 측면에서 이 시기를 이해하려는 노력들이 이어져 왔다.[2] 선행연구 성과에

1) 『고려사』 권1, 세가1, 태조1, 글머리.

2) 이 시기 전쟁사를 왕건의 입장에서 서술한 연구-류영철, 『高麗와 後百濟의 爭覇過程 硏究』, 영남대학교 대학원 박사학위논문, 1997/『高麗의 後三國 統一過程 硏究』, 경인문화사, 2005 ; 김명진, 『高麗 太祖 王建의 統一戰爭 硏究』, 경북대학교 대학원 박사학위논문, 2009/『고려 태조 왕건의 통일전쟁 연구』,

힘입어 고려 통일전쟁에 대한 윤곽은 그려져 있는 셈이다. 그런데 왕건이 수행한 고려 통일전쟁의 주요 수단에 대해서는 풀어야 될 과제들이 남아있다. 최근 왕건의 질자운영[기인(其人)]에 대해서는 검토가 있었지만,[3] 기병 운영과 수군 운영 같은 전쟁의 직접적인 수단에 대한 천착도 필요하다 하겠다. 이는 전쟁의 실상을 이해하는 데 그 깊이를 더해주기 때문이다.

이에 이 글에서는 왕건의 통일전쟁에서 큰 파괴력을 지녔던 기병 운영에 대한 설명을 시도해보려 한다. 먼저 그 기초적인 작업으로서 군마(軍馬)를 어떻게 조달했는지 조사할 필요가 있다. 그런 다음 기병의 실상, 즉 기병이 어떤 종류로 존재했는지 분류작업을 하려한다. 끝으로 기병의 실전상황을 그려보면서 통일전쟁에 어떻게 기여했는지 이해하고자한다. 소략한 사료로 인한 연구의 제약은 관련 사료를 비교 검토하고 선행연구 성과를 참고하면 다소 극복되리라 여겨진다.

2. 군마(軍馬)의 수급형태

태조 왕건은 일찍부터 말(馬)과 인연을 맺어 왔다. 먼저 『고려사』

혜안, 2014.

궁예의 입장에서 서술한 연구－신성재, 『弓裔政權의 軍事政策과 後三國戰爭의 전개』, 연세대학교 대학원 박사학위논문, 2006.

견훤의 입장에서 서술한 연구－문안식, 『후백제 전쟁사 연구』, 혜안, 2008.

수군 및 해전을 중심으로 서술한 연구－신성재, 『후삼국시대 수군활동사』, 혜안, 2016.

3) 김명진, 「고려 태조 왕건의 質子政策에 대한 검토」 『한국중세사연구』 35, 한국중세사학회, 2013.

고려세계(高麗世系)에 의하면, 풍수지리사상을 집대성한 도선(道詵)이 왕건의 부친인 세조(용건, 왕륭)에게 마두명당(馬頭明堂)자리를 점지해 주었다고 한다. 이에 세조는 말머리[마두(馬頭)]에 해당하는 명당자리에 집을 짓고 살았는데 그곳에서 태어난(877년) 이가 왕건이라고 한다. 세조는 풍수도참설을 신봉했던 것이다. 계속해서 고려세계에서는 도선이 17세가 된 왕건에게 전쟁에 나가 진을 칠 때 유리한 지형과 적합한 시기를 선택하는 법 등등을 알려주었다고 기록되어 있다.

이러한 내용을 통해서 다소 과장되어 있지만 왕건이 어릴 적부터 전쟁수행에 필요한 여러 전법을 공부했다고 이해할 수 있다. 그가 수행한 통일전쟁의 전장(戰場)은 크게 육지와 바다로 구분이 된다. 경우에 따라서 육지와 바다가 모두 전장이 되는 경우도 있었다. 육지가 전장인 육전(陸戰)에서 큰 살상력을 가진 병력은 기병이었다. 당시 기병은 현대전의 탱크와 같은 육전의 가장 중요하고 강력한 수단이었다. 기병은 말과 군인의 결합, 즉 군마(軍馬)[4]와 전투 장비를 갖춘 병사로 결합되었다. 그리고 기병은 잘 훈련된 군마의 수급이 기본 필수 조건이었다.

먼저 왕건이 수행한 통일전쟁기 고려군의 군마 수급형태는 어떠했을까 궁금하다. 물론 초기 고려군 군마는 궁예 정권의 군마 상당부분을 그대로 취하였을 것이다.[5] 그 이후 어떠한 과정 속에서 고려군은

4) 전쟁에 쓰이는 말은 전마(戰馬, 전투마)가 있고, 말의 범주에 나귀[려(驢)]와 노새[라(騾)]가 있었다(『고려사』 권82, 병지2, 마정). 전마뿐만 아니라 나귀와 노새도 전쟁 수행 시 요긴하게 사용될 수 있는데, 수송용이 그 예이다. 따라서 이 글에서는 이 모두를 수용할 수 있는 의미로 전마보다 군마(軍馬)라는 용어를 택하였다.

군마를 취했을 것인지 살펴보자. 당시 군마의 수급은 크게 3가지 형태가 있었다고 상정할 수 있다. 자체조달·전쟁노획물·외부로부터 평화적으로 들여오는 방법 등이 그것이다. 자체조달에 대해서 몇 가지 추적이 가능하다. 고려가 들어서기 이전에 신라에서는 진골부터 일부 일반 백성까지, 심지어 여성까지도 말을 타는 경우가 있었다.

Ⅲ 가) 4두품 여성부터 백성의 여성에 이르기까지 안장은 자단·침향·황양목·홰나무의 사용을 금하고, 또한 금·은·옥으로 장식하는 것도 금한다. 안장 언치와 안장 깔개는 수놓은 비단[계수금라(罽繡錦羅)]·가늘고 성긴 비단[세라(繐羅)]·무늬 비단[능(綾)]·호피의 사용을 금한다. 말재갈[함(銜)]과 등자[등(鐙)]는 금·은·놋쇠의 사용을 금하고, 또한 금·은으로 장식하는 것도 금한다. 말다래[장니(障泥)]는 가죽만을 사용하며, 가슴걸이와 밀치는 수놓은 줄과 자색 분으로 아롱무늬를 넣은 끈의 사용을 금한다.[6)]

위의 사료에 의하면, 신라인들은 일반 백성의 여성까지도 말에 대한 규제가 있었다. 특히 말재갈[함(銜)]·등자[등(鐙)]·말다래[장니(障泥)]에 대한 기술은 이 규제가 말에 대한 것임을 분명히 해준다. 물론 모든 백성들이 말을 타지는 않았겠지만, 일정 수의 여성까지도 일상에서 말을 타고 다녔음을 알 수 있다. 특히 수도인 금성(경주)의 일부

5) 원래 궁예의 기병 모태는 북원(강원도 원주)의 지역세력인 양길의 기병이었다(『삼국사기』 권11, 신라본기11, 진성왕, 5년 동10월).

6) 『삼국사기』 권33, 잡지2, 거기, "四頭品女至百姓女 鞍橋禁紫檀沈香黃楊槐 又禁飾金銀玉 鞍韉鞍坐子禁罽繡錦羅繐羅綾虎皮 銜鐙禁金銀鍮石 又禁飾金銀 障泥但用皮 鞦鞦禁組及紫紫粉暈條".

여성들이 여기에 해당되었을 것이다. 아무튼 이를 통해 고려의 개국 초에도 말은 어느 정도 일상에 자리잡고 있었을 것으로 생각된다. 따라서 민가의 말들이 유사시에는 군마로 전용될 수도 있었던 것이다. 군마라 해서 모두 빠른 기동성을 요구하는 것은 아니었다. 수송용 군마는 일상에서 길들여진 민가의 말들도 충분히 동원할 수 있는 대상이었다. 유사시에 민가의 말 중에서 우량마(優良馬)는 전마(戰馬)로, 보통마(普通馬)는 수송용으로 징발한다면 군마 조달에 상당한 도움이 되었을 것이다. 그리고 말 사육 경험이 있는 민가에 군마를 위탁하는 방법도 상정해 볼 수 있다.

태조대에 궁궐에서 쓰는 말을 키우던 궁궐 마구간으로서 내구(內廏)와 외구(外廏)가 있었다.[7] 그런가 하면 교통·통신 조직인 역(驛)에서도 어느 정도의 말을 사육 관리했을 가능성이 있었다. 역이 공무를 위해 말을 제공해야 된다는 점에서 그러하다. 특히 통일전쟁기에 군령(軍令) 전달과 군수(軍需) 보급에 역이 그 역할의 상당 부분을 책임져야 했었다.[8] 각각의 역이 제 역할을 수행함에 일정 수의 말을 보유하고 있었다. 936년(태조 19) 2월에 견훤의 사위 박영규가 고려 태조 왕건에게 귀부 의사를 밝혔다. 같은 해 9월에 박영규가 귀부해옴에 왕건은 그에게 역마(驛馬) 35필을 이용하여 집안사람들을 데려오게 하였다고 한다.[9] 이처럼 역에서는 일정 수의 말 관리 및 사육을

---

7) 『고려사』 권93, 열전6, 최승로 시무계28조 ; 『고려사절요』 권2, 성종문의대왕, 임오 원년 6월, 최승로 시무28조.

8) 태조대는 통일 달성과 북방경계 강화를 위해 신속한 군령 전달과 군수 보급에 힘을 쏟았고, 그 결과 교통 분야에 대한 인식이 한층 더 높아졌다(한정훈, 『高麗時代 交通과 租稅運送體系 硏究』, 부산대학교 대학원 박사학위논문, 2009, 22쪽). 여기에 당시 역의 역할이 있었다.

9) 『고려사』 권92, 열전5, 박영규.

했던 것이다.

패강진(浿江鎭, 황해도 평산)은 신라 선덕왕 3년(782)에 설치된 군진인데,[10] 후에 궁예에 의해서 접수되었다.[11] 그러다가 왕건이 궁예를 몰아내고 고려를 건국함에 이 지역은 왕건의 영역이 되었다. 패강진의 군관들은 그 명칭이 『삼국사기』에 실려 있는데, 두상대감 1명·대감 7명·두상제감 1명·제감 1명·보감(步監) 1명·소감 6명 등이 있었다.[12] 이 중에서 보감은 1명뿐인데, 보감은 자의(字意)로 보아 보병 군관이라 하겠다. 그런데 신라의 병종(兵種)이 보병과 기병으로 분류되었음을 생각할 때, 패강진 군관들 명칭 중에서 보감이 특기되어 있으니 나머지 군관들은 대부분 기병이었을 가능성이 높다는 견해가 있다.[13] 하지만 이들 중에는 보급 같은 업무와 관련된 군관도 있었을 것이다. 그렇다 하더라도 기병과 관련된 군관이 많았을 가능성은 있다 하겠다. 따라서 패강진에는 많은 수의 군마가 있었다고 여겨진다. 이 군마들이 궁예에게 접수되고, 그 뒤에 왕건의 고려 군마가 되었던 것이다.

고려군 군마의 자체조달 중에서 많은 수는 목장에서 사육하여 조달하였다. 이는 『고려사』 병지 마정(馬政)의 내용을 통해서 이해할 수 있다.

---

10) 『삼국사기』 권40, 잡지9, 직관 하, 외관, 패강진전. 패강진은 황해도 평산으로 유추된다(전덕재, 「新羅 下代 浿江鎭의 設置와 그 性格」 『大丘史學』 113, 대구사학회, 2013, 37쪽 참고).

11) 궁예가 패강진 일대를 장악하기 시작한 것은 건령(乾寧) 원년(894) 이후의 일이라고 추정된다(『삼국사기』 권50, 열전10, 궁예, 건령 원년).

12) 『삼국사기』 권40, 잡지9, 직관 하, 외관, 패강진전.

13) 이기동, 「新羅 下代의 浿江鎭－高麗王朝의 成立과 關聯하여－」 『韓國學報』 4, 일지사, 1976, 9~13쪽.

Ⅲ 나) 여러 목장은 용양(龍驤)[황주(黃州)]·농서(隴西)[동주(洞州)]·은천(銀川)[백주(白州)]·양란(羊欄)[개성(開城)]·좌목(左牧)[정주(貞州)]·회인(懷仁)[청주(淸州)]·상자원(常慈院)[견주(見州)]·엽호현(葉戶峴)[광주(廣州)]·강음(江陰)·동주(東州)에 있다.[14]

위와 같이 마정에 등장하는 말 목장은 수도 개경(개성)의 주변 또는 내륙지대였다. 그런데 여기에 섬 목장이 제외되어 있다. 하지만 상당수의 섬 목장이 태조대에 있었다는 정황이 있다.[15]

Ⅲ 다) (932년 9월에) 견훤이 일길찬 상귀(相貴)를 시켜 수군을 거느리고 예성강으로 쳐들어와서 염주(鹽州)·백주(白州)·정주(貞州) 등 세 고을의 배 1백 척을 불사르고 제산도(猪山島, 저산도) 목장에 있는 말 3백 필을 가져갔다.[16]

위의 내용에 의하면, 제산도[저산도, 황해남도 은천군 대행면 제도리(猪島里)][17]에 고려의 말 목장이 있었다 한다. 후백제가 약탈해간

---

14) 『고려사』 권82, 병지2, 마정, "諸牧場 龍驤(黃州) 隴西(洞州) 銀川(白州) 羊欄(開城) 左牧(貞州) 懷仁(淸州) 常慈院(見州) 葉戶峴(廣州) 江陰 東州".

15) 신라가 섬 목장을 가지고 있었기 때문에 고려 건국 초에도 섬 목장이 다수 있었다고 판단된다. 신라의 섬 목장에 대해서는, 서영교, 「張保皐의 騎兵과 西南海岸의 牧場」 『震檀學報』 94, 진단학회, 2002 참고. 고려 태조대 섬 목장 존재 가능성에 대해서는, 남도영, 「高麗時代의 馬政」 『曉城趙明基博士華甲記念佛教史學論叢』, 효성조명기박사화갑기념불교사학논총간행위원회, 1965, 15쪽 ; 이기백·김용선, 『『고려사』 병지 역주』, 일조각, 2011, 293쪽 주1196 참고.

16) 『고려사』 권2, 세가2, 태조2, 15년 9월, "甄萱遣一吉粲相貴 以舟師入侵禮成江 焚塩白貞三州船一百艘 取猪山島牧馬三百匹而歸".

17) 저산도는 황해도 저도이고, 간척되어 육지로 연결되었다고 한다. 이에 대해

말의 수가 3백 필이라고 했으니 섬 목장의 규모가 상당했음을 알 수 있다. 그리고 비교적 개경과 가까운 거리에 있는 그 밖의 섬에도 목장이 있었을 가능성은 있다고 하겠다.[18) 이처럼 고려는 육지와 섬에서 말 목장을 운영하여 필요한 군마를 수급하였다. 다만 나주 서남해의 섬들에서는 후백제에게 약탈당할 수 있는 약점이 있었으므로 제약이 있었을 것이다. 하지만 그 외의 섬에서는 안전성만 확보된다면 섬 목장을 운영했을 것으로 판단된다. 섬은 그 자체가 마치 바다울타리로 둘러싸인 듯한 곳이고, 백사장이 있다면 말을 훈련시킬 수도 있었기 때문에 말 목장 경영에 좋은 자연조건을 가지고 있었다.

다음은 전쟁노획물로서의 군마수급이 있었다. 전쟁에서 승리하면 패자의 군사물자는 승자의 것이었는데 사람과 군마는 최고의 노획물이었다. 사람은 회유해서 군사로 쓰거나, 노비로 부릴 수 있었다. 군마는 그대로 승자의 군마로 전용할 수 있었다. 사료 Ⅲ다)에서 견훤의 행동은 군마를 노획물로 가져간 대표적인 사례이다. 상대로부터 군마를 가져오면 아군의 기병 전력은 보강되지만 그만큼 상대의

서는, 『신증동국여지승람』 권42, 황해도, 안악군, 산천 ; 동아대학교 석당학술원, 『국역『고려사』 1, 세가1』, 경인문화사, 2008, 150쪽 주4 ; 장동익, 『고려사세가초기편보유』 1, 경인문화사, 2014, 290쪽 참고. 그런데 현재 북한에서는 대동강하류에 있는 이곳을 돼지처럼 생긴 섬에 위치했다 하여 제도리(猪島里, 원래는 제도동)로 표기하고 있다(조선 과학백과사전출판사·한국 평화문제연구소, 『조선향토대백과』 9 황해남도②, 평화문제연구소, 2006, 326~327쪽·360쪽). 그런가 하면 남한에서 돼지고기 요리인 저육(猪肉)볶음을 제육볶음으로 쓰고 있다. 따라서 저산도와 저도는 원래 제산도와 제도로 불렸다고 추정된다.

18) 후백제 견훤이 왕건에게 절영도(絶影島, 부산 영도)의 좋은 말 한 필을 선물로 보낸 적이 있는데(『고려사』 권1, 세가1, 태조1, 7년 8월), 이를 통해서 후백제도 섬 목장을 가지고 있었다는 것을 알 수 있다. 당시 섬에서 말을 기르는 것은 보편적인 사육방법이었다.

기병 전력은 약해지는 것이다. 그러므로 1필의 군마 노획물은 그 효과가 2필이 되는 셈이다. 왕건도 견훤처럼 군마를 노획물로 취했을 가능성이 있다.

Ⅲ 라) (921년 2월에) 달고적 171명이 신라를 침공하려고, 가는 도중에 등주(登州, 강원도 안변)를 통과하였다. 장군 견권(堅權)이 이를 가로막아 크게 격파하여 말 한 필도 돌아가지 못하게 하였다. (태조가) 명령하여 공로 있는 자들에게 곡식 50석씩 주게 하였다. 신라왕이 이 소식을 듣고 기뻐하여 사절을 보내 사의를 표하였다.[19]

위의 전투 내용은 921년 2월에 발발한 등주전투(강원도 안변)에 관한 것이다. 장군 견권이 말갈계통인 달고적을 섬멸하였다. 달고적 171명은 모두 기병으로 추정되는데 고려군에 의해 전멸되었다. 이 전투가 끝난 후에 북쪽으로 말이 단 한 필도 돌아가지 못했다고 하였다. 그 말을 고려군이 다 죽이지는 않았을 것이다. 일부 말은 전투과정에서 죽기도 했겠지만 일부는 고려가 전쟁노획물로 취했으리라 여겨진다.

고려의 군마 수급 방법의 그 세 번째는 외부로부터 평화적으로 들여오는 것이다. 여기에는 유입·선물·수입·차용(借用) 등의 형태가 있었다. 고려의 북쪽에 있었던 발해는 잘 알려져 있듯이 926년에 멸망했는데, 그 전후로 고려에 많은 발해인들이 유입되었다. 대표적인 예를 들면, 934년(태조 17) 7월에 발해국 세자 대광현이 유민 수만

19) 『고려사』 권1, 세가1, 태조1, 4년 춘2월, "達姑狄百七十一人侵新羅 道由登州 將軍堅權邀擊大敗之 匹馬無還者 命賜有功者 穀人五十石 新羅王聞之 喜遣使來謝".

명을 이끌고 고려에 내투(來投)하였다.[20] 또한 말갈 계통인 제번(諸蕃)도 고려로 내투하였다.[21] 이때 사람만 들어온 것이 아니기 때문에 이러한 유입인구와 더불어 그들의 말들이 고려로 유입되었을 가능성이 높다. 고려의 북방에서 온 이들은 말과 친연성이 높은 부류이기 때문이다.

그리고 말은 당시 최고의 선물이었다. 다음은 그 명확한 사례들이다.

Ⅲ 마)-① (918년 가을 7월) 청주(靑州)의 영군장군(領軍將軍) 견금(堅金)과 부장(副將) 연익(連翌)·흥현(興鉉)이 와서 뵙자, (고려 태조 왕건이) 각기 말 한 필씩을 내려 주고 능백을 차등 있게 주었다.[22]

Ⅲ 마)-② (924년 가을 8월) 견훤이 사절을 보내와 절영도(絶影島, 부산 영도)의 총마 한 필을 (왕건에게) 바쳤다.[23]

Ⅲ 마)-③ (926년 여름 4월) 견훤이 들은 도참에 이르기를, '절영도(부산 영도)의 명마(名馬)가 (고려에) 이르면 (후)백제가 망하리라'하매, 이에 이르러 후회하며 사람을 시켜 그 말을 돌려달라고 요청하자 왕(왕건)이 웃으며 그것을 허락하였다.[24]

---

20) 『고려사』 권2, 세가2, 태조2, 17년 추7월.

21) 제번의 고려 내투에 대한 몇 사례를 간단히 찾아보면, 921년 2월의 흑수(黑水) 추장 고자라(高子羅)가 데리고 내투한 170명, 같은 해 4월의 흑수 아어한(阿於閒)이 데리고 내투한 200명 등이 있다(『고려사』 권1, 세가1, 태조1, 4년 2월과 4월). 당시 제번에 대해서는, 김명진, 『고려 태조 왕건의 통일전쟁 연구』, 혜안, 2014, 156~171쪽 참고.

22) 『고려사절요』 권1, 태조신성대왕, 무인 원년 추7월, "靑州領軍將軍 堅金 副將 連翌 興鉉 來見 各賜馬一匹 綾帛有差".

23) 『고려사』 권1, 세가1, 태조1, 7년 8월, "甄萱遣使 來獻絶影島驄馬一匹".

24) 『고려사』 권1, 세가1, 태조1, 9년 하4월 경진, "萱聞讖云 絶影名馬至 百濟亡

Ⅲ마)-④ (931년 가을 8월, 왕건이) 보윤(甫尹) 선규(善規) 등을 보내어 신라왕에게 안장을 갖춘 말과 능라와 채색 비단을 선사하고, …[25]

Ⅲ마)-⑤ (932년, 공직에게) … 태조(왕건)가 기뻐하여 대상으로 임명했으며, 백성군(경기도 안성)을 녹으로 주고 (궁중) 마구간 말 3필과 채색 비단을 주었다.[26]

Ⅲ마)-⑥ (935년 여름 6월, 왕건은) 견훤이 도착하자 다시 칭호를 상보(尙父)라 하고 … 아울러 … (궁중) 마구간 말 10필을 주었으며, …[27]

Ⅲ마)-⑦ (939년, 왕건이 최승로에게) … 안장을 갖춘 말과 예식(例食) 20석을 주었다.[28]

이상에서처럼 당시 말이 선물로 사용되는 예가 많았다. 주로 국왕이 타국 왕이나 상당한 영향력이 있는 지역세력 및 총애하는 신하에게 말 선물을 하였다. 견훤도 Ⅲ마)-②처럼 924년에 왕건에게 말 선물을 한 것뿐만 아니라, 이보다 앞서 918년에 오월국(吳越國)에 말을 진상한 적이 있었다.[29] 심지어 Ⅲ마)-③에 의하면, 명마가 어느 나라에 있느냐에 따라서 국가의 흥망을 좌우한다는 도참설까지 있었으니 당대에 말의 가치는 대단하였다. 따라서 말은 당대 최고의 선물이었음을

至是悔之 使人請還其馬 王笑而許之".

25) 『고려사』 권2, 세가2, 태조2, 14년 추8월 계축, "遣甫尹善規等 遺羅王鞍馬綾羅綵錦 …".

26) 『고려사』 권92, 열전5, 공직, "太祖十五年 … 太祖喜 拜大相 賜白城郡祿 廐馬三匹彩帛".

27) 『고려사』 권2, 세가2, 태조2, 18년 하6월, "及至復稱萱爲尙父 … 兼賜 … 廐馬十匹 …".

28) 『고려사절요』 권2, 성종문의대왕, 기축 8년 5월, "… 賜鞍馬例食二十碩".

29) 『삼국사기』 권50, 열전10, 견훤, 정명 4년.

알 수 있다. 그런가 하면 922년(태조 5) 봄 2월에 거란에서 고려로 낙타 선물을 보내왔다.[30] 942년(태조 25) 겨울 10월에도 거란이 낙타 50필을 고려에 선물로 보내왔다.[31] 낙타는 말의 대용내지는 그 이상의 효용가치가 있는 동물이었다. 이러한 상황으로 보건대 고려에 말이 여러 경로에서 선물로 들어왔을 가능성은 높다 하겠다.

다음은 고려의 말 수입 여부이다. 태조 왕건대에 말을 수입했다는 것을 보여주는 직접적인 사료는 없지만 그의 아들인 정종대에는 말을 수입했던 장면이 포착된다.

> Ⅲ 바) (948년 가을 9월에) 동여진(東女眞)의 대광 소무개(蘇無蓋) 등이 와서 말 7백 필과 토산물을 바쳤다. 왕(정종)이 천덕전(天德殿)에 나와서 말을 검열하고 3등으로 구분하여 그 값을 평정하였는데 1등 말은 은주전자 1개·무늬 비단과 무늬 없는 비단 각 1필이요, 2등은 은바리때 1개·무늬 비단과 무늬 없는 비단 각 1필이요, 3등은 무늬 비단과 무늬 없는 비단 각 1필이었다.[32]

위의 내용은 정종 3년인 948년 9월의 일이었다. 언뜻 보면 말갈의 후예인 동여진에서 말과 토산물을 고려 조정에 선물로 바치고 있는 것 같다. 그런데 정종이 말 값을 헤아리는 모습에서 이는 실질적으로 수입하는 장면이라고 해석해야 될 것이다. 이것은 말 수입의 실무를

---

30) 『고려사』 권1, 세가1, 태조1, 5년 춘2월.

31) 『고려사』 권2, 세가2, 태조2, 25년 동10월.

32) 『고려사』 권2, 세가2, 정종, 3년 추9월, "東女眞大匡蘇無盖等來 獻馬七百匹及方物 王御天德殿 閱馬爲三等 評定其價 馬一等 銀注子一事 錦絹各一匹 二等 銀鉢一事 錦絹各一匹 三等 錦絹各一匹".

고려왕이 직접 챙기고 있었음을 보여주는 좋은 예이다. 말 값은 은과 비단으로 계산하였다. 이때가 불과 태조 왕건 사후 5년 뒤에 있었던 일이므로 왕건대에도 외부로부터 말 수입이 있었을 것으로 추정된다. 전통적으로 기병이 강세인 말갈·여진의 말이기에 동여진으로부터 수입한 말은 대부분 군마로 사용했을 것이다. 그리고 정종이 말을 3등급으로 분류한 것으로 보아 고려군 군마는 3등급 분류가 일반적이었으리라 짐작된다.

다음은 말 차용, 즉 말을 빌린 경우가 있었는가이다. 고려 통일전쟁의 마지막 전투인 936년(태조 19) 9월의 일리천전투(경북 구미)에 참전한 흑수(黑水)·달고(達姑)·철륵(鐵勒)의 제번경기(諸蕃勁騎) 9,500명이 그러한 경우에 해당된다.[33] 제번경기란, 말갈계통의 굳세고 강한 기병들을 말한다. 이에 대해서는 태조 왕건이 여진의 말 1만 필을 빌려서 (후)백제를 평정하였다는 기사가 참고된다.[34] 이 기사에서 빌린 말 1만 필이라는 것은 제번경기 9,500명을 말하는 것이다.

---

33) 『고려사』 권2, 세가2, 태조2, 19년 추9월.

34) 程大昌, 『演繁露』 續集1, 「高麗境望」, "(章)僚之使也 會女眞獻馬於麗 其人僅百餘輩 在市商物 價不相中 輒引弓擬人 人莫敢向則 其强悍有素 麗不能誰何矣 麗主王建嘗資其馬萬疋 以平百濟". 이 자료는 959년(南唐 李璟 때, 高麗 光宗 10) 고려에 사신으로 파견된 南唐의 如京使 章僚(?~?)가 지은 고려 견문기인 『海外使程廣記』의 일부분을 程大昌(1123~1195)이 인용한 것이다(장동익, 『宋代麗史資料集錄』, 서울대출판부, 2000, 80~82쪽). 한편 이를 특별한 근거 제시 없이 간단히 여진에서 말 1만 필을 수입했다고 언급한 견해들도 있었다(今西龍 遺著, 『朝鮮史の栞』, 京城 近澤書店, 1935, 139쪽 ; 이용범, 「麗丹貿易考」 『東國史學』 3, 동국사학회, 1955, 27쪽 ; 김광수, 「高麗建國期의 浿西豪族과 對女眞關係」 『史叢』 21·22합집, 고려대학교 사학회, 1977, 146쪽). 그러나 정대창(程大昌)이 인용한 내용에 의하면, 여진의 말 1만 필을 수입한 것이 아니라 빌린 것으로 해석해야 될 것이다(김명진, 앞의 『고려 태조 왕건의 통일전쟁 연구』, 2014, 164~165쪽).

왕건은 나름의 이이제이(以夷制夷) 전술로 제번경기 9,500명을 빌려서 일리천전투 승리의 한 동인(動因)으로 삼았었다.[35] 이는 명확한 말 차용의 사례였다.

그리고 말을 이동시킬 때는 육로와 해로가 이용되었다. 육로의 이동은 당연한 것이고, 해로의 이동은 말을 배에 싣고 다녔다. 고려군은 상황에 따라 많은 말 또는 기병을 이동시킬 수 있는 대형 선박도 있었다. 예를 들면, 왕건이 궁예의 장수로 있던 시기에 나주를 갈 때, 배 1백여 척을 건조한 적이 있는데 그 중에서 큰 배 10여 척은 말이 달릴 만하였다[치마(馳馬)]는 내용이 있다.[36]

당시 고려군 군마의 전체적인 관리는 비룡성(飛龍省) 또는 태복시(太僕寺)와 군사기구인 순군부·병부, 그리고 각 군(軍) 등에서 했을 것으로 추정된다.[37] 태봉 때에 말 관리 관청으로 비룡성이 있었는데 『삼국사기』 궁예전에 의하면, 이 비룡성이 지금의 천복시(天僕寺)라 하였다.[38] 천복시는 태복시(太僕寺/大僕寺)의 오기(誤記)이다. 그런데 비룡성이 그대로 왕건의 고려 정부로 이어졌을 것인데, 그 명칭을 그대로 사용했는지 다른 명칭을 사용했는지는 명확하지 않다. 현종대인 1028년(현종 19)에 태복경(太僕卿)이라는 관직이 보이고,[39] 『고려사』 백관지에는 문종대에 대복시(태복시)가 보인다.[40] 이는 태조에서

---

35) 일리천전투에 대해서는, 김명진, 「太祖王建의 一利川戰鬪와 諸蕃勁騎」『한국중세사연구』 25, 한국중세사학회, 2008 참고.

36) 『고려사』 권1, 세가1, 태조1, 글머리.

37) 고려의 말 관리 중앙조직에 대해서는, 남도영, 앞의 「高麗時代의 馬政」, 1965, 382~391쪽 참고.

38) 『삼국사기』 권50, 열전10, 궁예.

39) 『고려사절요』 권3, 현종원문대왕, 무진 19년 11월.

40) 『고려사』 권76, 지30, 백관1, 사복시.

현종 사이의 어느 때에 비룡성이 태복시로 바뀌었음을 알려준다. 비룡성(태복시)과 각 목장에는 감시임무를 맡던 군사인 간수군(看守軍)이 배치되었으며 그 책임자는 장교(將校)였다.[41] 비룡성(태복시)의 태조대 책임자 직책은 알 수 없지만, 문종대에는 정3품 판사(判事)가 있었다.[42] 각 목장의 책임자로는 목감(牧監)이 있었을 것이다.[43]

요컨대 통일전쟁기에 고려군의 군마 수급 방법은 크게 3가지가 있었다. ① 자체조달[민가에서 조달, 내구(內廏)와 외구(外廏)에서 사육, 역(驛)·진(鎭)에서 조달, 말 목장 경영], ② 전쟁노획물, ③ 외부로부터 평화적으로 들여오는 방법(발해인과 제번 등의 귀부로 인한 유입, 선물, 수입, 차용) 등이 그것이다.[44] 특히 지리적으로 말 유입에 편리

---

41) 『고려사』 권83, 지37, 병3, 간수군 ; 남도영, 앞의 「高麗時代의 馬政」, 1965, 391쪽.

42) 『고려사』 권76, 지30, 백관1, 사복시.

43) 『고려사』 권83, 지37, 병3, 간수군 ; 남도영, 앞의 「高麗時代의 馬政」, 1965, 391쪽.

44) 한편, 고려 군마와 관련해서 승려들의 도움이 있었을 가능성도 찾아진다. 다음 내용을 보자. "마점사(馬占寺), 모두 왕자산(王字山)에 있다. 고려 태조(왕건)가 말을 머물게 했으므로 이름을 마점이라 하였다(『신증동국여지승람』 권15, 충청도, 천안군, 불우-馬占寺 俱在王字山 高麗太祖駐馬因名馬占)". 왕건이 새로운 충청지역의 거점으로 천안부(天安府, 천안도독부, 충남 천안)를 설치했던 때가 930년 8월이었다. 이때 왕건은 천안의 진산(鎭山)인 왕자산(태조산)에 올라 주변을 살피고 동·서도솔(東·西兜率)을 합하여 천안부를 설치하였다(『고려사』 권1, 세가1, 태조1, 13년 8월 ; 『고려사』 권56, 지10, 지리1, 천안부 ; 『신증동국여지승람』 권15, 충청도, 천안군, 건치연혁·형승·산천). 마점사는 그 왕자산에 있었으므로, 왕건이 마점사에서 머물렀을 때는 아마도 930년 8월 이후의 어느 때라고 여겨진다. 이는 왕건이 수행한 통일전쟁에서 불교계의 도움이 있었다는 것을 보여주는 자료인데 특히 말과 관련된 것이기에 주목된다. 고려 군마(軍馬)의 보살핌에 승려의 도움이 있었던 것이다(김명진, 「고려 태조 왕건의 천안부 설치 배경 검토」 『천안향토연구』 2, 천안시서북구문화원, 2015, 140~141쪽).

한 북방지역을 접경지역으로 가지고 있었던 고려는 기병을 키우기에 유리한 조건을 가지고 있었다. 반면 후백제는 말의 외부 유입이 어려웠으므로 기병 육성에 상대적으로 불리하였으리라 여겨진다. 따라서 후백제가 보병 정예부대인 갑사부대(甲士部隊)를 중시한 것도 바로 말 수급 문제와 관련이 있지 않을까 한다.[45] 갑사부대에 대해서는 '기병의 실전상황'에서 기술하려한다. 통일전쟁기에 양국의 주력부대가 말 수급 상황 때문에 그 성격이 달랐던 것이다.

고려 통일전쟁기에 고려군 군마의 총수는 어느 정도였는지 정확하게 알 수는 없다. 다만 다음에서 제시하겠지만 고려 통일전쟁의 마지막전투이면서 총력전이었던 936년(태조 19) 9월의 일리천전투[46] 자료를 통해서 가름할 수는 있다. 이때 동원된 고려군의 말을 탄 군사의 수는 외래 병사인 제번경기(諸蕃勁騎)를 제외하고, 마군(馬軍) 4만 명과 기병(騎兵) 3백 명이었다. 여기에 개경(개성)과 서경(평양)·천안부(천안도독부, 충남 천안)[47] 등 주요 거점에 군마를 가지고 있는 예비 병력이 어느 정도 있었을 경우까지도 상정할 수 있다. 이상은 전마(戰馬, 전투마)였다. 또한 여러 곳의 말 목장에 있는 번식용 종마(種馬)와 잡다한 군사 업무에 동원할 수 있는 나귀·노새까지도 생각한다면 당시 고려군 군마의 총수는 대략 5만 필 이내가 아닐까 한다. 따라서 통일전쟁기 고려 기병(마군 포함) 전체 숫자는 5만 명(40,300+α

---

45) 견훤이 천성 4년(929)의 의성부전투와 청태 원년(934)의 운주전투에서 보병인 갑사부대[갑병(甲兵), 갑사(甲士)]를 동원한 내용이 확인된다(『삼국사기』 권50, 열전10, 견훤). 견훤의 갑사부대는, 김명진, 「고려 태조 왕건의 운주전투와 긍준의 역할」 『軍史』 96, 국방부 군사편찬연구소, 2015, 200~201쪽 참고.

46) 『고려사』 권2, 세가2, 태조2, 19년 추9월.

47) 일리천전투의 준비작업을 했던 곳이 천안부였다.

〈50,000)을 넘지 않았을 것이다.

3. 기병의 실상

통일전쟁기 고려군은 육군과 수군으로 편제되어 있었다. 육군은 다시 보병과 기병으로 나뉘어 있었다. 기병은 보병과 짝을 이루는 육군의 가장 기본적인 병종(兵種)이었다. 태조대 기병은 그 시기가 전쟁기였던 만큼 다양하게 조직되고 운영되었다. 왕건이 개국할 적에 기병은 그의 군사기반이었다. 898년(신라 효공왕 2)에 궁예(弓裔)가 왕건을 정기대감(精騎大監)으로 임명하였다.[48] 왕건의 군 출발은 기병 지휘관이었던 것이다. 궁예정권 하에서 기병 지휘관인 왕건의 활약상이 명확히 드러났던 전투는 상주사화진전투(경북 상주)였다. 906년에 궁예는 왕건으로 하여금 정기장군(精騎將軍) 금식(黔式) 등 군사 3천 명을 거느리게 하여 상주 사화진으로 출정시켰다. 이 전투에서 왕건은 견훤과 여러 번 싸워 이겼다.[49]

이후 시간이 흘러 궁예가 실정(失政)을 하자, 왕건은 그를 제거하고 왕위에 올랐다. 왕건이 거사할 적에 그를 추대한 개국 일등공신 4인방도 모두 기병장군(騎兵將軍, 마군장군[馬軍將軍])들이었다. 이들은 홍유, 배현경, 신숭겸, 복지겸 등을 말한다. 918년 6월 을묘일 밤에 이들 기병장군들이 주동이 되어 궁예를 몰아냈다. 그 다음날인 병진일에 왕건은 즉위하여 국호를 고려(高麗)라 하고, 연호를 천수(天授)라

48) 『고려사』 권1, 세가1, 태조1, 글머리.
49) 『고려사』 권1, 세가1, 태조1, 글머리.

하였다.[50] 왕건은 그 자신이 기병 지휘관이었으며 그를 추대한 것도 기병 지휘관이었으니 고려 건국과정에 기병의 위상이 어떠했을지 짐작이 가는 대목이다.

고려 통일전쟁기의 기병은 다양한 형태로 존재했는데 제일 상위에 마군(馬軍)이 있었다. 그런데 마군은 어떠한 기병인지 정확하게 알 수 없는 의문스러운 병력이었다. 그 실태를 알려주는 사료가 없기 때문이다. 당시 마군은 가장 질(質)이 우수하고 전투장비(戰鬪裝備)를 많이 필요로 했던 기병이 아닐까 한다. 그 이유는 제일 상위에 있었기 때문이다.[51] 개국 4인방과 견줘지는 인물이 유금필인데 그도 왕건을 섬겨 마군장군(馬軍將軍)이 되었다.[52] 유금필의 사례를 보아도 마군은 기병 중에서 상위에 속한다 하겠다.

마군의 실상에 대해서 좀 더 살펴볼 필요가 있다. 더불어 다른 기병들의 실상도 알아보고자 한다. 다음은 936년(태조 19) 9월에 고려군과 후백제군이 격돌한 통일전쟁의 마지막 전투인 일리천전투(경북 구미)에 대한 사료이다.

Ⅲ 사) 왕(왕건)이 삼군을 거느리고 천안부(충남 천안)에 이르러서 병력을 합세하여 일선군(경북 구미)으로 나아가니 신검이 병력으로서 이에 대항하였다. 갑오일에 일리천을 사이에 두고 (양군이) 진을 쳤다. 왕은 견훤(甄萱)과 함께 군사를 사열하였다.

---

50) 『고려사』 권1, 세가1, 태조1, 글머리·원년 하6월. 복지겸이 마군장군이라는 문구가 발견되므로 개국 4인방은 모두 기병장군이자 마군장군이라고 판단된다(『고려사』 권127, 열전40, 반역1, 환선길, "馬軍將 卜智謙").

51) 이기백, 「高麗 軍人考」 『高麗兵制史硏究』, 일조각, 1968, 90쪽 참고.

52) 『고려사』 권92, 열전5, 유금필.

(왕이) 견훤을 비롯하여 대상 견권·술희·황보금산, 원윤 강유영 등은 마군(馬軍) 1만을 거느리게 하고 지천군 대장군 원윤 능달·기언·한순명·흔악, 정조 영직·광세 등은 보군(步軍) 1만을 거느리게 하여 좌강(左綱)을 삼았으며, 대상 김철·홍유·박수경, 원보 연주, 원윤 훤량 등은 마군 1만을 거느리게 하고 보천군 대장군 원윤 삼순·준량, 정조 영유·길강충·흔계 등은 보군 1만을 거느리게 하여 우강(右綱)을 삼았으며, 명주 대광 왕순식, 대상 긍준·왕렴·왕예, 원보 인일 등은 마군 2만을 거느리게 하고 대상 유금필, 원윤 관무·관헌 등은 흑수(黑水)·달고(達姑)·철륵(鐵勒) 등 제번경기(諸蕃勁騎) 9천 5백을 거느리게 하고 우천군 대장군 원윤 정순·정조 애진 등은 보군 1천을 거느리게 하고 천무군 대장군 원윤 종희·정조 견훤(見萱) 등은 보군 1천을 거느리게 하고 간천군 대장군 김극종·원보 조간 등은 보군 1천을 거느리게 하여 중군(中軍)으로 삼았다. 대장군 대상 공훤·원윤 능필, 장군 왕함윤 등은 기병(騎兵) 3백과 여러 성들에서 온 군사 1만 4천 7백을 따로 떼어서[예(乂)] 거느리게 하여 삼군의 원병으로 삼았다.

(이와 같이 하여) 북을 울리면서 전진하였다. (이때에) 갑자기 창검 형상으로 된 흰 구름이 우리 군사가 있는 상공에서 일어나 적진 쪽으로 떠갔다. (후)백제 좌장군 효봉·덕술·애술·명길 등 4명이 (고려의) 병세가 굉장한 것을 보더니 투구를 벗고 창을 던져 버린 다음 견훤이 타고 있는 말 앞에 와서 항복하였다. 이에 적병의 사기가 상실되어 감히 움직이지 못하였다. 왕이 효봉 등을 위로하고 신검이 있는 곳을 물었다. 효봉 등이 말하기를, "(신검이) 중군에 있으니 좌우로 들이치면 반드시 격파할 수 있습니다"라고 하였다.

왕이 대장군 공훤에게 명령하여 (후백제) 중군을 곧추 (찌르듯이) 치게 하고는 삼군이 일제히 나가면서 맹렬하게 공격하니 적병이 크게 패하였다. (그리하여 후백제) 장군 흔강·견달·은술·금식·우봉 등을 비롯하여 3천 2백 명을 사로잡고 5천 7백 명의 목을 베었다. 적들은 창끝을 돌려 저희들끼리 서로 공격하였다. 우리 군사가 (적을) 추격하여 황산군(黃山郡)까지 이르렀다가 탄령(炭嶺)을 넘어 마성(馬城, 전북 완주군 운주면 금당리 용계산성)에 주둔하였다. 신검이 자기 아우들인 청주(菁州, 경남 진주) 성주 양검, 광주 성주 용검과 문무관료(文武官僚)들을 데리고 와서 항복하였다. … 이에 견훤은 근심과 번민으로 악창이 나서 수일 만에 황산(黃山) 절간에서 죽었다.[53]

사료 Ⅲ사)에는 고려 기병의 여러 실상과 후백제 패망의 마지막

---

53) 『고려사』 권2, 세가2, 태조2, 19년 추9월, "王率三軍 至天安府合兵 進次一善郡 神劒以兵逆之 甲午 隔一利川而陣 王與甄萱觀兵 以萱及大相堅權 述希 皇甫金山 元尹康柔英等 領馬軍一萬 支天軍大將軍元尹能達 奇言 韓順明 昕岳 正朝英直 廣世等 領步軍一萬 爲左綱 大相金鐵 洪儒 朴守卿 元甫連珠 元尹萱良等 領馬軍一萬 補天軍大將軍元尹三順 俊良 正朝英儒 吉康忠 昕繼等 領步軍一萬 爲右綱 溟州大匡王順式 大相兢俊 王廉 王乂 元甫仁一等 領馬軍二萬 大相庾黔弼 元尹官茂 官憲等 領黑水 達姑 鐵勒 諸蕃勁騎九千五百 祐天軍大將軍元尹貞順 正朝哀珍等 領步軍一千 天武軍大將軍元尹宗熙 正朝見萱等 領步軍一千 杆天軍大將軍金克宗 元甫助杆等 領步軍一千 爲中軍 又以大將軍大相公萱 元尹能弼 將軍王含允等 領騎兵三百諸城軍一萬四千七百 爲三軍援兵 鼓行而前 忽有白雲狀如劒戟 起我師上 向賊陣行 百濟左將軍孝奉 德述 哀述 明吉等四人 見兵勢大盛 免冑投戈 降于甄萱馬前 於是賊兵喪氣 不敢動 王勞孝奉等 問神劒所在 孝奉等曰 在中軍 左右夾擊破之必矣 王命大將軍公萱 直擣中軍 三軍齊進奮擊 賊兵大潰 虜將軍昕康 見達 殷述 今式 又奉等三千二百人 斬五千七百餘級 賊倒戈相攻 我師追至黃山郡 踰炭嶺 駐營馬城 神劒與其弟菁州城主良劒 光州城主龍劒 及文武官僚 來降 … 於是甄萱憂懣發疽 數日卒于黃山佛舍".

순간이 잘 그려져 있다. 이를 토대로 작성한 〈표 Ⅲ-1〉을 중심으로 고려 기병의 실상을 설명해 보려 한다.

〈표 Ⅲ-1〉 일리천전투에 참가한 고려군의 편제[54]

<table>
<tr><th colspan="3" rowspan="2">부대분류</th><th colspan="2">지휘관</th><th rowspan="2">구성병력</th><th rowspan="2">비고</th></tr>
<tr><th>이름</th><th>관계(官階)</th></tr>
<tr><td rowspan="31">3군</td><td rowspan="11">좌강</td><td rowspan="5">상급지휘</td><td>견훤(甄萱)</td><td></td><td rowspan="5">마군 1만</td><td rowspan="5"></td></tr>
<tr><td>견권</td><td>대상(4품)</td></tr>
<tr><td>술희</td><td>대상</td></tr>
<tr><td>황보금산</td><td>대상</td></tr>
<tr><td>강유영</td><td>원윤(6품)</td></tr>
<tr><td rowspan="6">하급지휘</td><td>능달</td><td>원윤</td><td rowspan="6">보군 1만</td><td rowspan="6">지천군 대장군
支天軍 大將軍</td></tr>
<tr><td>기언</td><td>원윤</td></tr>
<tr><td>한순명</td><td>원윤</td></tr>
<tr><td>흔악</td><td>원윤</td></tr>
<tr><td>영직</td><td>정조(7품)</td></tr>
<tr><td>광세</td><td>정조</td></tr>
<tr><td rowspan="10">우강</td><td rowspan="5">상급지휘</td><td>김철</td><td>대상</td><td rowspan="5">마군 1만</td><td rowspan="5"></td></tr>
<tr><td>홍유</td><td>대상</td></tr>
<tr><td>박수경</td><td>대상</td></tr>
<tr><td>연주</td><td>원보(4품)</td></tr>
<tr><td>훤량</td><td>원윤</td></tr>
<tr><td rowspan="5">하급지휘</td><td>삼순</td><td>원윤</td><td rowspan="5">보군1만</td><td rowspan="5">보천군 대장군
補天軍 大將軍</td></tr>
<tr><td>준량</td><td>원윤</td></tr>
<tr><td>영유</td><td>정조</td></tr>
<tr><td>길강충</td><td>정조</td></tr>
<tr><td>흔계</td><td>정조</td></tr>
<tr><td rowspan="10">중군</td><td rowspan="8">상급지휘</td><td>왕순식</td><td>대광(2품)</td><td rowspan="5">마군 2만</td><td rowspan="8"></td></tr>
<tr><td>긍준</td><td>대상</td></tr>
<tr><td>왕렴</td><td>대상</td></tr>
<tr><td>왕예</td><td>대상</td></tr>
<tr><td>인일</td><td>원보</td></tr>
<tr><td>유금필</td><td>대상</td><td rowspan="3">흑수·달고·철륵 등 제번경기 9천 5백</td></tr>
<tr><td>관무</td><td>원윤</td></tr>
<tr><td>관헌</td><td>원윤</td></tr>
<tr><td rowspan="2">하급지휘</td><td>정순</td><td>원윤</td><td rowspan="2">보군 1천</td><td rowspan="2">우천군 대장군
祐天軍 大將軍</td></tr>
<tr><td>애진</td><td>정조</td></tr>
</table>

			종희	원윤	보군 1천	천무군 대장군 天武軍 大將軍
			견훤(見萱)	정조		
			김극종		보군 1천	간천군 대장군 杆天軍 大將軍
			조간	원보		
원병			공훤	대상	기병 3백, 여러 성들에서 온 군사 1만 4천 7백	공훤·능필(대장군), 왕함윤(장군)
			능필	원윤		
			왕함윤			

총수 : 87,500명

〈표 Ⅲ-1〉을 보면, 고려군은 크게 3개의 부대와 원병으로 나뉘어져 있다. 좌강·우강·중군의 3군(三軍)과 원병(援兵)이 그것이다. 대체로 이들 부대에는 마군과 보군이 적절히 섞여 있었다. 왕건을 제외한 지휘관으로는 견훤을 포함하여 38명의 이름이 보인다. 4개 부대의 병력수는 마군(馬軍) 4만 명, 보군(步軍) 2만 3천 명, 굳세고 날랜 기병인 경기(勁騎) 9천 5백, 그리고 기병(騎兵) 3백을 포함한 원병(援兵) 1만 5천 명이었다. 총수는 8만 7천 5백에 이르고 있다. 왕건의 통일전쟁기에 가장 많은 수의 군사가 동원되었던 것이다.[55] 그런데 여기에서 가장 많은 숫자는 마군 4만 명이었다. 고려군의 총력전에서 마군의 비중이 제일 높았음을 시사한다.

한편, 원병에는 기병 3백 명이 있었는데, 그 지휘관은 대장군 공훤이었다. 『삼국사기』에는 그가 선봉이었다고 한다.[56] 마군이 있는데 선봉은 원병인 공훤의 부대였던 것이다. 그런데 사료 Ⅲ사)에서 "대장

54) 사료 Ⅲ사)를 기본으로 하고, 류영철, 「一利川戰鬪와 高麗의 통일」『高麗의 後三國 統一過程 硏究』, 경인문화사, 2005, 211~212쪽의 〈표 13〉과 김갑동, 『羅末麗初의 豪族과 社會變動 硏究』, 고대민족문화연구소 출판부, 1990, 178쪽 〈표 1〉 참고.

55) 김명진, 앞의 『고려 태조 왕건의 통일전쟁 연구』, 2014, 201~205쪽.

56) 『삼국사기』 권50, 열전10, 견훤, 천복 원년 추9월.

군 대상 공훤·원윤 능필, 장군 왕함윤 등은 기병 3백과 여러 성들에서 온 군사 1만 4천 7백을 따로 떼어서 거느리게 하여 삼군의 원병으로 삼았다"[57]는 내용이 특별하다. 왕건은 이들을 따로 떼어서[예(乂)] 원병으로 삼았던 것이다. 그 중에서 특히 기병 3백은 선제 타격 역할을 했다고 판단된다. 그렇다면 이때의 기병 3백은 최고 날래고 용감한 기병인 정기(精騎)였을 것이다.

그리고 흑수(黑水)·달고(達姑)·철륵(鐵勒) 등 말갈계통의 지원군은 제번경기(諸蕃勁騎)로 표현되고 있었다. 북방에서 온 외래 병사 제번경기의 숫자가 9천 5백 명이었으니 당시 실정에 비추어 매우 많은 인원이 참전하였다. 경기(勁騎)는 그 자의(字意)가 알려주듯이 굳세고 날랜 공격력을 가진 최정예 기병이었다. 다음에서 기술할 제2차 운주 전투에서도 고려군의 경기를 찾아 볼 수 있다.

대체로 당시 기병의 종류는 마군(馬軍)·정기(精騎)·경기(勁騎), 그리고 이외에 일반기병[58] 등이 있었을 것이다.

4. 기병의 실전상황

고려군의 기병이 실제 전투에서 어떻게 운영되었는지 알 수 있는 사례가 몇 있다. 먼저 앞에서 제시한 사료 Ⅲ라)와 『삼국사기』의 관련

57) "乂以大將軍大相公萱 元尹能弼 將軍王含允等 領騎兵三百諸城軍一萬四千七百 爲三軍援兵".

58) 이 글에서는 마군·정기·경기처럼 주요 역할 내지는 임무를 부여 받지 않은 기병을 일반기병으로 이름하였다. 예를 들면, 수레를 끄는 기병 같은 경우를 상정해 볼 수 있다.

내용[59]을 합하여 살펴보면, 태조 4년(921) 봄 2월에 말갈의 달고적 171명이 신라를 침범하였다. 이들이 등주(강원도 안변)를 지나는데 삭주(강원도 춘천)를 지키고 있던 고려 장수 견권이 기병을 거느리고 쳐서 크게 깨뜨렸다. 기병인 달고적은 한 필의 말도 돌아가지 못하고 전멸하였다한다. 고려군 기병의 위력을 잘 보여준 사례 중의 하나가 등주전투의 기병전이었다. 고려 기병은 상대적으로 적은 수의 적 기병에 대해서는 즉시 타격하여 섬멸하였던 것이다.

태조 8년(925) 10월에 왕건은 정서대장군(征西大將軍) 유금필(庾黔弼)을 보내어 후백제의 연산진(燕山鎭, 충북 청주시 상당구 문의면)을 쳐서 장군(將軍) 길환(吉奐)을 죽였다.[60] 연산진·연산군·일모산성은 같은 곳이었다. 이 연산진에서 유금필이 장군 길환을 죽였다고 했는데, 태조 11년(928) 정월에 왕건이 견훤에게 보낸 편지글에 "연산군 경계에서 길환을 군전(軍前)에서 참(斬)하였다"라는 내용이 보인다.[61] 이는 연산진, 즉 일모산성의 성주로 생각되는 장군 길환을 진영 앞에서 목 베었다고 읽혀진다. 따라서 유금필은 일모산성을 함락시키지는 못하고 성 밖에서 길환을 죽이는 성과만 올렸던 것이다. 이것이 제1차 일모산성전투(연산진전투)였다.[62]

이때 유금필은 많은 수의 기병을 데리고 갔을 것이다. 그는 이 전투가 끝나고 바로 같은 달에 임존군(충남 예산)을 공격하여 3천여

---

59) 『삼국사기』 권12, 신라본기12, 경명왕, 5년 2월.

60) 『고려사절요』 권1, 태조신성대왕, 을유 8년 10월.

61) 『고려사절요』 권1, 태조신성대왕, 무자 11년 정월.

62) 일모산성전투는 1차부터 3차까지 총 3차례 발발하였다. 일모산성전투에 대해서는, 김명진, 「고려 태조 왕건의 일모산성전투와 공직의 역할」 『軍史』 85, 국방부 군사편찬연구소, 2012 참고.

명을 죽이거나 사로잡았다. 또한 그는 역시 같은 달에 조물군(경북 내륙의 어느 곳)에서도 활약을 하였다.[63] 10월 한 달 동안에 세 군데서 전투를 치른 빠른 기동력과 임존군에서의 전과로 보아 유금필은 많은 수의 기병을 인솔했다고 판단된다.[64] 같은 달에 충북과 충남 그리고 경북지역까지 3군데의 전장을 오가며 큰 활약을 한 유금필의 휘하 군사는 기병이었기 때문에 이 같은 전과를 올리는 것이 가능했으리라 여겨진다. 만약 보병이었다면 이러한 속전속결은 불가능하였다. 유금필이 원래 마군장군이었다는 것도[65] 이러한 판단에 힘을 실어준다. 고려군은 기병을 통한 빠른 기동력으로 넓은 지역을 효과적으로 공격하여 좋은 결과를 거두었다.

그렇다면 고려군 기병에게 장애요인은 없었을까하는 질문을 하게 된다. 공산동수전투(대구)와 제2차 운주전투(충남 홍성)에서 해답을 찾을 수 있다.[66] 927년(태조 10) 9월에 후백제왕 견훤은 신라도성인 금성(경북 경주)을 기습하였다. 신라 경애왕은 사망하고 금성은 큰 혼란에 빠지게 되었다. 이를 구원하기 위하여 왕건은 직접 정기(精騎) 5천 명을 거느리고 공산 동수(대구 팔공산)에서 견훤과 크게 전투를 벌였으나 결과는 고려군의 참패였다. 이 전투에서 고려군은 명장 신숭겸과 김락까지 전사하였으니 처참한 패배였던 것이다. 이것이 공산동수전투였다.[67]

---

63) 『고려사절요』 권1, 태조신성대왕, 을유 8년 10월.

64) 김명진, 앞의 「고려 태조 왕건의 일모산성전투와 공직의 역할」, 2012, 77~78쪽.

65) 『고려사』 권92, 열전5, 유금필.

66) 운주전투는 1차와 2차, 총 2차례 발발하였다. 운주전투에 대해서는, 김명진, 앞의 「고려 태조 왕건의 운주전투와 긍준의 역할」, 2015 참고.

공산동수전투는 신라 구원이라는 명분 때문에 급히 달려온 왕건의 대표적인 실패 전투였다. 아무리 정예 기병인 정기 5천 명이라 할지라도 급하게 달려온 상태에서 미리 대기하고 있었던 후백제군에 효과적으로 대응한다는 것은 무리였다. 또한 팔공산은 여러 산자락을 가지고 있는 큰 범위의 산지이다. 따라서 이곳은 기병만 가지고 전투를 수행할 수 없는 자연조건을 가지고 있다. 산자락에서의 기병은 그 본연의 위력을 다 발휘하지 못하였던 것이다. 이 점을 왕건은 깊이 유의하지 않았다. 한마디로 전술 실패라 하겠다.

다음은 제2차 운주전투에서 기병의 장애요인을 찾아보도록 하겠다.

Ⅲ 아) (934년 가을 9월) 왕이 친히 군사를 거느리고 운주를 정벌하려 하니, 견훤이 이 소식을 듣고 갑사(甲士) 5천 명을 선발하여 (운주에) 이르러 말하기를, "양편의 군사가 서로 싸우면 형세를 보전하지 못하겠소. 무지한 병졸이 살상을 많이 당할까 염려되니 마땅히 화친을 맺어 각기 국경을 보전합시다" 하였다. 왕이 여러 장수를 모아 의논하니 우장군(右將軍) 유금필(庾黔弼)이 아뢰기를, "오늘날의 형세는 싸우지 않을 수 없으니, 원컨대 임금께서는 신들이 적을 쳐부수는 것만 보시고 근심하지 마소서" 하였다. 저 편에서 진(陣)을 치기 전에 굳세고 날랜 기병[경기(勁騎)] 수천 명으로 돌격하여 3천여 명을 목 베거나 사로잡고, 술사(術士) 종훈(宗訓)과 의사(醫師) 훈겸(訓謙)과

67) 『고려사』 권1, 세가1, 태조1, 10년 9월. 공산동수전투에 대해서는, 김명진, 「고려 태조 왕건의 공산동수전투와 신숭겸의 역할」 『한국중세사연구』 52, 한국중세사학회, 2018 참고.

용맹한 장수 상달(尙達)·최필(崔弼)을 사로잡으니, 웅진(熊津) 이북의 30여 성이 소문을 듣고 스스로 항복하였다.68)

이상의 내용은 제2차 운주전투의 실전상황이었다. 왕건은 934년(태조 17) 9월 제2차 운주전투에 직접 참여하였다. 고려군은 왕이 참여하는 정벌이면서 충남지역의 중요 접경지역인 운주(충남 홍성)를 취하기 위한 작전이었기에 최정예부대였다. 굳세고 날랜 기병인 경기(勁騎) 수천 명이 포함된 병력이었다. 운주전투 시 고려군은 유금필을 우장군(右將軍)이라고 했으니 좌강·우강·중군의 3군 체제였다고 이해된다. 경기가 수천 명이었으므로 운주에 온 고려군 총 숫자는 최소 5천 명 이상이 아닐까 한다.

그러나 견훤이 직접 이끌고 있는 후백제군도 막강하였다. 비록 견훤이 먼저 화친을 제의했지만 왕건도 여러 장수들과 회의를 하면서 근심하는 모양새였다. 사료 Ⅲ아)에 나타나는 후백제의 갑사(甲士) 5천 명은 갑졸(甲卒)·갑병(甲兵) 5천 명과 같은 의미였다. 갑졸(갑사)은 갑옷을 입은 사졸(士卒), 곧 보병을 지칭하였다.69) 이와 관련하여 5년 전에 의성부에서 중요한 전투가 있었다. 견훤이 929년(태조 12) 7월에 의성부를 공격하여 그 성주·장군 홍술(洪術)을 전사시켰는데 이때 동원된 후백제군이 갑졸 5천 명이었다.70) 이는 후백제군 갑졸

---

68) 『고려사절요』 권1, 태조신성대왕, 17년 추9월, "王自將征運州 甄萱聞之 簡甲士五千至曰 兩軍相鬪 勢不俱全 恐無知之卒 多被殺傷 宜結和親 各保封境 王會諸將議之 右將軍庾黔弼曰 今日之勢 不容不戰 願王 觀臣等破敵 勿憂也 及彼未陣 以勁騎數千 突擊之 斬獲三千餘級 擒術士宗訓 醫師訓謙 勇將尙達 崔弼 熊津以北三十餘城 聞風自降".

69) 갑졸에 대해서는, 『淮南子』의 내용을 인용 소개한 장동익, 『고려사세가초기편보유』 1, 경인문화사, 2014, 253쪽 참고.

5천 명이 정예부대였다는 것을 말해준다. 한편, 홍술은 923년 11월에 갑옷[개(鎧)] 30벌을 왕건에게 헌상하였다.[71] 따라서 홍술도 나름 갑옷으로 무장한 병사들을 갖출 수 있는 능력의 소유자였다. 그런데도 후백제 갑졸부대에 목숨을 빼앗겼던 것이다. 그만큼 후백제군 갑졸의 전력이 뛰어났었다.

의성부전투 당시의 갑졸이나 운주전투 시 갑사나 단어의 뜻이 같고 병사의 숫자도 같으므로 이들은 동일한 전투부대라 하겠다. 그리고 운주전투의 후백제군은 심리전에 관여했을 술사와 군의관인 의사를 대동했으며, 그 주요 지휘관 중에는 용장(勇將)이라 일컫는 상달과 최필이 포함되어 있었다. 따라서 이 부대가 견훤의 최정예부대라는 것을 알 수 있다. 갑사(갑졸, 갑병)는 보병인데 고려군의 경기와 맞먹고 있었다. 상식적으로 보병은 기병 그것도 정예기병인 경기와 상대가 되지 않는다. 그런데도 왕건은 후백제의 '갑사부대(甲士部隊)'를 경계하고 있었다.

이 갑사부대는 경기도 함부로 할 수 없었던 것이다. 일찍이 견훤은 후백제를 건국하기 전에 신라군으로 종군하며 자면서도 창을 베고[침과(枕戈)] 적을 대비했다고 한다.[72] 또한 신라는 긴 창을 다루는 부대인 비금서당(緋衿誓幢, 장창당[長槍幢])을 보유하고 있었다.[73] 아마도 견훤은 후백제를 건국한 후에 신라의 장창부대를 자기화했다고 여겨진다. 그는 갑옷으로 무장한 보병 중에서 장창(長槍)을 소지한 인원을

70) 『고려사』 권1, 세가1, 태조1, 12년 7월.
71) 『고려사』 권1, 세가1, 태조1, 6년 11월.
72) 『삼국사기』 권50, 열전10, 견훤.
73) 『삼국사기』 권40, 잡지9, 직관 하, 무관, 구서당. 신라의 장창당에 대해서는, 서영교, 「新羅 長槍幢에 대한 新考察」 『慶州史學』 17, 경주사학회, 1998 참고.

일정 정도 포함시켜 적 기병을 무력화하는 전술에 능하지 않았나 싶다.

창을 질러대는 후백제 갑사부대를 향해 고려군 경기의 말들이 함부로 나설 수는 없었다. 따라서 경기 수천 명을 대동한 왕건이 머뭇거리는 모습을 보였던 것이 이해된다. 후백제도 비록 갑옷으로 무장하고 장창을 소지했지만 고려군의 경기가 너무 많고 강해보여서 머뭇거렸던 것이다. 양측이 서로 함부로 할 수 없는 위세였다. 이런 상황에서 고려군은 유금필의 주도아래 후백제의 갑사부대가 진(陣)을 치기 전에 먼저 타격을 가해 승리를 거머쥐었다. 보병인 후백제 갑사부대는 진을 치기 전에 고려군의 타격을 받으면 그 진용이 흐트러졌을 것이고, 그런 후에 연이은 공격을 받으면 속수무책이었다. 만약 후백제군이 진을 먼저 갖추었다면 결과는 예측불허였을 것이다. 후백제군이 진을 갖추고 장창으로 막아섰다면 유금필의 경기도 함부로 나설 수 없었으리라 여겨진다. 이런 전투가 가능하려면 유금필과 그 경기(勁騎)는 엄청난 속도로 내달려야 했으며, 지형조건은 평지여야 했다. 따라서 운주성 일대의 평지에서 양측이 격돌했는데,[74] 선제공격을 감행한 고려군의 경기가 승리했다고 전투상황을 그려볼 수 있다.[75] 고려군 기병의 장애요인은 후백제 장창부대였지만, 고려군 기병은 선제 타격으로 이를 극복하며 승리할 수 있었다. 제2차 운주전투에서 패배한 견훤은 재기불능에 빠지고 말았다. 후백제는 이 전투의 실패

74) 운주성은 현 충남 홍성군 홍성읍 홍주읍성의 모태인데(김명진, 앞의 「고려 태조 왕건의 운주전투와 긍준의 역할」, 2015, 183~184쪽), 그 일대에 기병전을 펼칠 수 있는 평지가 있다(2015년 6월 29일 답사).

75) 제2차 운주전투의 고려군 기병 활약상에 대해서는, 김명진, 위의 「고려 태조 왕건의 운주전투와 긍준의 역할」, 2015, 199~201쪽 인용.

이후로 2년 만에 국가의 문을 닫고 말았기 때문이다.[76]

한편, 기병은 아니지만 기병의 작전 운영에 도움을 줄 수도 있는 말을 관리한 역리(驛吏)가 있었다. 운주전투 현장 인근에 있었던 몽웅역(夢熊驛, 충남 서산시 해미면 동암리)[77]의 역리 한씨(韓氏)가 이에 해당된다. 충남 서산과 태안 쪽에서 고려 통일전쟁기에 가장 주목받은 곳은 정해현(貞海縣, 충남 서산시 해미면)이었다. (정해현은) "세간에 전하기를 태조 때에 몽웅역의 역리였던 한씨 성을 가진 자가 큰 공로가 있어 대광(大匡)의 호를 내리고, 고구현(高丘縣)의 땅을 나누어 이 현을 설치하여 그의 관향으로 삼게 하였다"고 한다.[78] 한씨에게 수여된 대광이라는 관계는 당시 지역민에게 주어진 것으로서는 최고의 대우였다. 몽웅역 인근에서 벌어진 운주전투에서 한씨가 고려군에 큰 도움을 주었기에 대광 관계를 수여받을 수 있었을 것이다.[79] 역리인 한씨가 역마(驛馬)를 이용하여 운주전투에서 고려군에게 무언가 큰 도움을 주었으리라 생각된다. 군령(軍令) 전달과 군수(軍需) 보급은 물론이고, 적에 대한 정탐·진군로에 대한 안내·기병들의 말먹이 보충 등이 한씨가 했을 공로가 아닐까 한다.

무엇보다도 고려 기병의 실전상황이 잘 나타난 전투는 통일전쟁의 마지막전투인 936년 9월에 발발한 일리천전투(경북 구미)였다. 이 전투는 고려 통일전쟁기에 가장 많은 수의 군사와 군마가 동원된 총력전이었다. 그 시기는 군량미 조달을 위해서 음력 9월이었다.

---

76) 김명진, 「고려 태조 왕건의 아산만 일대 공략과정 검토」『지역과 역사』 30, 부경역사연구소, 2012, 29쪽.

77) 『한국지명총람』 4(충남편 하), 한글학회, 1974, 85쪽.

78) 『고려사』 권56, 지10, 지리1, 홍주, 정해현.

79) 김명진, 앞의 「고려 태조 왕건의 아산만 일대 공략과정 검토」, 2012, 26~27쪽.

이때가 군량미 확보와 군사 동원을 쉽게 할 수 있었기 때문이다.[80] 뿐만 아니라 말먹이를 위해서도 그러하였다. 왕건은 이 전투의 준비작업을 위해서 선발대를 3개월 전에 보냈다. 936년 6월에 천안부로 보기(步騎) 1만을 먼저 보낸 것은 바로 그 사전 준비를 위한 것이었다. 이 준비작업의 책임자는 다음 왕위 계승자인 정윤(正胤) 무(武, 혜종)와 박술희였다.[81]

일리천전투의 실전상황이 잘 기술되어 있는 앞에서 제시한 사료 Ⅲ사)와 이를 토대로 작성한 〈표 Ⅲ-1〉에 의하면, 3군에 마군(馬軍)과 보군(步軍)이 적절히 섞여있었다. 특히 좌강과 우강은 각각 마군 1만과 보군 1만으로 구성되어 있었다. 즉 말 탄 병사 1명과 보병 1명의 1:1 구성이었다. 여기에 어떠한 전술이 숨어 있는 것은 아닌지 궁금함을 내포하고 있다. 앞서 927년에 산지로 구성되어 있었던 공산동수전투에서 기병만 가지고 전투에 임한 왕건이 처참한 패배를 경험하였다. 그리고 934년 운주전투에서 고려 기병은 후백제 갑사부대로 인하여 어려움을 겪을 뻔하였다. 따라서 왕건은 고려군 기병에 대한 이러한 장애요인을 극복하고 전투력을 극대화하려는 방법을 찾고자 하였다. 경우에 따라서 마군과 보군이 같이 움직이는 전술을 생각해낸 것이다.[82]

고려 마군이 빠르게 전진할 때에 보군 병사는 마군 병사의 말위에 얹혀 타고 갈 수 있다. 한 필의 말에 두 명이 이동하는 것이다. 반대로

---

80) 김명진, 앞의 『고려 태조 왕건의 통일전쟁 연구』, 2014, 192쪽.

81) 『고려사』 권2, 세가2, 태조2, 19년 6월.

82) 기병과 보병이 섞인 효과적인 전술에 대한 이해는, 서영교, 「新羅 騎兵隊 五州誓 附屬 步兵」 『경주문화연구』 6, 경주대학교 경주문화연구소, 2003 참고.

마군이 후백제군 또는 지형적 요건으로 인하여 장애를 받아 제 능력을 발휘하지 못할 때는 말에서 내린 보군 병사가 장애 요인을 해결해 준다. 적이 장창(長槍)을 소지한 갑사부대라면 보군이 같이 응대해 줄 수 있다. 그런가 하면 지형적으로 군마가 전진함에 장애요인이 있다면 이 역시 보군이 도움을 줄 수 있는 것이다. 마군이 서행할 적에는 보군이 뛰면서 칼과 창을 이용하여 마군이 할 수 없는 상황의 적을 타격할 수도 있다. 왕건은 이러한 전술을 위해 일리천전투의 좌강과 우강은 1(마군) : 1(보군) 구성을 했다고 추정된다. 이 같은 1(마군) : 1(보군) 전술은 선발대 보기(步騎, 보병과 기병) 1만을 보낸 천안부에서 이미 훈련을 했을 가능성이 높다. 다만 중군은 1 : 1 구성에 못 미치는데 이는 제번경기라는 특이한 군사 때문이었다. 여기에 원병의 존재가 어우러진 이유가 있었다.

마군과 함께한 보군 지휘관의 명칭이 이러한 추정의 사실성에 힘을 실어준다. 이들 지휘관인 대장군에게는 마군 못지않다는 의미에서 하늘의 군대인 천군(天軍)이라는 명칭을 부여하였다.[83] 천군은 신성성과 자부심, 그리고 하늘의 명이라는 정당성을 부여한 것이다.[84] 천군이라는 자부심은 보군 병사에게도 영향을 주는 것이었다. 그런 다음에 각 천군 대장군과 그 휘하 보군에게는 특정 임무가 주어졌다. 좌강 지천군 대장군(支天軍 大將軍)의 지천군과 우강 보천군 대장군(補天軍 大將軍)의 보천군은 각각 마군을 지원(支援)하고 보좌(補佐)한다는 같은 의미를 내포하고 있었다. 즉 역할이 같은 것이다.

---

83) 한정수, 「高麗 太祖代 八關會 설행과 그 의미」 『大東文化硏究』 86, 성균관대학교 대동문화연구원, 2014, 218쪽 참고.

84) 정경현, 「경군」 『한국사』 13, 국사편찬위원회, 2003, 278~279쪽 참고.

중군의 우천군 대장군(祐天軍 大將軍)의 우천군도 돕는다(祐)는 의미이니 지천군·보천군과 같은 역할이었다.

그런데 중군의 천무군 대장군(天武軍 大將軍)의 천무군과 간천군 대장군(杆天軍 大將軍)의 간천군은 임무가 달랐다. 천무군은 용맹에 대한 상징성이 있는 무(武)라는 자의(字意)로 보아 보병 돌격부대였을 것이다. 간천군은 방패[간(杆)]를 가지고 있는 방어에 능한 부대였다고 여겨진다. 대체로 마군의 지휘관보다 보군의 지휘관 관계가 낮았기에 이처럼 보군의 역할이 주로 마군을 보좌했다고 이해된다. 이는 무리한 추정이 아니라고 판단된다. 지휘관의 관계는 앞장의 〈표 Ⅲ-1〉에 나열하였다.

사료 Ⅲ사)와 『삼국사기』 견훤전에 의하면,[85] 대장군 공훤이 원병을 이끌고 선봉에 서서 후백제군을 찌르듯이 강타했다[직도(直擣)]고 한다. 물론 공훤이 맨 앞에 이끌고 간 것은 원병의 기병 3백이었을 것이다. 이는 빠른 기동력을 바탕으로 적을 초기에 무력화 시키는 기병전술의 모범이라 하겠다. 그런 다음 바로 이어서 제번경기가 포함된 중군이 연타하고 좌우강이 협공하는 공격이 동시에 이루어졌다. 이때 좌우강의 보군은 마군을 적극 보좌하여 전투력을 극대화하였다. 이러한 기병 전술로서 고려군이 승리를 쟁취했다고 전체 전투 장면을 그려볼 수 있다.

그러면 왕건이 강력한 살상력을 가진 제번경기 9,500명을 선봉에 세우지 않고 원병 기병 3백 명을 선봉으로 세운 이유가 궁금하다. 아마도 전투가 끝난 뒤에 발생할 이 전투에 대한 역사적 평가도

85) 『삼국사기』 권50, 열전10, 견훤, 천복 원년 추9월.

생각했을 것이다. 외부세력인 제번경기가 일등 공적을 갖는다는 것은 왕건에게 부담이 되었으리라 생각된다. 특히 고려군의 자주성 문제가 있었다. 고려의 통일전쟁에 고려군이 솔선수범해야 이 전쟁의 진정성이 있었기 때문이다.

고려 기병전술에서 장애요인은 공산동수전투에서 경험했던 산악지대라는 지형적 장애와 운주전투에서 경험했던 후백제의 장창을 소지한 갑사부대였다. 하지만 고려군은 이를 극복하기 위하여 일리천전투에서 1(마군) : 1(보군) 협조체제와 기병 300명의 선공술(先攻術)을 이용하여 성공하였다. 요컨대 통일전쟁기 마지막전투인 936년 일리천전투에서 고려군 승인의 중요한 동력은 효과적인 기병 운영이었다. 결과는 왕건이 이끈 고려군의 대승이었다.

5. 맺음글

통일고려(統一高麗)를 완성한 고려 태조 왕건에게 효과적인 기병 운영은 통일전쟁 승인의 큰 자산이 되었다. 이에 대한 본 연구는 크게 3부분으로 정리된다.

첫째, 고려군의 군마(軍馬) 수급 방법은 세 유형이 있었다. ① 자체조달[민가에서 조달, 내구(內廏)와 외구(外廏)에서 사육, 역(驛)·진(鎭)에서 조달, 말 목장 경영], ② 전쟁노획물, ③ 외부로부터 평화적으로 들여오는 방법[발해인과 제번(諸蕃) 등의 귀부로 인한 유입, 선물, 수입, 차용] 등이 그것이다. 그리고 고려군 군마의 총수는 일리천전투에 참전한 고려군을 분석해보니 외래 병사인 제번경기(諸蕃勁騎)의 말을 제외하고, 5만 필 이내로 추정되었다. 따라서 통일전쟁기 고려 기병(마군 포함) 전체 숫자는 5만 명(40,300+α〈50,000)을 넘지 않았을 것이다.

태조대에 고려군 군마의 전체적인 관리는 비룡성(飛龍省) 또는 태복시(太僕寺)와 군사기구인 순군부·병부, 그리고 각 군(軍) 등에서 했을 것으로 추정하였다. 지리적으로 말 유입에 편리한 북방지역을 접경지역으로 가지고 있었던 고려는 기병을 키우기에 유리한 조건을 가지고 있었다. 반면 후백제는 말의 외부 유입이 어려웠으므로 기병 육성에 상대적으로 불리하였으리라 여겨진다. 따라서 후백제가 보병 정예부대인 갑사부대(甲士部隊)를 중시한 것도 바로 말 수급 문제와 관련이 있지 않을까 한다. 통일전쟁기에 양국의 주력부대가 말 수급 상황 때문에 그 성격이 달랐던 것이다.

둘째, 고려군 기병의 종류는 마군(馬軍)·정기(精騎)·경기(勁騎)·일반기병 등이 있었다.

셋째, 고려군 기병의 실전 대처 능력은 이러했다. 먼저 고려군 기병은 상대적으로 적은 수의 적 기병에 대해서는 즉시 타격 섬멸하였다(예, 921년 등주전투). 그리고 막강한 전력을 가진 적에게는 선제타격을 가해 승리하였다(예, 934년 제2차 운주전투). 고려군 기병의 장애요인은 두 가지가 있었다. 지형적으로는 산악지대였고, 실전에서는 후백제의 장창(長槍)을 소지한 갑사부대(甲士部隊)였다. 따라서 왕건은 936년 9월에 후백제를 상대로 한 고려 통일전쟁의 마지막전투인 일리천전투에서 이를 극복한 전술을 사용하였다. 왕건은 고려군의 마군(馬軍)과 보군(步軍)을 1 : 1로 구성한 후에, 말을 탄 마군과 보병인 보군이 협력하여 기병의 장애요인을 극복하였다. 당시 원병

3백 명의 기병은 선제 타격용이었다. 결과는 왕건이 이끈 고려군의 대승이었다.

제2편

전투 실상

Ⅳ. 일모산성전투와 공직의 역할

1. 머리글

고려 태조 왕건(高麗 太祖 王建)이 수행한 통일전쟁의 여러 전투 중에서 그간 학계에서 주목받지 못한 전투가 일모산성전투(一牟山城戰鬪)였다. 일모산성은 현 양성산성(충북 청주시 상당구 문의면)으로 비정되고 있다. 본래 왕건은 태봉의 궁예 밑에서 장수로 활약하였다. 그러나 궁예의 실정으로 민심이 이반되자 918년 6월에 궁예를 몰아내고 등극하였다. 국호를 고려라 정하고 민심을 추스르면서 통일전쟁을 수행하였다. 마침내 그는 936년 9월에 통일의 완성을 자신의 것으로 만들었다.

왕건이 승리로 마무리한 고려 통일전쟁의 전쟁터는 크게 네 개의 부분으로 나눌 수 있다. 충청지역, 나주서남해지역, 경상지역, 한강이북지역이 그것이다. 이 중 충청지역에서 행해졌던 여러 전투 가운데서 주요한 전투 중 하나가 일모산성전투였다. 그런데 932년 6월에 후백제 견훤의 아래에 있었던 매곡성(昧谷城, 매곡산성, 충북 보은군 회인면)의 성주(城主) 공직(龔直)이 고려로 귀부하였다. 매곡성은 일모산성과 가까운 곳에 있었다. 공직의 고려 귀부와 일모산성전투와의 연관성은 궁금한 문제이다.

왕건의 통일전쟁 전체에 대한 전쟁사 측면에서의 접근은 최근에 여러 성과가 연속되었다.[1] 그러나 일모산성전투는 학계에서 주목받지 못하였다. 소략한 사료와 주요한 전투로 인식되지 않았기 때문이다. 하지만 일모산성과 밀접한 연관성을 가지고 있었던 매곡산성(매곡성)의 현황과 그 역사·지리적 배경에 관한 검토는 있었다.[2] 더불어 공직에 관한 연구 성과는 일모산성의 주변상황을 이해하는 데 도움이 되고 있다.[3] 고고학적인 성과로서 일모산성(양성산성)과 매곡산성에 관한 보고서도 간행되어 참고된다.[4]

이 글에서는 일모산성전투에 대해서 몇 가지 해명을 해보려고 한다. 먼저 일모산성전투 이전에 일모산성이 어떠한 모습으로 사료에 나타나는지와 일모산성의 위치에 대해서 살펴보는 작업이 우선되어야 할 것이다. 아울러 당시 주변상황을 알아보려면 932년의 일모산성전투에 큰 영향을 미친, 고려로 귀부한 매곡성의 성주 공직에 대한 조사가 필요할 것이다. 이러한 배경 속에서 일모산성전투가 어떻게

---

1) 이 시기 전쟁사를 왕건·궁예·견훤의 입장에서 각각 연구한 박사학위논문 및 저서 소개는 Ⅲ장 주2에 제시하였다.

2) 성주탁·차용걸, 「百濟未谷縣과 昧谷山城의 歷史地理的 管見」 『삼불 김원룡교수 정년퇴임기념논총』Ⅱ, 일지사, 1987.

3) 신호철, 「新羅末·高麗初 昧谷城(懷仁)將軍 龔直－지방호족 존재양태의 일단－」 『湖西文化硏究』 10, 충북대 호서문화연구소, 1992.

4) 『淸原 壤城山城』, 충북대학교 중원문화연구소, 2001 ; 『淸原 壤城山城 圓池發掘調査 報告書』, 충북대학교 중원문화연구소, 2005 ; 『報恩 昧谷山城 地表調査 報告書』, 충북대학교 중원문화연구소, 1998.

진행되었는지 그 전말을 밝혀보고자 한다. 전투가 종결된 후에 왕건의 충청지역 통일전쟁에 대한 행보와의 연관성도 고민해 보았다.

이러한 과제를 밝혀내기 위해 소략한 관련 사료를 모아서 정밀하게 검토하는 작업이 필요할 것이다. 작은 부분도 소중히 선택하면서 가려졌던 왕건의 통일전쟁의 한 조각을 찾아보려고 한다. 사료에서 나타나지 않는 부분은 현장답사를 통해서 보완하고자 하였다. 이를 통해서 일모산성전투의 숨겨진 사실을 밝혀낸다면 왕건의 통일전쟁에 대한 이해에 조금이나마 도움이 되지 않을까하는 바램이 이 글을 쓰고자 하는 목적이다.

2. 일모산성의 역사·지리적 배경

태조 왕건이 수행한 통일전쟁의 수많은 전투 중 하나가 일모산성전투였다. 이에 대해 살펴보려면 먼저 일모산성(一牟山城)은 어떤 곳인지 밝혀야 할 것이다. 충북대학교 중원문화연구소에서 일모산성은 충북 청주시 문의면에 있는 양성산성과 동일한 곳이라는 두 편의 보고서를 발표한 바 있다.[5] 이를 적극 참고하면서 일모산성의 역사적·지리적 자리매김을 찾아보고자 한다. 군현의 치소는 곧 군현의 명칭을 가진 성(城)이라고 판단된다. 그런 점에서 일모산군(一牟山郡)이라는 명칭이 주목된다.

일모산군은 각종 지리지에 등장하고 있다. 『삼국사기』에서 "본래

5) 『淸原 壤城山城』, 충북대학교 중원문화연구소, 2001 ; 『淸原 壤城山城 圓池 發掘調査 報告書』, 충북대학교 중원문화연구소, 2005.

백제의 일모산군"[6]이라 한 이후, 『고려사』[7], 『세종장헌대왕실록』[8], 『신증동국여지승람』[9], 『여지도서』[10] 등의 역대 지리지들이 대부분 이를 따르고 있다. 그러나 김정호의 『대동지지』에서는 "본래 신라의 일모산"이라 하였다.[11] 이처럼 일모산군은 백제 또는 신라의 영역으로 기술되어 있다.[12] 따라서 명확히 어느 국가의 영역이었는지 모호한 면이 있지만 분명한 것은 양국의 접경 지역이었기에 이러한 현상이 나타난다는 것이다.

신라가 일모산성을 처음 축성했다고 하는 기록은 자비마립간 17년(474)에 나타난다. 이에 대한 내용은 다음과 같다.

Ⅳ 가)-① 일모·사시·광석·답달·구례·좌라 등의 성을 쌓았다.

Ⅳ 가)-② 가을 7월에 고구려왕 거련이 친히 군사를 거느리고 백제를 공격했다. 백제왕 경이 아들 문주를 보내 구원을 청하였다. 왕은 군사를 보내어 구원토록 했는데, (구원군이) 도착하기 전에 백제가 이미 함락되었고, 경도 또한 해를 입었다.[13]

---

6) 『삼국사기』 권36, 잡지5, 지리3, 신라, 웅주, 연산군·권37, 잡지6, 지리4, 백제, 웅천주.

7) 『고려사』 권56, 지10, 지리1, 청주목, 연산군.

8) 『세종장헌대왕실록』 권149, 지리지, 충청도, 청주목, 문의현.

9) 『신증동국여지승람』 권15, 충청도, 문의현, 건치연혁.

10) 『여지도서』 충청도, 문의현, 건치연혁.

11) 『대동지지』 권6, 충청도, 문의, 연혁.

12) 일모산군의 각종 지리지에 대한 검토는, 앞의 『清原 壤城山城』, 2001, 19~34쪽 참고.

13) 『삼국사기』 권3, 신라본기3, 자비마립간, 17년, "築一牟 沙尸 廣石 沓達 仇禮 坐羅等城 秋七月 高句麗王巨連親率兵 攻百濟 百濟王慶 遣子文周求援 王出兵救之 未至 百濟已陷 慶亦被害".

위 내용은 474년에 있었던 일들이다. 내용상 크게 두 가지로 나누어 진다. Ⅳ가)-①은 몇 월에 있었던 일인지는 알 수 없지만 신라가 6군데에 성을 쌓고 있다. 그 중에서 일모(一牟)만이 일모산성이라는 것을 알 수 있을 뿐 나머지는 그 위치가 정확하지 않다. Ⅳ가)-②는 가을 7월에 일어난 일이라고 되어 있다. 그런데 이 연도에 약간의 오차가 있다. Ⅳ가)-②는 유명한 전투로서 고구려 장수왕(거련)이 백제를 공격하여 개로왕(경)을 살해하였다.

이 전투에 관한 내용은 『삼국사기』의 고구려본기와 백제본기에 보다 자세히 실려 있다. 고구려본기에는 장수왕 63년(475) 9월조에 있고, 백제본기에도 개로왕 21년(475) 9월조에서 확인된다. 따라서 Ⅳ가)-②는 474년 7월이 아닌 475년 9월에 일어난 전투로 보아야 할 것이다.[14] 고구려와 백제는 당사자이고 연월이 일치하므로 그 시기가 신뢰할 수 있다. 그러나 신라는 목격자이면서 제3자이기에 이 같이 1년의 오류가 발생했을 것이다. 따라서 같은 자비마립간 17년조에 있는 일모산성 축성 기사도 1년의 오류 가능성이 있다. 아니면 축성 기사의 연도는 맞지만 고구려와 백제의 전투 기사만 오류일 수도 있다. 이것은 기록상 이러한 검토가 가능하다는 것 일뿐이다. 실제 일모산성은 이보다 앞서 백제가 축성했을 수도 있다. 일모산성의 첫 축성 시기는 475년일 가능성이 높다. 하지만 474년일지 그보다 앞서 백제가 축성했을지 여부는 보다 세밀한 발굴조사가 이루어진 다음에야 해명이 가능할 것이다.

이제 일모산성의 현재 위치를 찾아보자. 일모산군은 신라 경덕왕이

---

14) 이강래 역, 『삼국사기』Ⅰ, 한길사, 1998, 111쪽 주14 참고.

연산군(燕山郡)으로 그 이름을 고쳤다. 그리고 거느리는 현은 둘인데 연기현(燕岐縣)과 매곡현(昧谷縣)이었다.[15] 신라 연산군은 고려에서도 연산군이라 했으며 청주목(淸州牧)에 소속시켰다. 명종 2년(1172)에 감무(監務)를 두었으며, 고종 46년(1259)에 위사공신(衛社功臣) 박희실(朴希實)의 내향이라는 이유로 문의현(文義縣)으로 승격시켜 현령(縣令)을 두었다. 충렬왕 때에는 가림현(嘉林縣)에 병합되었다가 얼마 후에 복구하였다.[16] 조선시대에 와서도 그대로 문의현이라 하였다.[17] 그렇다면 백제의 일모산군이 신라에서 연산군으로 불리었으며 고려 초에도 연산군으로 불리었음을 알 수 있다. 연산군은 연산진(燕山鎭)이라는 이름으로도 나타난다.[18]

즉, 일모산성이 있는 군현의 이름이 일모산군, 연산군, 문의현 등으로 시간이 흐르면서 변천되었던 것이다. 따라서 고려 통일전쟁기 일모산성은 연산군(연산진)에서 찾아야 할 것이다. 문의현의 '문의'는 현재 충북 청주시 상당구 문의면에 그 이름이 남아 있다. 『대동지지』의 문의현 성지조(城池條)에 의하면, "양성(壤城)은 신라 자비왕 17년에 축성되었다"고 한다. 축성년도가 사료 Ⅳ가)-①과 같으므로 일모산성과 양성은 같은 성이라 하겠다. 현재 문의면에 양성산성(壤城山城)이 자리잡고 있다. 이 양성산성이 양성이고 일모산성인 것이다. 좀 더 자세히 살펴보자.

『세종장헌대왕실록』 지리지, 문의현조의 내용은 이러하다. "문의

15) 『삼국사기』 권36, 잡지5, 지리3, 신라, 웅주, 연산군.
16) 『고려사』 권56, 지10, 지리1, 청주목, 연산군.
17) 『신증동국여지승람』 권15, 충청도, 문의현, 건치연혁.
18) 『고려사절요』 권1, 태조신성대왕, 을유 8년 10월.

현의 양성산에서 봄 가을에 소재관(所在官)이 제사를 지낸다. 태산석성(兌山石城)이 문의현 서쪽 4리에 있다. 성 안에 우물이 하나 있는데 겨울 여름에도 마르지 않는다". 이후의 기록인 『신증동국여지승람』 문의현조는 이렇다. 산천조에 "양성산 : 현 서쪽 4리에 있다", 고적조에 "연산진(燕山鎭) : 고려 태조가 유금필(庾黔弼)로 하여금 정서대장군(征西大將軍)을 삼아 (후)백제 연산진을 공격하여 장군(將軍) 길환(吉奐)을 죽였다. 양성산성 : 돌로 쌓았으며, … 가운데에 원지(圓池)가 있는데 대지(大池)라 부른다"라고 되어 있다.

결국 태산과 양성산은 현의 서쪽 4리인 같은 방위에 있는 동일한 산의 다른 이름 표기로 여겨진다.[19] 필자가 답사해보니 문의현의 객사로 추정되는 문산관(文山館)은 현재 문의문화재단지 안에 있지만 원래 대청호 속으로 수몰된 옛 문의국민학교(문의초등학교) 교무실로 사용했다고 한다. 그 교무실 즉 문산관이 원래 있던 곳에서 대략 서쪽 4리에 양성산성이 있다. 양성산성을 토박이들은 성터라고 불렀다. 성터 안에는 샘(새암)이 있었는데 일대의 형상이 지리지에 보이는 동그란 형태의 대지(大池)와 비슷하였다.[20]

그리고 선행 지표조사에 의하면 성의 표면에서 가장 많이 수습된

---

19) 앞의 『淸原 壤城山城』, 2001, 28~29쪽.

20) 2012년 2월 10일 답사. 제보자 : 박성규[남, 1954년생, 충북 청원군 문의면(현 청주시 상당구 문의면) 문산리 토박이인데 타지에 나가 살다가 최근에 문의면 미천리에 정착, 양성산성 등산로에서 구술] ; 박씨할머니(이름 밝히기를 꺼려함, 77세 외 13명의 할머니, 문의면 미천3구 경로당에서 구술). 이 글에서 '토박이'라 함은 현지에서 태어나 현재까지 살고 있는 사람을 말한다. * 필자가 현장에 가서 확인해 보니 양성산성 안에는 동그란 형태[원지(圓池)]의 큰 못[대지(大池)]이 있는데, 물이 마른 채로 윤곽만 또렷이 남아 있었다. 이에 대해서는, 앞의 『淸原 壤城山城 圓池 發掘調査 報告書』, 2005 참고.

것들은 경질의 대옹(大甕) 파편들인데, 이는 9세기 이후의 보편적인 기종이라고 한다.[21] 즉 고려 통일전쟁기에 이 성이 이용되었음을 알 수 있다. 이처럼 선행연구와 각종 지리지에 대한 검토, 그리고 현장답사를 해보니 일모산성은 현재의 양성산성이라고 판단된다. 또한 연산진과 양성산성도 동일한 곳이라고 생각된다. 오늘날 문의면 문산리에 있는 해발 297m·287m·246.2m의 봉우리들을 에워싸고 있는 양성산성은 석축으로 된 테뫼식 산성이며 그 둘레는 약 985m로 조사되었다.[22]

다음은 일모산성의 주변상황을 살펴볼 차례이다. 이 성의 주변지역은 타 지역에 비해 성터가 상당히 조밀한 분포를 보이고 있다. 일모산성을 포함하여 모두 34개의 성이 산재해 있다고 조사되었다. 34개 성의 사용시기가 모두 고려 통일전쟁기와 겹친다고 말할 수는 없지만 상당부분은 연관이 있지 않을까 한다. 이 일대에 이렇게 많은 성이 있었던 이유는 앞선 시기에 신라와 백제가 국경을 마주 대고 치열하게 다투었기 때문이다. 그랬던 곳이 비슷하게도 고려 통일전쟁기에 고려와 후백제가 각축을 벌였기 때문에 이처럼 많은 성들이 분포하게 되었을 것이다.[23]

일모산성은 지리적으로 청주에서 매곡성(충북 보은군 회인면)과 삼년산성(보은군 보은읍)으로 연결되는 교통로의 길목을 관장할 수 있는 곳이다. 일모산성에 오르면 일대 조망권이 확보된다. 또한 상당

---

21) 앞의 『清原 壤城山城』, 2001, 264~265쪽.

22) 양성산성의 전체 둘레는, 위의 『清原 壤城山城』, 2001, 17쪽과 44쪽 참고.

23) 위의 『清原 壤城山城』, 2001, 267쪽의 '청원 양성산성 주변 성곽 분포도'와 275~277쪽 참고.

히 견고한 성곽으로서 쉬 함락시키기 어려운 조건을 갖고 있었다. 일모산성이 있는 양성산은 그리 높지는 않지만 급경사를 가지고 있고 큰 못[대지(大池)]이 있어서 오랜 항전이 가능한 곳이었다. 또한 현재는 대청호로 변해있지만 남쪽에 흐르는 천이 금강으로 이어지므로 공주·부여 등으로 연결이 쉽게 이루어질 수 있는 조건을 가지고 있었다.

요컨대 일모산성(연산진)은 현재 충북 청주시 문의면 양성산에 있는 양성산성과 같은 곳이고, 군사적·지리적으로 중요한 거점이었다. 앞선 시기의 신라와 백제, 고려 통일전쟁기의 고려와 후백제의 접경지역중 하나가 일모산성이었다.

3. 공직(龔直)의 고려 귀부와 일모산성

고려 통일전쟁기에 충청지역에서 중요한 역할을 했던 인물 중에 매곡성(昧谷城, 매곡산성)의 성주 공직(龔直)이 있었다. 매곡성의 연혁을 살펴보면, 백제 미곡현(未谷縣)이 신라 경덕왕 16년(757)에 매곡현(昧谷縣)으로 이름이 바뀌어 연산군(일모산성)의 영현이 되었다. 그 후 고려 태조 23년(940)에 회인현(懷仁縣)으로 고쳤다.[24] 회인현의 '회인'은 현재 충북 보은군 회인면에 그 이름이 남아 있다.[25] 매곡산성

---

24) 『세종장헌대왕실록』 권149, 지리지, 충청도, 청주목, 회인현 ; 『대동지지』 권6, 충청도, 회인, 연혁.

25) 보은군 '회북면'이 2007년 10월 1일에 보은군 '회인면'으로 행정구역 명칭이 변경되었다(충청북도 보은군 회인면 홈페이지 참고. 2018년 4월 8일 확인).

(매곡성)도 또한 현재 회인면 부수리 산 443번지의 해발 186.5m의 작은 산 위에 위치하고 있다. 이 성은 여러 지리지에 매곡산(昧谷山)에 있는 매곡성(昧谷城), 고성(古城), 매곡산성(昧谷山城) 등으로 등장한다.[26] 공직이 웅거했을 당시에 매곡현의 중심은 그 이름으로 보아 매곡성이었을 터이다.

매곡산성은 일모산성의 동쪽에 자리잡고 있는데 서로의 거리가 가까웠다. 『신증동국여지승람』 문의현조에 동쪽은 회인현과의 경계까지 11리라 했고, 같은 책 회인현조에는 서쪽으로 문의현 경계까지 16리라 했다. 합하면 두 현의 거리는 28리이다. 따라서 일모산성과 매곡산성은 약 30리 이내의 거리일 정도로 가까운 곳이었다.[27]

필자는 매곡산성을 답사해 보았다. 매곡산성은 현 회인면 소재지인 중앙리에서 회인천 위에 놓인 작은 콘크리트 다리인 부수교를 건너면 맞닥뜨린다. 주변에 농경지가 있는 평지의 가운데에 마치 볼록하게 솟은 형상이다. 주변 농경지는 그렇게 넓은 것은 아니었다. 이 성은 평면상 서쪽이 잘라진 반달형의 테뫼식산성이다. 석축으로 된 성의 둘레는 약 538m이고 성벽의 높이는 6m나 혹은 그 이상이다.[28] 자연

---

26) 『報恩 昧谷山城 地表調査 報告書』, 충북대학교 중원문화연구소, 1998, 21~23쪽 참고. 이 글에서는 매곡성과 매곡산성이라는 두 용어를 혼용해서 쓰고자 한다. 공직이 활동했던 시기에는 매곡성으로, 그 이후에는 매곡산성 등으로 성의 이름이 등장하기 때문이다.

27) 2012년 2월 23일 답사 : 우종철의 제보에 의하면, 문의면 소재지 → 괴곡리(괴실, 돌깡) → 마동리 → 회인면 소재지까지 걸어서 약 3시간 정도의 시간이 소요되며 약 30리 길이라고 하였다. 지금은 마동에서 문의까지는 갈 수 있으나 마동에서 회인은 왕래가 없어서 길이 끊겼다고 한다. 제보자 : 전(前) 이장 우종철(남 68세, 충북 청원군 문의면 마동리, 마동리 토박이, 자택에서 구술).

28) 성의 둘레와 성벽의 높이는, 앞의 『報恩 昧谷山城 地表調査 報告書』, 1998,

지형을 이용하여 축조하였기에 서벽이 높고 다른 쪽은 낮았다. 특히 서벽은 자연지형까지 더해져 수십m의 낭떠러지처럼 되어 있어서 쉽게 접근할 수가 없는 곳이다. 그리고 회인천이 중앙리와 부수리의 경계가 되면서 북에서 남으로 흘러 대청호로 흘러 들어간다. 이 회인천이 매곡산성의 해자 역할을 하면서 서벽 아래로 흐르다 남쪽을 약간 휘감아 흘러 나간다. 처음 축성할 적에 이러한 자연조건을 적극 이용했을 것이다. 성의 규모는 크지 않지만 야무진 군사용이라는 인상이 보인다.[29]

이 성의 초축 시기에 대해서는 정확히 알 수 없지만, 매곡산성의 내부에서 발견되는 유물의 파편들이 5세기 이후 전시대에 걸쳐 있다는 선행연구가 있다.[30] 따라서 이 성은 적어도 공직이 활동하던 시기 이전부터 존재했다고 추정된다. 그런데 매곡산성은 앞으로 기술할 공직의 명성에 비해 그 규모가 좀 작은 것이 아닌가하는 의구심이 생겼다. 그런 점에서 성의 동쪽인 안모산, 바깥모산이라는 마을에 있는 구릉이 마치 매곡산성의 외부 나성처럼 보인다는 지적이 참고된다.[31] 매곡산성은 공직의 명성에 걸맞으려면 주변에 방어용 목책을 가지고 있거나, 아니면 가까운 곳에 몇 개의 부속 성을 가지고 있어야

26쪽 참고.

29) 2012년 2월 23일 답사 : 필자가 매곡산성을 답사해 보니 성을 한 바퀴 도는데 15분 이내의 시간이면 충분하였다. 만약 초목의 방해를 안 받는다면 10분도 가능하리라 생각된다. 한편 토박이인 허세량은 매곡산성을 '에미산'이라고 말해주었다. 제보자 : 허세량(남 40세, 충북 보은군 회인면 부수2리, 매곡산성 인근 밭에서 구술).

30) 성주탁·차용걸, 「百濟未谷縣과 昧谷山城의 歷史地理的 管見」 『삼불 김원룡교수 정년퇴임기념논총』Ⅱ, 일지사, 1987, 606쪽.

31) 위와 같음.

한다.

매곡산성은 일모산성과 삼년산성의 중간에 있다. 서쪽에서부터 동쪽으로 일모산성, 매곡산성, 삼년산성이 나란히 있는 꼴이다. 신라 자비마립간 13년(470)에 쌓은 삼년산성[32]이 매우 견고한 성이었음은 잘 알려진 사실이다. 삼년산성이 위치하고 있는 산봉우리는 오정산이며 현재 그 주소는 충북 보은군 보은읍 어암리 산 1-1번지 일원이다. 이 성은 사방관측이 가능한 지형을 이용하여 쌓은 포곡식 산성이다. 석축으로 된 성의 둘레는 약 1.7km이다.[33] 경우에 따라서 삼년산성의 방파제 역할을 할 수 있었던 곳이 매곡산성이었다. 청주에서 매곡산성에 도달하려면 겹겹이 가로막고 있는 피반령(皮盤嶺)을 통과하여야만 한다.

이 같은 지형 조건은 이승소(李承召)의 시에 잘 나타나 있다. "거듭된 산등성이와 겹겹의 고개 멀리 서로 이어졌고, 길은 양(羊)의 창자처럼 둘리어져 말이 나아가지 못하네" 하였다.[34] 매곡산성은 규모가 크지는 않지만 농경지의 한 가운데에 있었다. 그러면서 이곳에 도달하려면 주변의 산과 고개를 넘어와야만 했다. 특히 북쪽의 청주에서 오려면 양의 창자처럼 꼬불꼬불하면서 말이 넘기도 힘든 피반령을 넘어야 했다.[35] 하지만 그러한 지형에 방어 병력이 있어야 방어 효과가 극대

---

32) 『삼국사기』 권3, 신라본기3, 자비마립간, 13년.

33) (사)한국성곽학회, 『삼년산성』, 충청북도, 2008, 69~71쪽 참고. 2012년 2월 23일 답사 : 필자가 삼년산성을 답사해 보니 시계 반대방향으로 성을 한 바퀴 도는 데 40분 정도 걸렸다. 성의 곳곳이 사방관측하기에 유리하였으며, 서쪽에는 너른 농경지와 보은읍 읍내가 자리잡고 있어서 당시에 식량자원은 풍부했을 것으로 판단된다.

34) 『신증동국여지승람』 권16, 충청도, 회인현, 형승, "重岡複嶺逮相連 路繞羊腸馬不前".

화 되는 것이다. 적이 넘어오는 데 군사적 저항이 없다면 험준한 지형도 큰 힘을 발휘하지 못한다. 따라서 매곡산성이 적의 침공에 잘 대처하려면 일대에 부속 성을 가지고 있어야만 할 것이다.

한편 매곡산성의 남쪽(실제는 남동쪽)에 있는 노성산(老聖山)에서 철이 생산되었다.[36] 노성산은 노성산(老城山)으로도 표기되며 지도에서 쉽게 찾아진다. 이곳에 철이 언제부터 생산되었는지는 확인할 길이 없다. 매곡산성 주변의 농경지는 규모가 크지는 않아 보였다. 그리고 이곳은 교역을 통해서 이득을 취할 수 있는 곳도 아니었다. 따라서 공직이 일정한 힘을 가지려면 바로 철산지를 가지고 있었기에 가능하지 않았을까 한다. 노성산의 철은 공직이 활동하던 시기에도 생산되었을 가능성이 있다고 생각된다. 전쟁의 시기에 무기 제작과 연결되는 철 생산지를 소유하고 있었다는 것은 그 의미가 크다 하겠다. 이러한 매곡산성을 장악하고 있었던 이가 바로 매곡성 장군 공직이었다. 그는 『고려사』 열전에 기록이 남아 있다.

Ⅳ 나) 공직은 연산 매곡 사람이다. 어려서부터 용감하고 지략이 있었다. 신라 말에 본 읍의 장군이 되었다. 당시 바야흐로 난리(亂離)가 나서 드디어 (후)백제를 섬기게 되었고 견훤의 심복이 되었다.[37]

신라 연산군이 거느리는 현은 둘인데 연기현과 매곡현이었다고

---

35) 2017년 9월 18일 답사.

36) 『세종장헌대왕실록』 권149, 지리지, 충청도, 청주목, 회인현, 토산 ; 성주탁·차용걸, 앞의 「百濟未谷縣과 昧谷山城의 歷史地理的 管見」, 1987, 608~609쪽.

37) 『고려사』 권92, 열전5, 공직, “龔直 燕山昧谷人 自幼有勇略 新羅末爲本邑將軍 時方亂離 遂事百濟 爲甄萱腹心”.

앞에서 기술하였다. 그 매곡현에서 공직은 신라 말에 장군이 되었다. 신라 말, 진성여왕 이후에 지방의 여러 곳이 중앙에 반발하며 독자적인 길을 걸으면서 신라는 멸망의 길로 내달리기 시작하였다. 어지러운 시기에 백성들은 자신들을 보호해줄 지역세력에 의탁하였다. 지역세력은 해당 지역에서 성을 중심으로 웅거하였다. 이러한 지역세력들이 이 시기 사료에 성주 또는 장군으로 등장하고 있었다. 공직도 바로 그런 부류 중 하나였다. 매곡성의 성주이자 장군이 공직이었다. 그는 어려서부터 용감하고 지략이 있었다고 하니 아마도 문(文)보다는 무적(武的) 능력이 뛰어났던 모양이다.[38]

공직은 신라의 백성으로 태어나 매곡성을 중심으로 자립하다가 바야흐로 난리가 나서 드디어 백제, 즉 후백제를 섬기게 되어 견훤의 심복이 되었다. 여기서 난리가 무엇인지 알아보자. 세 가지 가능성이 있다. 먼저 두루뭉술하게 신라 말의 혼탁한 시기를 말하는 것이다. 다음은 918년 6월에 있었던 왕건이 궁예를 몰아내고 즉위한 사건일 수 있다. 세 번째 가능성은 공직의 이름이 거론되는 임춘길의 모반사건이다. 사료 Ⅳ나)의 내용은 시간의 흐름에 따라 간단히 중요부분을 설명하면서 전개되고 있다. 맨 먼저 공직의 태어난 고향을 언급하고 어릴 적 내용이 나온다. 다음은 공직이 신라 말에 매곡성의 장군이 되었다고 하였다. 그리고 바야흐로 난리가 났다는 것이다. 따라서 공직이 장군이 되고 난 다음에 난리가 났다고 봐야 할 것이다. 그렇다면 그 난리는 명료해진다. 왕건이 즉위한 초창기에 모반사건이 몇

38) 한편 공직의 태어난 해는 알 수 없지만 그는 고려가 통일을 완수하는 것을 보고서 태조 22년(939)에 생을 마감하였다(『고려사』 권2, 세가2, 태조2, 22년 3월).

개가 발생하였다. 그 중에 임춘길(林春吉)이 관련된 사건이 있었다.

Ⅳ 다) 또 순군리 임춘길이란 자는 청주(靑州, 淸州, 충북 청주) 사람인데, 청주 사람 배총규, 계천 사람 강길·아차, 매곡 사람 경종(景琮)과 함께 반역을 음모하고 청주로 도망쳐 돌아가려 했는데 복지겸이 알아버렸다. 태조가 사람을 시켜 체포하여 신문하니 모두 다 복죄하였다. 모두 금고(禁錮)하도록 영을 내렸으나 오직 배총규만은 음모가 누설되었음을 알고 도망갔다. 이에 그 일당을 전부 죽이고자 했으나 청주 사람 현률이 아뢰기를, "경종의 누이가 바로 매곡성(昧谷城) 성주 공직의 처입니다. 그 성은 대단히 견고해서 함락시키기 곤란하고 또 적 경계에 인접되어 있으므로 만약 경종을 죽이면 공직이 반드시 배반할 것이니 용서해서 회유하는 것보다 못하나이다" 하였다. 태조가 이를 좇으려 하였으나 마군대장군 염상(廉湘)이 나아와서 아뢰기를, "신이 들으니 경종이 일찍이 마군 기달에게 말하기를, '누이의 어린 아들이 지금 서울에 있는데 그들이 서로 떨어져 있는 것을 생각하면 불쌍한 마음이 견디지 못하겠고 게다가 시국을 보니 어지러워서 반드시 모여 살 수 있을 것 같지도 않으니 기회를 엿보다가 그 애를 데리고 도망쳐 돌아가야 하겠다'라고 하였으니 경종이 지금 모반함에 과연 증험(證驗)했나이다" 하였다. 태조가 크게 깨닫고 그를 죽이게 하였다.[39]

---

39) 『고려사』 권127, 열전40, 반역1, 환선길 부(附) 임춘길, "又徇軍吏林春吉者靑州人 與州人裴悤規 季川人康吉 阿次 昧谷人景琮 謀反欲逃歸靑州 智謙以聞 太祖使人執訊之 皆服 並令禁錮 唯悤規知謀洩乃逃 於是欲盡誅其黨 靑州人玄律奏 景琮姊乃昧谷城主龔直妻也 其城甚固難以攻拔 且隣賊境 若或誅琮 龔直必反 不如宥以懷之 太祖欲從之 馬軍大將軍廉湘進曰 臣聞景琮嘗語馬軍萁達曰 姊之幼子今在京師 思

이상은 태조 즉위년(918) 9월에 일어난 임춘길의 모반[40]과 관련된 내용이다. 이 모반에 매곡사람 경종이 포함되어서 태조가 그를 죽이고자 하였다. 그러자 매곡의 북쪽에 있는 청주사람 현률이 태조에게 경종은 매곡성 성주인 공직의 처남이므로 공직의 반발을 우려해 회유하자고 건의하였다. 하지만 마군대장군 염상은 경종을 살려두면 서울[경사(京師)]에 있는 공직의 어린 아들[유자(幼子)]을 데리고 도망갈 가능성을 태조에게 말하였다. 결국 태조는 경종을 죽이게 하였다. 이때 공직의 어린 아들은 경종과 같이 처형당했을 터이다.

그런데 사료 Ⅳ다)에 나오는 서울을 철원(강원도 철원)으로 보는 견해[41]와 완산(전북 전주)으로 보는 견해[42]가 있다. 태조 왕건이 즉위한 918년까지는 아직 수도가 철원이었다. 임춘길의 모반사건에 연루된 경종은 사건 당시 철원에 있었다. 따라서 공직의 어린 아들이 질자(質子)로 와있던 서울은 철원이라고 보는 것이 자연스럽다. 철원에 있는 경종이 완산에 가서 조카를 데리고 도망쳐 돌아가겠다고 할 수는 없는 것이다.

신라 말의 어지러운 시기에 공직은 매곡성을 중심으로 자립하였다. 그는 성주 또는 장군을 자칭하였다.[43] 그러나 점차 견훤과 궁예 같은

其離散 不堪傷情 况觀時事 亂靡有定會當 伺隙與之逃歸 琮謀今果驗矣 太祖大悟便令誅之".

40) 『고려사』 권1, 세가1, 태조1, 원년 9월.

41) 김갑동, 『羅末麗初의 豪族과 社會變動 硏究』, 고려대학교 대학원 박사학위논문, 1989/『羅末麗初의 豪族과 社會變動 硏究』, 고려대학교 민족문화연구소, 1990, 32~33쪽.

42) 신호철, 「新羅末·高麗初 昧谷城(懷仁)將軍 龔直－지방호족 존재양태의 일단－」 『湖西文化硏究』 10, 충북대 호서문화연구소, 1992, 18쪽.

43) 신호철, 위의 「新羅末·高麗初 昧谷城(懷仁)將軍 龔直－지방호족 존재양태의 일단－」, 1992, 14~15쪽.

좀 더 큰 세력들이 나라를 세우며 확장해오자 상대적으로 약한 지역세력은 그 입지가 줄어들었다. 특히 공직은 양국의 접경지역에 웅거하고 있었던 까닭에 어느 한쪽을 선택해야만 하였다. 그는 궁예 쪽을 선택하였다. 그러다가 왕건이 즉위하자 이에 반발한 모반 사건이 여럿 발생하였음은 잘 알려진 사실이다. 모반을 일으킨 자 중에서 임춘길이 있었는데, 여기에 공직의 처남 경종이 동조하였던 것이다.

그러므로 사료 Ⅳ나)에서 말하는 난리는 왕건의 즉위 직후에 발생한 경종이 연관된 모반 사건이라고 판단된다. 공직은 경종이 모반에 연루되기 전까지는 왕건과 표면상 우호적이었을 것이다. 그의 어린 아들이 철원에 있었으므로 적어도 표면상 우호적이었을 것이라는 추정은 가능한 상황이다. 하지만 일족의 죽음은 더 이상 그로 하여금 왕건과 가까이 할 수 없게 만들었다. 또한 모반의 화가 공직에게까지 미칠 가능성이 높은 상태에서 그는 자신의 생존과 왕건에 대한 복수심으로 인하여 주군(主君)을 견훤으로 바꾸었다.

이렇게 해서 공직은 견훤의 심복으로 변신하였다. 그는 견훤에게 충성의 징표로서 큰아들 직달(直達)·작은아들 금서(金舒) 및 딸 하나를 완산에 질자(質子)로 두었다.[44] 하지만 태조 13년(930)에 정세가 급변하였다. 태조 12년 12월부터 13년 정월까지 고려와 후백제가 고창군(경북 안동)에서 격돌하였다.[45] 그동안 수세적 입장에 처했던 왕건이 고창군전투에서 대승을 거두었다. 이로써 경상지역에서 고려군이 확실한 우세를 확보하게 되었다. 또한 고려군의 형세가 점차 중부이남에까지 미치고 있었다.[46]

---

44) 『고려사』 권92, 열전5, 공직.

45) 『고려사』 권1, 세가1, 태조1, 12년 12월·13년 정월.

양국의 접경지역에 있었던 공직은 큰 고민에 빠졌을 터이다. 선택의 기로에 섰던 그는 다시 주군을 바꾸고 만다. 결국 태조 15년(932) 6월, 그는 왕건에게 귀부하였다.[47] 왕건은 그를 후대하였다. 왕건은 공직을 대상(大相)으로 임명하고, 백성군을 녹(祿)으로 주고, 구마(廐馬, 궁중 마구간 말) 3필과 채백(彩帛)을 주었다. 아울러 그의 아들 함서(咸舒)를 좌윤(佐尹)으로 임명하고, 귀척(貴戚)인 정조(正朝) 준행(俊行)의 딸과 또 다른 아들 영서(英舒)를 혼인시켰다. 그러나 공직은 견훤으로부터 보복을 당하였다. 화가 난 견훤은 완산에 질자로 와있던 공직의 자녀를 죽이거나 불구로 만들어 버렸다.[48] 견훤의 입장에서는 당연한 조처였다.

왕건의 입장에서는 공직을 다시 받아들일 이유가 있었다. 그것은 바로 매곡성의 전략적 가치가 너무나 컸기 때문이다. 일모산성, 매곡성, 삼년산성 이렇게 세 성의 후백제 방어선을 고려는 뚫지 못하고 있었다. 그런 상태에서 공직이 귀부해 왔으니 왕건은 당연히 환영하였다. 왕건은 공직이 비록 즉위 초의 모반 사건에 그의 처남이 연루되고 또한 배반하여 후백제로 돌아섰지만 거기에 연연하지 않았다.

공직의 매곡성은 일모산성과 가까운 곳이었다. 매곡성은 그 지정학적 특성상 십 수 년을 이웃 일모산성과 함께 후백제의 최북단 전력을 담당하고 있었다. 따라서 공직은 왕건이 취하고자 했던 일모산성의 내부 사정에 밝았을 것이기 때문에 더욱 환영을 받았으리라 생각된다.

---

46) 신호철, 앞의 「新羅末·高麗初 昧谷城(懷仁)將軍 龔直－지방호족 존재양태의 일단－」, 1992, 21~22쪽 참고.

47) 『고려사』 권2, 세가2, 태조2, 15년 6월.

48) 『고려사』 권92, 열전5, 공직.

일모산성의 '전력·성곽의 취약부분·군량미 수급문제·군사적 교통로·대 고려 방어망·후백제 지원군과의 연결문제' 등등이 추정 가능한 공직이 왕건에게 가지고 갔을 고급정보였을 터이다. 더구나 공직은 일모산성을 공격하자고 왕건에게 청원까지 하였다.[49]

그리고 공직은 그 자신이 웅거하고 있었던 매곡성이 양국의 접경 지역이었기 때문에 변심하는 것이 쉬웠던 측면도 있었다. 만약 고려 영역의 한 가운데에 있었거나 후백제 영역의 한 가운데 있었더라면 주군을 바꾸는 일은 쉽지 않았다. 공직은 자신의 생존을 위해 매곡성의 지정학적 위치를 최대한 이용하였다. 공직의 향배를 이해하기 쉽게 〈표 Ⅳ-1〉로 제시해 보았다.

〈표 Ⅳ-1〉 공직의 향배

시기	공직의 소속 국가	전거
어느 때~918년 9월	태봉, 고려	『고려사』 권1, 세가1, 태조1, 원년 9월 ; 같은 책, 권127, 열전40, 반역1, 환선길 부 임춘길 ; 같은 책, 권92, 열전5, 공직.
918년 9월~932년 6월	후백제	『고려사』 권1, 세가1, 태조1, 원년 9월 ; 같은 책, 권127, 열전40, 반역1, 환선길 부 임춘길 ; 같은 책, 권92, 열전5, 공직 ; 같은 책, 권2, 세가2, 태조2, 15년 6월.
932년 6월~939년 3월 (공직 사망)	고려	『고려사』 권2, 세가2, 태조2, 15년 6월·22년 3월 ; 같은 책, 권92, 열전5, 공직.

결국 공직의 귀부로 인하여 왕건은 일모산성을 공략하는 데 성공하였다. 이에 대한 설명은 다음에서 살펴보자.

49) 위와 같음.

4. 일모산성전투의 전개과정

통일전쟁기 충청지역은 고려와 후백제의 접경 지역이었다. 이 지역에서 양국은 서로 유리한 고지를 점령하고자 격돌하였다. 공직이 후백제 견훤의 심복이 된 918년 9월부터 다시 마음을 바꾸어 태조 왕건의 품으로 들어온 932년 6월까지 양국의 현 충북지역에 해당하는 곳의 접경선은 비교적 뚜렷하였다. 후백제 견훤은 자신의 영역인 일모산성과 매곡성 그리고 삼년산성을 횡으로 연결하여 마치 철옹성처럼 방어선을 구축하고 있었다. 견훤의 이 선은 때에 따라서 대고려 공격선이기도 하였다.

이에 왕건은 전략적 가치가 높은 이 선을 뚫고자 노력하였으나 뜻대로 되지 않았다. 이 지역의 지형도 후백제에게 유리하였다. 청주를 영역으로 삼고 있었던 고려가 남으로 내려오려면 꼬불꼬불한 피반령을 내려와야 했다. 왕건이 즉위했을 당시에 모두 6차례의 모반 사건이 터졌다. 그 모반 사건 대부분이 청주와 직간접으로 연관되었다. 이를 잘 수습한 왕건은 청주를 자신의 영역으로 확고하게 다져놓았다.[50] 그 다음 왕건의 고려군은 남으로 내려오고자 하였다. 특히 일모산성을 공략하려고 힘을 쏟았는데 기록상 세 차례 시도가 있었다.

태조 8년(925) 10월에 정서대장군(征西大將軍) 유금필(庾黔弼)을 보내어 후백제의 연산진(燕山鎭)을 쳐서 장군(將軍) 길환(吉奐)을 죽였다.[51] 연산진·연산군·일모산성은 같은 곳이었다. 이 연산진에서 유금

50) 왕건의 즉위 초 모반에 대해서는, 김명진, 「고려 태조 왕건의 아산만 일대 공략과정 검토」 『지역과 역사』 30, 부경역사연구소, 2012, 7~11쪽 참고.

51) 『고려사절요』 권1, 태조신성대왕, 을유 8년 10월.

필이 장군 길환을 죽였다고 했는데, 태조 11년(928) 정월에 왕건이 견훤에게 보낸 편지글에 "연산군 경계에서 길환을 군전(軍前)에서 참(斬)하였다"라는 내용이 보인다.[52] 이는 연산진, 즉 일모산성의 성주로 생각되는 장군 길환을 진영 앞에서 목 베었다고 읽혀진다. 따라서 유금필은 일모산성을 함락시키지는 못하고 길환을 죽이는 성과만 올렸던 것이다. 925년의 연산진전투는 곧 제1차 일모산성전투라 하겠다.

그런데 유금필이 길환을 죽였는데도 일모산성을 함락시키지 못한 이유가 있었다. 그 큰 이유는 일모산성 동쪽 가까이 있는 매곡산성의 성주 공직의 존재 때문이었다. 또한 고려군은 삼년산성도 의식할 수밖에 없었다. 즉 매곡산성과 삼년산성 쪽에서 후백제의 구원군이 올 수 있는 상황이었다. 그리고 비록 길환은 죽었지만 길환의 가족 및 길환과 후백제를 추종하는 군사들이 일모산성 안에 여전히 버티고 있었을 것이다. 여기에 일모산성의 험한 지형도 한 이유가 되었을 터이다.

이때 유금필은 많은 수의 기병을 데리고 갔을 것이다. 그는 이 전투가 끝나고 바로 같은 달에 임존군(충남 예산)을 공격하여 3천여 명을 죽이거나 사로잡았다. 또한 그는 역시 같은 달에 조물군(경북 내륙의 어느 곳)에서도 활약을 하였다.[53] 10월 한 달 동안에 세 군데서 전투를 치른, 빠른 기동력과 임존군에서의 전과로 보아 유금필은 많은 수의 기병을 인솔했다고 판단된다. 그럼에도 불구하고 일모산성 공략은 지형적으로도 어려운 상황이었다. 현지답사를 해보니 양성산

52) 『고려사절요』 권1, 태조신성대왕, 무자 11년 정월, "燕山郡畔 斬吉奐於軍前".
53) 『고려사절요』 권1, 태조신성대왕, 을유 8년 10월.

은 높지는 않지만 산 아래에서 일모산성에 이르기까지 경사가 급해 기병이 직접 손을 쓸 수가 없고, 반드시 말에서 내려 걸어서 성 아래까지 가야만 되는 지형이었다.[54] 유금필은 후백제의 구원군이 오기 전에 일모산성을 짧은 시간 내에 공략해야만 했다. 그런데 일모산성 내에 잔존세력이 아직 버티고 있고 그 지형 또한 험해서 길환을 죽이는 데에만 만족하고 물러났던 것이다.

그 후 태조 10년(927) 9월에 왕건은 공산동수전투(대구 팔공산)에서 견훤에게 대패하였다.[55] 고려는 경상지역에서 큰 손실을 입었다. 일 년 후인 태조 11년(928) 7월에도 왕건이 직접 출전하여 삼년산성을 공격하였으나 이기지 못하고 청주로 갔다. 그러자 후백제의 장군 김훤(金萱)·애식(哀式)·한장(漢丈) 등이 3천여 명의 군사들을 이끌고 청주를 공격하였다. 이때 다행히 유금필이 탕정군(충남 아산)에서 구원하러왔다. 유금필이 후백제군과 싸워서 이를 패배시키고 추격하여 독기진(禿岐鎭)에 이르러 죽이고 사로잡은 것이 3백여 명이었다.[56] 이 내용은 후백제의 손실이 훨씬 큰 것처럼 되어있으나 결과적으로 고려의 삼년산성 공격은 실패하였다. 삼년산성을 비롯한 횡적인 후백제의 군전력선은 후백제의 방어선이자 공격선이었다. 이처럼 삼년산성은 군사적 기능이 뛰어난 난공불락의 성이었다.

왕건은 일모산성·매곡성·삼년산성의 방어선을 뚫지 못하고 있었다. 그런데 태조 13년(930)에 반전의 기회가 왕건에게 찾아왔다. 고창

---

54) 2012년 2월 10일 답사.

55) 『고려사』 권1, 세가1, 태조1, 10년 9월.

56) 『고려사절요』 권1, 태조신성대왕, 무자 11년 7월 ; 『고려사』 권92, 열전5, 유금필.

군전투(경북 안동)에서 왕건이 대승을 거두었던 것이다. 이 전투의 승리로 경상지역에서 고려는 후백제에 비해 확실한 우위를 점하게 되었다. 이제 왕건은 충청지역에서도 우위를 차지하고자 하였다. 태조 13년(930) 8월에 충청지역의 새로운 군사적 거점인 천안부(충남 천안)를 설치하면서 준비를 다져갔다.[57)]

그러자 태조 15년(932) 6월에 공직은 전체 판세의 흐름을 읽고서 왕건에게 귀부하였다. 그런데 공직은 일모산성과 삼년산성을 함께 아울러 고려로 귀부하지는 못하였다. 이는 이 두 지역이 공직의 힘에 휘둘리기 보다는 견훤에 의해 장악되었기 때문이다. 또한 두 지역은 역학관계상 매곡산성과 대등하거나 아니면 우위에 있었기 때문에 공직과 행동을 같이 안했을 수도 있었다. 특히 일모산성은 제1차 일모산성전투 시에 성주 길환의 죽음으로 인한 원한이 깊었기에 공직과 함께 할 수 없었을 터이다.

고려는 공직의 귀부로 인하여 일모산성과 삼년산성의 중간 요충지를 확보하게 되었다. 후백제의 대 고려 방어선이자 공격선의 한 가운데가 잘리게 된 형상이었다. 공직은 왕건에게 귀부하고서 후백제의 일모산성이 매곡성을 침범하고 약탈하니, 일모산성을 공격해 달라고 청원하였다.[58)] 이는 왕건이 원하던 바였다. 공직은 자신의 변신으로 인하여 후백제로부터 보복을 받는 상황이기도 했지만 왕건의 의중도 정확히 꿰뚫고 있었다. 마침내 공직의 귀부에 힘을 얻은 왕건은 한 달 후인 932년 7월에 제2차 일모산성전투를 벌였다. 왕건이 직접 나서서 일모산성을 정벌하였다.[59)] 하지만 성공하지 못했던 것 같다.

---

57) 『고려사』 권1, 세가1, 태조1, 13년 정월·8월.
58) 『고려사』 권92, 열전5, 공직.

그런데 같은 해인 『고려사절요』 태조 15년조 글꼬리에 다시 일모산성을 공격하여 이를 격파하였다는 기록이 보인다.[60] 이것이 3번째 일모산성전투였다.

시간적으로 봤을 때 제3차 일모산성전투는 932년 8월부터 12월 사이에 발생하였다. 그 와중에 왕건의 신임을 받았던 최응(崔凝)이 사망하였다. 최응이 사망했을 때 왕건은 연산군에 있었다.[61] 그런데 그때가 11월이었다.[62] 따라서 제3차 일모산성전투는 11월 즈음에 일어났으며 왕건이 직접 수행하였을 터이다. 당시 일모산성의 성주가 누구였는지는 정확한 기록이 보이지 않는다. 1차 전투에서 성주로 추정되는 장군 길환이 사망하였다. 2·3차 전투 당시에 일모산성 성주는 앞에서 서술한 928년 전투에 참여했던 후백제의 장군 김훤·애식·한장 중에서 한 명이 아닐까 한다. 일모산성 성주가 일모산성전투의 후백제군 지휘관이었을 것이다.

그렇다면 2·3차 일모산성전투는 어떠한 모습으로 전개되었을까 궁금하다. 비록 전투의 자세한 모습이 기록에 남아 있지는 않지만 추론 가능한 상황은 설정해 볼 수 있다. 전투에 앞서 왕건은 공직에게서 일모산성의 최근 제반사항을 보고 받았을 것이다. 먼저 청주쪽에서 출발한 왕건의 고려군은 일모산성의 북쪽을 담당하였을 것이다. 매곡산성의 공직이 고려로 귀부하였기 때문에 청주와 매곡성 사이에 있는 험준한 피반령은 장애가 되지 않았다. 따라서 피반령을 통해서

---

59) 『고려사』 권2, 세가2, 태조2, 15년 7월.
60) 『고려사절요』 권1, 태조신성대왕, 임진 15년, "是歲 復攻一牟山城 破之".
61) 『고려사』 권92, 열전5, 최응.
62) 『고려사절요』 권1, 태조신성대왕, 임진 15년 11월.

고려군과 공직의 매곡성은 서로 긴밀히 연락이 닿을 수 있었다. 공직은 매곡성의 위치 때문에 자연스럽게 일모산성의 동쪽을 맡았으리라 여겨진다. 또한 매곡성은 일모산성과 삼년산성의 중간에 있는 성이기 때문에 삼년산성의 후백제군이 함부로 구원군을 보내지 못하는 상황이었다.

일모산성의 서쪽은 지리적 정세로 보아 천안부(충남 천안) 또는 탕정군(충남 아산)의 고려군이 공격하였을 가능성이 높다. 이는 앞에서 기술했듯이 928년에 유금필의 군대가 탕정군에서 청주로 구원하러 왔었고, 930년에 천안부가 설치되었으므로 그리 추정된다. 이제 남아 있는 방향은 남쪽뿐이었다. 남쪽은 현재 대청호 수몰지역이지만 당시에는 금강의 상류에 해당된다. 따라서 후백제의 지원군이 오는 데 장애가 되었을 것이고, 서쪽의 고려군과 동쪽의 공직이 남쪽에서 연결되었을 가능성도 높았으리라 짐작된다.

아무튼 932년 7월의 2차 전투는 왕건이 직접 참여했음에도 불구하고 고려군은 실패하였다. 일모산성은 그만큼 견고했으며 성주의 방어능력도 뛰어났었다. 고려군은 2차 전투에서 실패했지만 포위망은 풀지 않았을 것이다. 2차와 3차, 두 전투 사이의 기간이 매우 짧기 때문에 포위망을 풀지 않았을 것이라는 추정은 허락된다 하겠다. 왕건은 겨울인 11월 즈음에 다시 일모산성을 공격하였다. 7월 이후에도 포위망을 풀지 않았기 때문에 고려군의 연이은 공격이 가능했으리라 생각된다. 일모산성은 지원군이 오지 못하는 상황에서 식량이 고갈되고 추위까지 겹치면서 결국 함락되고 말았다.

이처럼 일모산성을 두고 고려군과 후백제군은 모두 3차례 전투를 치렀다. 결국 제3차 일모산성전투를 치르고 난 다음에 일모산성은 왕건의 수중에 들어왔다. 왕건은 공직의 귀부로 인하여 매곡성을 고려에 복속시키게 되었고, 그 서쪽에 있는 일모산성은 무력을 사용하여 함락시켰다. 여기에 공직이 큰 힘을 발휘했던 것이다. 3차례 전투에서 처음은 유금필을 시켰으나 여의치 않자 다음 두 차례는 왕건 자신이 직접 수행하였다. 이는 통일전쟁기에 매우 드문 경우였다. 그만큼 일모산성이 중요했던 증거가 된다. 이러한 3차례 전투를 알기 쉽게 표로 정리해 보았다.

〈표 IV-2〉 일모산성전투의 시기별 분류

전투 명칭	시기	고려군 지휘관	후백제군 지휘관	결과	전거
제1차 일모산성전투 (연산진전투)	태조 8년(925) 10월	유금필	길환	유금필이 연산군 경계에서 길환을 군전(軍前)에서 참(斬)하였다. 그러나 산성을 함락시키지는 못함.	『고려사절요』 권1, 태조신성대왕, 을유 8년 10월·무자 11년 정월 ;『고려사』 권92, 열전5, 유금필.
제2차 일모산성전투	태조 15년(932) 7월	왕건	장군 김훤·애식·한장 중에서 한 명일 것으로 추정	왕건이 직접 일모산성을 공격하였으나 실패	『고려사』 권2, 세가2, 태조2, 15년 7월 ; 같은 책, 권92, 열전5, 유금필.
제3차 일모산성전투	태조 15년(932) 11월 즈음	왕건	장군 김훤·애식·한장 중에서 한 명일 것으로 추정	왕건이 직접 일모산성을 공격하여 성공	『고려사절요』 권1, 태조신성대왕, 임진 15년 11월·글꼬리 ;『고려사』 권92, 열전5, 유금필·최응.

다음은 일모산성전투를 전후하여 전투 현장 일대의 고려와 후백제의 접경선 변화에 대해서 약도를 그려보았다.

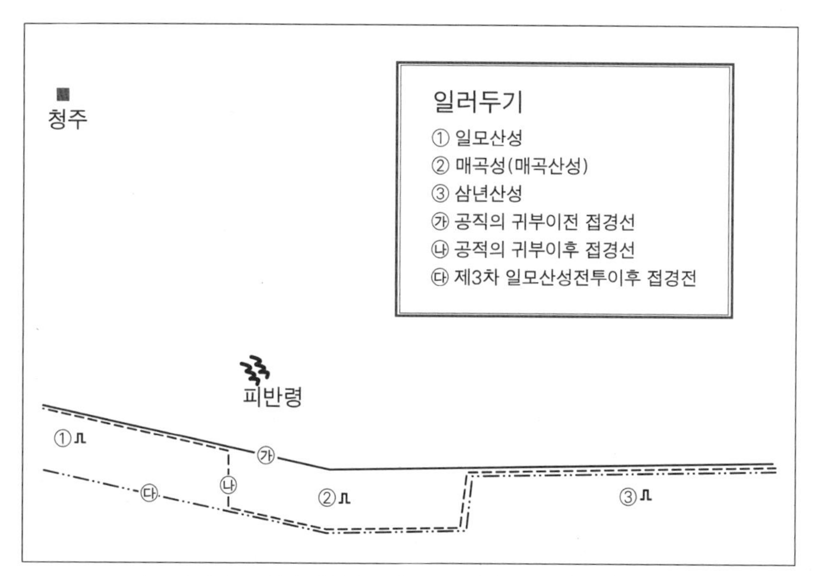

〈도 Ⅳ-1〉 일모산성(양성산성) 일대의 고려와 후백제의 접경선 변화

〈도 Ⅳ-1〉에 의하면, 먼저 북쪽의 청주는 고려군의 중심영역이었다. 위도상 피반령 아래에 있는 3개의 성은 서쪽부터 ① 일모산성, ② 매곡성(매곡산성), ③ 삼년산성이 횡으로 이어져 있는 모습이다. 이 3개 성은 공직이 고려로 귀부하기 전인 932년 6월 이전에 모두 후백제의 영역이었으며, 고려와 후백제의 접경선은 ㉮선처럼 형성되었다. 그러나 공직이 귀부한 932년 6월 이후부터 대략 그해 11월 즈음까지는 ② 매곡성이 마치 ①·③의 성 사이를 잘라낸 듯한 형상을 하고 있다. 이때의 양측 접경선은 ㉯선이다. ㉯선이 형성되고 나서 1달 후인 932년 7월에 제2차 일모산성전투가 벌어졌으나 왕건은 실패하였다. 연이어 같은 해 겨울인 11월 즈음에 제3차 일모산성전투가 벌어졌다. 결과는 왕건의 승리였으며 ㉰선이 형성되었다. 마치 고려가 후백제 영역을 향해 쐐기를 박은 듯이 유리한 형상을 하게 되었다.[63]

지금까지 살펴본 바에 의하면, 왕건이 일모산성에 대해 집착한 이유를 짐작할 수 있다. 첫째, 지리적으로는 일모산성을 취하게 되면 금강을 따라서 공주까지 영향을 줄 수 있었다. 둘째, 일모산성을 취하게 되면 후백제의 군전력선을 절단하는 효과가 있었다. 물론 이러한 효과는 매곡성과 삼년산성도 해당된다. 세 번째 이유는 삼년산성 대신에 일모산성을 택한 것이 아닌가한다. 삼년산성은 더 견고하여 상대적으로 다른 성들에 비해 공략하기 어려운 성이었다. 928년 삼년산성전투에서 왕건이 실패한 것은 그 좋은 예라 하겠다.

이제 매곡성의 동쪽에 있는 삼년산성이 문제였다. 이 난공불락의 삼년산성 공격에 실패했던 왕건은 더 이상 무리수를 두지 않았다. 대신 고립화 작전을 구사했다고 추정된다. 왕건은 삼년산성을 동편에 잡아놓고 대신 운주(충남 홍성)를 치고자 하였다. 이러한 판단을 하는 것은 일모산성이 고려의 수중으로 넘어 온 뒤로 충청지역에서 후백제군의 움직임이 보이지 않기 때문이다. 후백제 입장에서는 잘못 움직이면 삼년산성도 고려에 넘어갈 수 있었기 때문에 현상을 유지하며 숨을 고를 여유가 필요하였다. 왕건은 이러한 후백제의 상황을 읽고 있었다. 충청지역에서 후백제가 숨죽이고 있을 때 왕건의 다음 수순이 펼쳐졌다.

마침내 왕건은 일모산성을 함락시키고 2년이 지난 934년(태조 17) 9월의 운주전투에서도 대승을 거두었다. 운주전투의 승리 후에 웅진이북(熊津以北, 충남 공주이북)의 30여 성이 왕건에게 스스로 항복해

---

63) 당시 ㉯선과 ㉰선의 남쪽 하한을 정확히 헤아리기는 어렵지만 그리 먼 거리는 아닐 것이다. 고려가 일모산성을 함락한 후에 바로 이어서 그 남쪽의 성들이 고려에 투항했다는 기록이 없기 때문이다.

왔다.[64] 견훤은 고창군전투에서 패하여 경상지역에서 힘을 상실하였으며, 운주전투에서 패하여 충청지역에서도 힘을 상실하고 말았다. 왕건에게 있어서 강력한 삼년산성을 고립시키고 후백제를 향해 고려의 군전력선을 전진시키게 만든 전투가 일모산성전투였다. 이어서 운주전투에서도 승리한 고려는 충청지역에서 후백제에 비해 절대 우위에 서게 되었다. 운주전투의 승리가 가능하도록 큰 밑받침이 된 전투가 바로 일모산성전투였다. 여기에 공직의 역할이 결정적이었다.

5. 맺음글

고려 통일전쟁기에 세 차례나 전투가 벌어질 정도로 태조 왕건과 특별한 인연이 있었던 일모산성은 현 충북 청주시 상당구 문의면에 있는 양성산성이다. 이 성은 일대를 관장할 수 있는 전략적 요충지였다. 각 자료에 보이는 일모산성, 일모산군, 연산군, 연산진, 양성, 양성산성, 문의현은 같은 곳이었다. 일모산성은 고려와 후백제의 접경지역에 있었는데 전쟁 초반부터 후백제의 영역이었다.

일모산성의 동쪽에 있는 매곡성(매곡산성)은 현 충북 보은군 회인면에 있다. 신라 말에 매곡성은 공직(龔直)이 성주·장군을 자칭하며 자립하고 있었다. 그러다가 공직은 궁예에게 복속되었다. 그 후 그는 918년 6월에 왕건이 즉위하자 잠깐은 우호적인 관계였다. 그러나 918년 9월에 공직의 처남 경종이 모반 사건에 연루되면서 왕건과의

64) 『고려사』 권2, 세가2, 태조2, 17년 9월.

사이가 빗나가게 되었다. 결국 공직은 경종과 자신의 어린 아들이 처형당하자 고려를 배반하고 견훤에게 귀부하고 말았다.

후백제 견훤은 충청내륙에서 일모산성, 매곡성, 삼년산성을 횡으로 연결하여 강력한 군전력선을 가지고 있었다. 이 선은 후백제의 대고려 방어선이자 공격선이었다. 왕건은 이 선을 뚫고자 노력하였다. 그 첫 목표는 일모산성이었다. 925년 10월의 제1차 일모산성전투(연산진전투)는 유금필이 수행하였다. 그러나 결과는 일모산성을 함락시키지는 못하고 성주 길환을 죽이는 성과만 올렸다. 928년에는 왕건이 직접 현 충북 보은군 보은읍에 있는 삼년산성을 공격하였으나 실패하였다. 삼년산성은 난공불락의 성이었다.

그러다가 왕건의 고려군이 930년 1월에 고창군전투(경북 안동)에서 승리를 하면서 기선을 잡게 되었다. 같은 해 8월에 새로운 군사적 거점인 천안부(충남 천안)를 설치하면서 후백제를 압박하였다. 이에 위기를 느낀 공직이 이번에는 견훤을 배반하고 왕건에게 귀부하였다. 이때가 932년 6월이었다. 공직의 귀부로 인하여 매곡성이 고려의 수중에 들어오자, 왕건은 다시 일모산성을 공격하였다. 그는 932년 7월에 제2차 일모산성전투를 결행했으나 함락시키지 못하였다. 왕건은 같은 해 11월 즈음에 제3차 일모산성전투를 결행하여 결국 성공하였다. 한 개의 성을 3차례 공격한 것은 고려 통일전쟁기에 매우 드문 경우였다. 거기에 2차와 3차 전투는 왕건이 직접 정벌하였다. 그만큼 일모산성은 중요한 곳이었다. 왕건은 이러한 승리를 발판삼아 934년 9월에 운주전투(충남 홍성)를 벌이어 이 역시 성공하였다.

왕건에게 있어서 강력한 삼년산성을 고립시키고 후백제를 향해 고려의 군전력선을 전진시키게 만든 전투가 일모산성전투였다. 이어서 운주전투에서 승리한 고려는 충청지역에서 후백제에 비해 절대 우위에 서게 되었다. 운주전투의 승리가 가능하도록 큰 밑받침이 된 전투가 바로 일모산성전투였다. 여기에 공직의 역할이 결정적이었다.

V. 공산동수전투와 신숭겸의 역할

1. 머리글

고려 태조 왕건(高麗 太祖 王建)은 대구 일대에 통일전쟁의 의미있는 흔적을 남겼다. 927년 9월, 후백제(後百濟) 국왕 견훤(甄萱)은 신라도성인 금성(金城, 경주)을 기습하였다. 신라는 사실상 멸망이나 다름없는 아수라장으로 변하였다.[1] 의(義)를 명분으로 내세운 왕건은 신라를 구원하러 급히 달려왔다. 마침내 고려군은 후백제군과 대구 공산 동수(公山 桐藪, 팔공산 동화사 일대)에서 격돌하였다. 결과는 왕건의 대패였다. 하지만 그는 극적으로 살아남았다. 이 전투가 공산 동수전투이다.

왕건은 918년 6월에 고려를 건국하고 즉위하였다.[2] 이후에 그 국세(國勢)가 상승세를 탔다. 그러다가 그 세가 일시 하강하게 되었다. 927년 9월의 공산동수전투 패배 때문이었다. 고려 통일전쟁의 주요한

---

1) 『고려사』 권1, 세가1, 태조1, 10년 9월.
2) 『고려사』 권1, 세가1, 태조1, 원년 하6월 병진.

전투는 왕건이 즉위 전에 수행한 덕진포전투(전남 영암)와 즉위 후에 수행한 공산동수전투, 고창군전투(경북 안동), 운주전투(충남 홍성), 일리천전투(경북 구미) 등을 열거할 수 있다. 이는 고려와 후백제 사이의 다툼이었다. 이 중에서 왕건이 처참하게 패배한 유일한 전투가 공산동수전투였다. 그만큼 이 전투는 통일전쟁에서 큰 의미 부여가 가능한 사건이었다.

통일고려(統一高麗)의 탄생은 전쟁의 결과물이었다. 따라서 그동안 이를 중시하여 개별전투에 대한 연구가 활발하였다. 이에 대해서 여러 연구자들에게 관심을 받은 선행연구 주제는 덕진포전투[3]·조물군전투[4]·공산동수전투(신숭겸)[5]·고창군전투[6]·일모산성전투(충북

3) 신성재, 「태봉과 후백제의 덕진포해전」『軍史』 62, 국방부군사편찬연구소, 2007/「태봉과 후백제의 덕진포해전」『후삼국시대 수군활동사』, 혜안, 2016 ; 김명진, 「太祖王建의 나주 공략과 압해도 능창 제압」『島嶼文化』 32, 목포대학교 도서문화연구소, 2008/「나주 서남해지역 공략과 압해도 장악」『고려 태조 왕건의 통일전쟁 연구』, 혜안, 2014.

4) 류영철, 「曹物城싸움을 둘러싼 高麗와 後百濟」『국사관논총』 92, 국사편찬위원회, 2000.

5) 민병하, 「申崇謙과 公山桐藪 戰鬪」『軍史』 29, 국방군사연구소, 1994 ; 류영철, 「공산전투의 재검토」『鄕土文化』 9·10합집, 향토문화연구회, 1995/「公山戰鬪의 배경과 전개과정」『高麗의 後三國 統一過程 硏究』, 경인문화사, 2005 ; 신성재, 「고려와 후백제의 공산전투」『한국중세사연구』 34, 한국중세사학회, 2012. 그런가 하면 공산동수전투와 당시 전사한 신숭겸은 뗄 수 없는 관계이므로 그에 대해 천착한 다음 성과들도 참고된다. 이인재, 「羅末麗初 申崇謙의 生涯와 死後評價」『강원문화사연구』 6, 강원향토문화연구회, 2001 ; 변동명, 「申崇謙의 谷城 城隍神 推仰과 德陽祠 配享」『한국사연구』 126, 한국사연구회, 2004 ; 이학주, 「신숭겸 설화의 영웅적 형상화 연구」『江原民俗學』 20, 강원도민속학회, 2006 ; 이재범, 「申崇謙의 生涯와 死後 追崇」『사림』 44, 수선사학회, 2013.

6) 이형우, 「古昌地方을 둘러싼 麗濟兩國의 각축양상」『嶠南史學』 1, 영남대학교 국사학회, 1985 ; 류영철, 「古昌戰鬪와 後三國의 정세변화」『한국중세사연구』 7, 한국중세사학회, 1999/「古昌戰鬪 전후의 양국관계」『高麗의 後三國

청주시 상당구 문의면)[7]·운주전투[8]·일리천전투[9] 등이었다. 이러한 연구 결과를 토대로 전쟁사(戰爭史) 측면에서 이 시기를 이해하려는 종합적인 결과물들이 생산되었다.[10] 따라서 선행연구 성과에 힘입어 고려 통일전쟁에 대한 설명은 어느 정도 갈증이 해소되었다.

그러나 공산동수전투는 좀 더 밝혀야 될 사안들이 남아 있다. 이 전투는 신라의 멸망과 직접 연관되어 있었다. 또한 이 전투는 왕건의 심복인 신숭겸의 전사(戰死)와 고려군의 대패라는 충격적인 결과를 남긴 대사건이었다. 그러므로 이 주제는 좀 더 천착해야 될 이유가 넘친다 하겠다. 먼저 공산동수전투의 배경을 살펴보는 것이 우선되어야 한다. 이 전투의 직접 원인을 제공한 사건이 견훤의 신라도성 금성공격이었다. 바로 이어서 고려군과 후백제군은 공산 동수로 집결하였다. 이러한 과정은 시간대별로 주목할 필요가 있다. 그리고 이

統一過程 硏究』, 경인문화사, 2005.

7) 김명진,「고려 태조 왕건의 일모산성전투와 공직의 역할」『軍史』 85, 국방부 군사편찬연구소, 2012.

8) 김명진,「고려 태조 왕건의 운주전투와 긍준의 역할」『軍史』 96, 국방부 군사편찬연구소, 2015.

9) 정경현,「高麗 太祖의 一利川 戰役」『韓國史硏究』 68, 한국사연구회, 1990 ; 김갑동,「高麗太祖 王建과 後百濟 神劍의 戰鬪」『滄海朴秉國敎授 停年紀念史學論叢』, 滄海朴秉國敎授停年紀念史學論叢刊行委員會, 1994 ; 류영철,「一利川戰鬪와 後百濟의 敗亡」『大邱史學』 63, 대구사학회, 2001/「一利川戰鬪와 高麗의 통일」『高麗의 後三國 統一過程 硏究』, 경인문화사, 2005 ; 윤용혁,「936년 고려의 통일전쟁과 개태사」『韓國學報』 114, 일지사, 2004 ; 김명진,「太祖王建의 一利川戰鬪와 諸蕃勁騎」『한국중세사연구』 25, 한국중세사학회, 2008/「경상지역 공략과 일리천전투」『고려 태조 왕건의 통일전쟁 연구』, 혜안, 2014 ; 신성재,「일리천전투와 고려태조 왕건의 전략전술」『韓國古代史硏究』 61, 한국고대사학회, 2011.

10) 이 시기 전쟁사를 왕건·궁예·견훤의 입장에서 각각 연구한 박사학위논문 및 저서 소개는 Ⅲ장 주2에 제시하였다.

전투에서 전사한 신숭겸의 역할과 이 전투의 결과도 생각해 보고자 한다.

2. 공산동수전투 전조(前兆)

왕건의 고려군과 견훤의 후백제군은 927년에 공산 동수(대구 팔공산 동화사 일대)에서 격돌하였다.[11] 먼저 이 전투의 원인, 즉 그 배경이 궁금하다. 당시 전쟁의 시기였던 만큼 두 나라의 격돌은 당연한 것이었다. 또한 격돌의 원인은 전쟁의 시기였기 때문이다. 그런데 개별전투의 원인은 나름의 정치 및 지리적 배경이 있다 하겠다. 고려 태조 왕건은 918년 6월에 태봉(泰封) 국왕 궁예(弓裔)를 몰아내고 고려를 건국하였다. 왕건은 즉위 첫 해에 대략 6차례의 모반에 시달렸다. 그는 이를 곧 해결하고 국정을 안정시켰다.[12]

왕건은 후백제와는 적대적인 관계였지만 북쪽의 발해 및 그 유민 그리고 동남쪽의 신라와는 우호적인 정책으로 일관하였다. 적이 여럿이면 불리한 것은 당연한 이치였다. 또한 매사를 전투로만 처리할 수는 없었다. 이전에 궁예는 신라를 멸도(滅都)라 부르게 하며 적대시하였다.[13] 그런데 왕건은 즉위한 918년 6월에 궁예가 만든 새 제도의 상당부분을 신라의 제도로 환원하였다.[14] 2달 후인 8월에는 각 지역세

---

11) 『고려사』 권1, 세가1, 태조1, 10년 9월.

12) 왕건의 즉위 초 모반에 대해서는, 김명진, 「고려 태조 왕건의 아산만 일대 공략과정 검토」 『지역과 역사』 30, 부경역사연구소, 2012, 7~11쪽 참고.

13) 『삼국사기』 권50, 열전10, 궁예, 천우 2년 을축.

14) 『고려사』 권1, 세가1, 태조1, 원년 하6월 무진.

력 및 국가에 대하여 중폐비사(重幣卑辭)와 혜화지의(惠和之義)를 표방하였다.[15]

이는 '선물은 후하게 주고 말은 겸손하게 하라'와 '은혜로서 화합하겠다'라는 것이다. 실제로 왕건은 이를 통일전쟁의 기조로 삼았다. 이 기조는 큰 틀에서 신라에게도 해당되는 것이었다. 왕건의 대 신라 외교는 궁예 때와 정책을 달리하였다. 왕건이 즉위한 직후는 신라 경명왕의 시기였다. 이 시기 양국은 적어도 외견 상 우호적이었다. 경명왕의 속마음은 왕건이 신라에 반란한 우두머리로 자리잡았을 터이다. 하지만 국력이 쇠약해진 신라는 손을 내민 고려와 우호적으로 지내는 것 외에 다른 선택이 없었다. 만약 신라가 왕건과 적대적으로 지낸다면 궁예 시절처럼 그 공격을 받아야 했을 것이다. 또한 신라는 견훤의 공격도 스스로 감당할 수가 없었다.

마침내 경명왕은 920년(태조 3) 정월에 처음으로 고려와 사절을 교환하여 우호를 닦았다.[16] 경명왕이 왕건과 사절을 교환했다함은 고려와 왕건을 정식 국가와 왕으로 인정한 큰 변화였다. 그 해 10월에 견훤이 대량군(경남 합천)·구사군을 함락하고 진례군(경남 김해시 진례면 일대)에 이르렀다. 그러자 경명왕은 김률을 고려에 보내 구원을 청하였다. 이에 왕건은 신라를 구원하고자 군사를 보내니 견훤이 물러났다. 이때부터 고려와 후백제는 본격적으로 불화하게 되었다.[17]

---

15) 『고려사』 권1, 세가1, 태조1, 원년 8월 기유.
16) 『삼국사기』 권12, 신라본기12, 경명왕, 4년 춘정월 ; 『고려사』 권1, 세가1, 태조1, 3년 춘정월.
17) 『고려사』 권1, 세가1, 태조1, 3년 동10월.

왕건은 신라와 우호적인 관계를 이어 갔다. 921년(태조 4) 2월에 말갈 달고적의 군사가 쳐들어와 노략질함에 왕건은 견권을 시켜 등주(강원도 안변)에서 격퇴하였다. 그러자 경명왕은 왕건에게 사신을 보내 감사를 표하였다.[18] 만약 견권이 달고적을 격퇴하지 않았다면 그들은 신라의 영역까지 공격해 올 수 있는 상황이었다. 여기에 더해 924년(태조 7) 8월에 경명왕이 죽자, 왕건은 사신을 보내 조문하였다.[19] 그리고 경명왕의 뒤를 이어 친동생인 경애왕이 즉위하였다.[20]

경애왕은 형 경명왕과 마찬가지로 왕건과 우호관계를 유지하였다. 즉위 다음 달인 924년 9월에 경애왕은 왕건에게 사절을 보냈다.[21] 이는 경명왕 상중에 조문해준 왕건에게 감사를 표한 사절이라고 여겨진다. 그러면서 앞으로도 양국이 우호를 유지하자는 의사를 교환했으리라 짐작된다. 다음 상황이 이를 더욱 뒷받침한다. 다음 해인 925년 10월에 고울부장군 능문(能文)이 왕건에게 투항하였다. 그러자 태조는 그를 위로하고 일깨워 돌려보냈는데, 그 성이 신라도성 금성(金城, 경주)에 근접한 것이 이유였다.[22]

고울부는 현 경상북도 영천시 임고면(臨皐面) 일대에 있었던 고을이었다.[23] 이곳은 금성 서북쪽에 접해 있는 곳이라서 고려가 접수하면

---

18) 『삼국사기』 권12, 신라본기12, 경명왕, 5년 2월 ; 『고려사』 권1, 세가1, 태조1, 4년 춘2월 ; 김명진, 「고려 태조 왕건의 기병 운영에 대한 검토」 『軍史』 101, 국방부 군사편찬연구소, 2016, 404쪽.

19) 『삼국사기』 권12, 신라본기12, 경명왕, 8년 추8월.

20) 『삼국사기』 권12, 신라본기12, 경애왕, 글머리.

21) 『삼국사기』 권12, 신라본기12, 경애왕, 원년 9월.

22) 『삼국사기』 권12, 신라본기12, 경애왕, 2년 동10월.

23) 『고려사』 권57, 지11, 지리2, 경상도, 영주(永州).

신라가 위협을 느낄 수 있었다. 따라서 왕건은 굳이 신라와 적대시할 수 있는 고울부 접수를 하지 않았다. 왕건은 정황상 원래 친 신라 세력이었을 능문을 잘 위로한 다음에 후일을 위해 현상을 유지하라고 일깨워서 돌려보냈을 터이다. 그만큼 왕건은 신라와 우호적으로 지내면서 명분을 중시하였다. 어차피 왕건의 생각에 신라는 회생 가능성이 없다고 판단했기에 굳이 무리하면서 고울부를 접수할 필요가 없었다. 이는 표면상 명분을 내세우면서 실리를 취한 태도라 하겠다. 여하간 경애왕은 계속해서 왕건에게 우호적이었다.

같은 달 10월에 왕건은 충청지역에서 작전을 전개하였다. 이에 정서대장군 유금필(庾黔弼)이 후백제의 연산진(일모산성, 충북 청주시 상당구 문의면)을 쳐서 장군 길환을 죽이고, 또 임존군(임존성, 충남 예산군 대흥면)을 쳐서 3천여 명을 죽이거나 사로잡는 대승을 거두었다.[24] 이처럼 왕건의 고려군은 건국 이후에 대체로 전체 전선에서 상승세를 타고 있었다. 그러다가 고려와 후백제 사이에 큰 사건의 예고가 역시 같은 달 10월에 벌어졌다. 조물군(조물성, 경북 내륙의 어느 곳)[25]에서 양진영은 교전을 하다가 더 큰 피해를 피하고자 멈추고 질자(質子, 볼모)를 교환하였다. 그 대상은 왕건의 사촌 동생인 왕신(王信)과 견훤의 사위 진호(眞虎)였다. 그러자 경애왕은 사절을 왕건에게 보내 견훤을 믿지 말고 화친도 하지 말라고 부추겼다.[26]

---

24) 『고려사절요』 권1, 태조신성대왕, 을유 8년 동10월.

25) 조물군(조물성)의 위치 비정에 대해서는, 류영철, 「曹物城싸움을 둘러싼 高麗와 後百濟」 『국사관논총』 92, 국사편찬위원회, 2000, 21~22쪽 참고. 현재 조물군(조물성)의 정확한 위치를 비정할 수 있는 자료는 없다. 다만 『고려사』 태조세가에 등장하는 조물군(조물성) 관련 기사를 검토해 보면 그 위치가 현 경상북도 내륙의 어느 곳이라는 것은 명확하다.

26) 『고려사』 권1, 세가1, 태조1, 8년 동10월 을해. 한편, 이러한 경애왕의 행동이

그런데 고려에 질자로 온 진호가 사망하여 양국은 전운이 감돌았다.

V 가)-① (926년 여름 4월 경진일에) 견훤의 질자 진호가 병으로 죽었으므로 시랑 익훤(弋萱)을 시켜 시신을 보내 주었다. 견훤은 우리가 그를 죽였다고 말하며 왕신을 죽이고 웅진으로 진군하였다. 왕이 여러 성에 명하여 성을 굳게 지키고 나오지 않도록 하였다.

V 가)-② 신라왕(경애왕)이 사자(사신)를 보내 말하기를, "견훤이 맹약을 어기고 군사를 일으켰으니 하늘도 반드시 돕지 않을 것입니다. 만약 대왕께서 한 번 북을 울려 위세를 떨치신다면 견훤은 반드시 스스로 질 것입니다" 하였다. 왕(왕건)이 사자에게 말하기를, "내가 견훤을 두려워하는 것이 아니라 악행이 넘쳐나 스스로 무너지기를 기다릴 뿐이오" 하였다.

V 가)-③ 견훤이 들은 도참에 이르기를, '절영도(부산 영도)의 명마(名馬)가 (고려에) 이르면 (후)백제가 망하리라' 하매, 이에 이르러 후회하며 사람을 시켜 그 말을 돌려달라고 요청하자 왕(왕건)이 웃으며 그것을 허락하였다.[27]

사료 V가)는 926년(태조 9) 여름 4월의 기사인데 논지 전개의 편의상 셋으로 나누었다. V가)-①에 의하면, 고려에 온 후백제 질자 진호가

『삼국사기』에는 같은 해 11월에 나타난다(『삼국사기』 권12, 신라본기12, 경애왕, 2년 11월).

27) 『고려사』 권1, 세가1, 태조1, 9년 하4월 경진, "甄萱質子眞虎病死 遣侍郎弋萱送其喪 甄萱謂我殺之 殺王信 進軍熊津 王命諸城 堅壁不出 新羅王遣使曰 甄萱違盟擧兵 天必不祐 若大王奮 一鼓之威 萱必自敗 王謂使者曰 吾非畏萱 俟惡盈而自僵耳 萱聞讖云 絶影名馬至 百濟亡 至是悔之 使人請還其馬 王笑而許之".

병사하였다. 진호가 불과 질자생활 6개월 만에 사망하였으니 견훤은 고려가 일부러 죽였다고 판단하였다. 질자로 보낼 당시에 진호는 당연히 건강하였을 터이다. 그리고 진호는 견훤의 사위였다. 견훤은 고려가 후백제로 보낸 왕건의 사촌 동생인 질자 왕신을 죽이고 웅진(충남 공주)으로 진군하였다. 견훤은 왕신을 보복 처형했던 것이다. 그의 분노가 대단했음을 짐작할 수 있다.

그런데 왕건의 대응이 특이하다. 후백제군이 진군했는데 관련된 여러 성들에게 명하기를 성만 굳건히 지키며 응전하지 말라고 하였다. 왕건이 이처럼 진군해오는 후백제군에 대해서 응전하지 않은 것은 매우 이례적이었다. 이는 고려가 진호를 일부러 죽이지 않았다는 것을 증명하기 위한 행동이었다. V가)-②에 의하면, 경애왕이 왕건에게 응전을 부추기고 있었다. 경애왕은 조물군에서 고려와 후백제가 질자를 교환하여 화해하였는데 견훤이 그 맹약을 먼저 어겼음을 지적하였다. 이어서 그는 하늘도 도울 것이니 견훤을 공격하라고 왕건을 부추겼다. 이는 경애왕에게 불행의 싹이 되었다. 하지만 왕건은 이에 아랑곳하지 않고 견훤의 군대에 대하여 맞대응하지 않았다.

V가)-①과 V가)-②를 통해서 몇 가지 사실을 알 수 있다. 먼저 경애왕은 왕건에게 신라는 고려편이라는 것을 강조하면서도 고려와 후백제가 싸우기를 부추기고 있었다. 하지만 왕건은 진호를 일부러 죽이지 않았다는 것을 증명하려 하였다. 왕건은 명분을 중시하였다. 만약 웅진에서 고려군이 후백제군에 맞대응했다면 진호를 일부러 죽였다는 견훤의 오해를 인정하는 꼴이 될 수도 있었다. 왕건은 신라와 우호적인 관계를 유지하고, 일부러 후백제의 질자를 죽이는 의롭지 않은 행동을 하지 않았다는 것을 대외적으로 보여주었다.

이번에는 V가)-③을 살펴보자. 견훤이 도참설을 믿었는데, 자신이 왕건에게 선물한 절영도(부산 영도)의 명마(名馬)를 다시 돌려달라고 하였다. 이에 왕건이 웃으며 돌려주었다고 한다. 이는 그 명마가 고려에 있으면 후백제가 멸망한다는 도참설 때문이라고 하였다.[28] 하지만 달리 생각하면 그만큼 견훤이 분노했다는 방증이 됨직하다. 그가 진호의 시신을 접한 즉시 절영도 명마를 돌려달라고 했기 때문이다. 왕건은 진호를 일부러 죽이지 않았다는 것을 증명하기 위해서라도 견훤의 요구를 웃으며 받아들였다.

이러한 정황으로 보아 진호는 병사했다고 이해된다. 만약 고려가 진호를 일부러 죽였다면 후백제가 왕건의 사촌동생인 왕신을 보복 처형하리라는 것은 쉽게 예상되는 사안이다.[29] 따라서 왕건이 진호를 죽이지 않았으리라 생각된다. 아무튼 견훤의 사위 진호의 사망은 공산동수전투 발발 전해에 발생한 큰 사건이었음은 분명하다. 여기에 927년(태조 10) 상황이 더해지며 공산동수전투의 배경이 만들어졌다. 927년 상황은 다음에서 기술하려 한다.

3. 견훤의 금성(경주)공격과 왕건의 대응

태조 왕건이 수행한 통일전쟁기에 가장 큰 시련의 해는 918년(태조

---

28) 당시 말은 최고의 선물이었다. 그리고 명마가 어느 나라에 있느냐에 따라 국가의 흥망을 좌우한다는 도참설이 있었다(김명진, 앞의 「고려 태조 왕건의 기병 운영에 대한 검토」, 2016, 405~406쪽).

29) 한편, 견훤은 왕신의 시신을 927년 정월에 왕건에게 보내왔다(『고려사』 권1, 세가1, 태조1, 10년 춘정월 을축).

원년)과 927년(태조 10)이었다. 왕건이 즉위한 918년에 모반이 집중되었는데 이는 바로 잘 마무리되었다고 앞에서 기술하였다. 그 후 왕건의 집권기에 가장 큰 고통이 927년에 있었다.

> V 나) (927년 정월, 태조 왕건이) 친히 백제 용주(龍州)를 정벌하매 항복하였다. 이때에 견훤이 맹약을 위반하고 여러 차례 군사를 일으켜 (우리) 변경을 침범하였으나 왕(왕건)은 오래 동안 마음속에 넣어두며 참아왔다. (그러나) 견훤의 죄악이 더하고 쌓이어 자못 (우리를) 세차게 병탄하려는 의도가 있으므로 왕이 이를 정벌하였다. 신라왕(경애왕)이 출병하여 우리를 도왔다.[30)]

사료 V나)는 앞에서 살펴본 바와 합하여 다음과 같이 정리할 수 있다. 견훤의 사위 진호가 질자로 간 고려에서 사망하고 그 시신이 후백제로 돌아왔다. 견훤은 이를 고려가 고의로 죽였다고 생각하였다. 분노한 견훤은 고려와 후백제의 접경지역에서 여러 차례 군사를 일으켜 고려를 공격하였다. 하지만 왕건은 자신들이 진호를 고의로 죽이지 않았다는 것을 대외적으로 강조하기 위해 인내하며 방어에만 치중하였다. 그러다가 더 이상 참을 수 없다고 판단한 왕건은 927년 정월에 친히 후백제 용주(龍州, 경북 예천군 용궁면)[31)]를 공격하여

30) 『고려사』 권1, 세가1, 태조1, 10년 춘정월 을묘, "親伐百濟龍州降之 時甄萱違盟屢擧兵侵邊 王含忍久之 萱益稔惡 頗欲强呑 故王伐之 新羅王出兵助之".

31) 『고려사』 권57, 지11, 지리2, 경상도, 상주목, 용궁군(龍宮郡) ; 『신증동국여지승람』 권25, 경상도, 용궁현(龍宮縣), 글머리·건치연혁. 이상의 지리지에 나타난 거리와 지명으로 볼 때 당시 용주는 현 경상북도 예천군 용궁면(龍宮面) 일대일 것이다.

항복을 받았다. 용주는 고려의 영역과 신라의 영역 사이에서 쐐기처럼 박힌 후백제의 영역이었다. 그런데 신라 경애왕이 왕건의 용주 공격 시 군대를 내어 도왔다고 한다. 이는 신라군이 고려군을 도운 유일한 경우였다. 또한 아직 신라의 군사력이 미미하지만 살아있다는 사례였다.

같은 해인 927년(태조 10) 3월에 왕건은 운주(運州, 충남 홍성)로 쳐들어가 성주 긍준(兢俊)을 제압하였으며(제1차 운주전투),[32] 근품성(近品城)도 공격하여 함락시켰다.[33] 근품성은 고울부(경북 영천시 임고면)와 가까운 곳이다. 고려 초의 산양현(山陽縣)은 원래 신라 근품현(近品縣, 근암현[近巖縣])이었다.[34] 따라서 지리적 위치와 이름의 같음으로 보아 근품성은 현 경북 문경시 산양면(山陽面)에 있었던 성이라는 것을 알 수 있다.[35] 용주(용궁면) 바로 서쪽 옆에 접해 있던 곳이 근품성(산양면)이었다. 계속해서 왕건은 같은 해 4월에 수군을 시켜 강주(康州, 경남 진주) 산하 돌산향(突山鄉, 전남 여수시 돌산도) 등 4개 향을 복속시켰다. 다만 같은 달에 웅주(熊州, 충남 공주)를 공격하였으나 이는 이기지 못하였다.[36] 석 달 후인 7월에

---

32) 고려와 후백제는 운주에서 모두 2차례(927년, 934년) 격돌하였다. 운주전투에 대해서는, 김명진, 「고려 태조 왕건의 운주전투와 긍준의 역할」『軍史』 96, 국방부 군사편찬연구소, 2015 참고.

33) 『고려사』 권1, 세가1, 태조1, 10년 3월.

34) 『고려사』 권57, 지11, 지리2, 경상도, 상주목, 산양현. 특히 『삼국유사』 권2, 기이2, 후백제 견훤조에서는 근품성이 산양현이라고[萱攻取近品城(今山陽縣)燒之] 명확히 기술되어 있다.

35) 당시 근품성은 문경시 산양면 현리의 '현리 근암산성(縣里 近嵓山城)'이라는 조사가 참고된다(『문화유적분포지도-문경시』, 문경시·영남대학교 민족문화연구소, 2004, 164쪽·274쪽).

36) 『고려사』 권1, 세가1, 태조1, 10년 4월.

왕건은 재충(在忠)과 김락(金樂) 등을 보내어 후백제 대량성(大良城, 경남 합천)을 공격하여 쳐부수고, 장군 추허조(鄒許祖) 등 30여 명을 포로로 사로잡았다.[37]

같은 해 8월에 왕건은 강주를 순행함에, 고사갈이성(高思葛伊城, 경북 문경)[38] 성주 흥달(興達)이 고려로 귀부하였다. 이에 성을 지키던 후백제 관리들이 모두 투항하였다.[39] 왕건이 강주를 순행했다함은 고려의 영역으로 다녔다는 것이다. 그가 고려도성 개경(개성)에서 육로로 강주를 향하다가 고사갈이성 근처를 지나가니 성주 흥달이 귀부했다고 이해된다. 고사갈이성은 현 경북 문경시 관내에 있는 어느 성이라 하겠다. 왕건은 흥달의 귀부에 이어서 제선(悌宣)에게 명하여 배산성(拜山城)을 수축하고 군사 2대(隊)를 거느리고 그곳을 지키게 하였다.[40] 배산성은 현 경북 문경시 호계면(虎溪面) 일대에 있었던 호계현(虎溪縣)의 다른 이름이었다.[41] 정황상 배산성에 주둔한 군사 2대는 고려 중앙군이었으리라 생각된다. 그리고 배산성은 그 성격이 고사갈이성을 비롯한 일대 성을 감시하는 임무와 좀 더 촘촘한 대 후백제 방어에 있었다고 판단된다.

앞에서 기술했듯이 925년 10월에 고울부(경북 영천)는 사실상 고려의 영역이 되었다. 이러한 점을 상기하고서 927년 정월부터 8월까지 발생한 고려와 후백제 사이의 격돌 상황을 정리할 필요성이 제기된다.

---

37) 『고려사』 권1, 세가1, 태조1, 10년 추7월 무오.

38) 『고려사』 권57, 지11, 지리2, 경상도, 상주목, 문경군.

39) 『고려사』 권1, 세가1, 태조1, 10년 8월 병술 ; 『고려사절요』 권1, 태조신성대왕, 정해 10년 8월.

40) 『고려사절요』 권1, 태조신성대왕, 정해 10년 8월.

41) 『신증동국여지승람』 권29, 경상도, 문경현, 고적, 호계폐현.

바로 9월에 공산동수전투가 벌어졌기 때문이다. 그 상황은 다음과 같이 정리할 수 있다. 왕건은 용주를 장악한 다음에 바로 서쪽 옆에 있는 근품성도 고려의 영역으로 만들었다. 이어서 근품성 서쪽 옆에 있었을 고사갈이성도 왕건은 접수하였다. 그리고 근품성과 고사갈이성에 인접한 배산성을 축성하게 하고 고려 중앙군을 주둔시켰다. 왕건은 특히 경북 문경 일대를 촘촘히 장악하였다. 이는 일찍부터 고려의 영역인 충북 충주에서 경상지역으로 향하는 안전한 진군로 확보를 위해 그 관문인 문경 일대가 중요했기 때문이다.[42] 이처럼 고려군이 문경 일대에서 장악한 곳을 〈도 V-1〉로 나타내 보일 수 있다.

고려군은 계속해서 더욱 안전하게 진군로를 동남쪽 고울부로 연결하는 것도 가능하였다. 이는 바로 신라도성 금성(경주)으로 연결되는 것이다. 여기에 더해 고려군은 충남지역의 중요 거점인 운주(홍성)까지 장악하고,[43] 경남지역의 중요 거점인 대량성(합천)과 강주(진주) 일대도 장악하였다고 앞에서 기술하였다.[44] 점차 고려군이 후백제를

---

42) 고려군은 충주에서 문경을 거쳐 신라쪽으로 올 때 주로 계립령(雞立嶺, 鷄立嶺, 하늘재)을 이용한 듯하다. 계립령에서 문경으로 들어서면 관갑천(串岬遷, 또는 토천[兔遷], 문경읍 용연리[龍淵里])으로 왔을 것이다. '왕건이 교통에 어려움이 있을 적에 토끼가 알려준 길이라 해서 토천이라 했다는 기록'이 있기에 그리 판단된다. 그 외 조령(鳥嶺, 문경새재), 이화현(伊火峴, 이화령[梨花嶺]) 등은 상황에 따라 이용했을 것이다. 이는 『신증동국여지승람』 권29, 경상도, 문경현, 산천조와 지리적 요건 등을 감안하여 판단하였다.

43) 927년 3월의 제1차 운주전투에서 후백제가 패배하여 이 일대가 고려의 영역으로 변하였다. 견훤은 이를 만회하기 위해 신라도성 공격을 감행한 측면도 있었다. 제1차 운주전투가 끝나고 불과 6개월 만에 견훤이 신라도성을 공격했기 때문에 이러한 추정은 가능하다 하겠다. 견훤의 신라도성 공격의 여러 이유 중에서 그 하나를 차지한 사건이 제1차 운주전투였다(김명진, 앞의 「고려 태조 왕건의 운주전투와 긍준의 역할」, 2015, 195쪽).

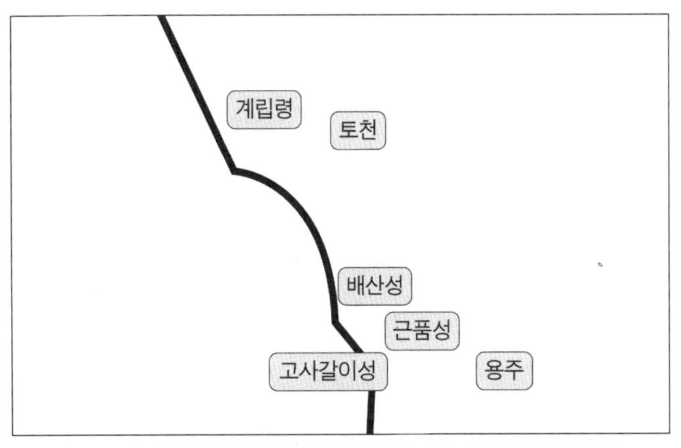

〈도 V-1〉 공산동수전투 직전에 문경 일대에서 고려군이 장악한 곳
(굵은 실선은 중부내륙고속도로)

옥죄며 포위하는 형상이 되었다. 그러면서 왕건은 신라도 옥죄며 고려의 영향권으로 묶어 두었다. 한편, 경애왕은 질자교환과 관련하여 두 차례나 고려의 편을 들었다. 그런가 하면 용주전투에서는 신라군이 고려군과 함께 후백제군을 협공하는 상황에까지 이르렀다. 앞에 기술했듯이 927년 정월부터 8월까지 고려와 후백제는 확실히 드러난 것만 해도 6차례 격돌하였다. 여기에 더해 귀부 및 축성 등 민감한 군사 행동도 잇달았다. 이제 주 교전국 고려와 동조한 신라, 양측에 대한 견훤의 분노는 극에 달했다. 그리고 견훤이 느낀 위기감도 고조되었다. 당연히 견훤은 무언가 돌파구를 만들어야만 하였다.

44) 당시 고려가 추진한 경상지역 군사 활동은 크게 경북 내륙지역을 통한 남진 공략과 남해안 방면을 통한 경북 내륙지역 진출 등 두 개의 방면이 있었다는 견해가 있다(신성재, 「고려와 후백제의 공산전투」 『한국중세사연구』 34, 한국중세사학회, 2012, 189~190쪽). 이는 이 글과 일부 공감되는 점이 있다.

V 다) (927년 9월에) 견훤이 근품성을 공격하여 불사르고 나아가 신라 고울부를 습격하였으며 신라도성 가까이까지 위협하였다. 신라왕(경애왕)이 연식(連式)을 보내 급한 상황을 알렸다. 왕(왕건)이 시중 공훤(公萱)·대상 손행(孫幸)·정조 연주(聯珠) 등에게 말하기를, "신라가 우리와 같이한 지가 이미 오래 되었다. 지금 (신라가) 위급하매 구원하지 않을 수 없다"하고 공훤 등을 보내 군사 1만 명으로 나아가게 하였다. (고려군이) 이르기 전에 견훤이 신라도성을 갑자기 쳐들어갔다. 그때에 신라왕은 비빈(妃嬪) 종척(宗戚)들과 함께 포석정(鮑石亭)에 나가 술자리를 벌여 즐겁게 놀고 있었는데 갑자기 (견훤의) 군사가 이르렀다는 소식을 듣고 창졸간 어찌할 바를 몰랐다. (신라)왕은 부인과 함께 달아나서 성 남쪽 이궁(離宮)에 숨었다. 시종한 신하·악공(악사)·궁녀들은 다 붙들렸다. 견훤은 군사들을 놓아서 크게 노략질하게 하고 (자신은) 왕궁에 들어앉아서 측근에 영을 내려 (신라)왕을 찾아서 군사들 가운데서 핍박하여 자살하게 하였으며 … (신라)왕의 외사촌 동생 김부(金傅, 경순왕)를 왕으로 세우고 … 왕(왕건)이 이를 듣고 크게 노하여 (신라도성에) 사절을 보내 조문과 제사를 치르게 하고 친히 정예 기병 5천을 거느리고 공산(公山) 동수(桐藪)에서 견훤을 맞아 크게 싸웠는데 (형세가) 불리하였다.[45]

45) 『고려사』 권1, 세가1, 태조1, 10년 9월, "甄萱攻燒近品城 進襲新羅高鬱府 逼至郊畿 新羅王遣連式告急 王謂侍中公萱 大相孫幸 正朝聯珠等曰 新羅與我同好已久 今有急 不可不救 遣公萱等 以兵一萬赴之 未至 萱猝入新羅都城 時羅王與妃嬪宗戚出遊鮑石亭 置酒娛樂 忽聞兵至 倉卒不知所爲 王與夫人 走匿城南離宮 從臣伶官宮女 皆被陷沒 萱縱兵大掠 入處王宮 令左右索王 置軍中 逼令自盡 … 立王表弟金傅爲王 … 王聞之大怒 遣使弔祭 親帥精騎五千 邀萱於公山桐藪 大戰不利".

고려가 후백제를 계속 옥죄는 형세를 타개하기 위한 견훤의 선택은 신라도성 공략이었다.[46] 사료 V다)는 당시의 급박한 상황이 표현되어 있다. 927년 9월에 견훤은 근품성을 공격하여 그 성을 불사르고 고울부를 습격했다고 한다. 이는 왕건이 직전에 고려의 영역으로 만든 곳을 견훤이 무력화 시킨 것이다. 먼저 견훤이 근품성을 불사른 것은 고려에 함락당한 것에 대한 분풀이와 제구실을 못하게 만들고자 함이었다.[47] 이어서 견훤은 고울부를 습격하였다. 고울부는 신라도성 바로 위에 붙은 지역인데 이곳을 습격했으니 신라는 큰 위기의식에 빠졌을 터이다.

경애왕이 왕건에게 구원을 요청하자, 공훤이 이끄는 고려군 1만 명이 왔으나 이르지 못하였다. 아마도 견훤은 이를 예상하고 중간 중간에 고려군 진군을 방해하는 조처를 취했으리라 판단된다. 근품성과 고울부를 무력화 시킨 것이 그 예이다. 그러면서 견훤은 신라왕의 생각보다도 빠르게 신라도성을 기습하였으니, 한마디로 속전속결(速戰速決)이었다. 그는 기습작전에 능한 군인 출신 왕이었다.[48] 견훤의 신라도성 공략과정을 사료 V다)는 견훤의 잔혹함과 함께 강조하였다. 하지만 견훤은 왕건에게 밝히기를, "신라의 간신들이 도망가고

46) 경상지역 열세를 만회하기 위하여 견훤의 군사행동이 경주 침입으로 나타났으며, 뒤이어 공산에서 전투가 벌어졌다는 견해가 참고된다(류영철, 『高麗의 後三國 統一過程 硏究』, 경인문화사, 2005, 109~110쪽 ; 신성재, 앞의 「고려와 후백제의 공산전투」, 2012, 188쪽).

47) 견훤은 고향이 상주 가은현(경북 문경시 가은읍. 『삼국사기』 권50, 열전10, 견훤)이므로 근처 지리에 밝았다. 이러한 점도 견훤이 근품성을 공격하는데 있어서 유리한 정황이 되었을 터이다.

48) 견훤을 '기습작전에 능하다'고 평가한 견해가 참고된다(김상기, 「羅末地方群雄의 對中通交-特히 王逢規를 중심으로-」 『黃義敦先生古稀紀念史學論叢』, 1960/『東方史論叢』, 서울대출판부, 1984개정판, 440쪽).

신라왕이 죽는 뜻밖의 변고가 일어났다"고 하였다.[49] 역사는 승자의 기록이므로 일정 부분 냉정하게 걸러낼 필요가 있다. 견훤의 입장에서 신라도성 공략 이유가 설명되어야 한다.

견훤은 왕건의 대 후백제 포위정책을 타개해야만 했다. 또한 그는 고려와 신라가 긴밀해지는 상황을 지켜볼 수만은 없었다. 견훤은 왕건이 먼저 신라를 획득하기 전에 이를 차단할 필요성을 느끼고 있었다. 특히 신라 경애왕에 대한 견훤의 분노가 상당하였다. 그는 진호의 질자문제와 관련한 경애왕의 두 차례에 걸친 이간질(견훤 입장에서는 분명한 이간질)과 용주전투 시 협공 문제 등으로 인하여 분노하였다. 그래서 견훤은 자신이 고려와 신라의 긴밀성을 차단하기 위해 먼저 손을 써서 신라를 정벌하였노라고 밝혔다.[50] 그러나 무엇보다도 견훤의 대 신라 기본 입장이 있었다. 견훤은 900년에 후백제를 건국함에, "신라 김유신이 … 당나라 군사와 함께 백제를 쳐 없앴다. 이제 내가 감히 완산(전북 전주)에 도읍을 세워 의자왕의 억울하고 원통한 마음을 눈처럼 하얗게 씻지 않으랴!" 하였다.[51] 이는 견훤의 즉위 공약이라 하겠다. 견훤은 신라도성을 공략하고 신라왕을 죽임으로써 자신의 백성에게 했던 약속을 지켰던 것이다. 이처럼 견훤의 신라도성 공략은 복합적인 이유가 그 배경으로 작용하였다.

그렇다면 왕건의 대응은 어떠했는지 정리가 필요하다. 궁예는 신라를 드러내놓고 적대(敵對)하였다. 하지만 왕건은 신라를 포용정책으

---

49) 『고려사』 권1, 세가1, 태조1, 10년 12월.

50) 『고려사』 권1, 세가1, 태조1, 10년 12월.

51) 『삼국사기』 권50, 열전10, 견훤, "新羅金庾信 … 與唐兵合攻百濟滅之 今予敢不立都於完山 以雪義慈宿憤乎".

로 접근하였다. 물론 왕건은 최종적으로 신라를 합병하려는 게 목적이었지만 표면상 유화책을 썼던 것이다. 복잡한 국경선을 가지고 있었던 고려는 북쪽 발해 및 말갈, 남쪽 후백제, 동남쪽 신라 등과 맞닿아 있었다. 여기에 더해 고려는 바다 건너 나주서남해에서도 후백제와 대치하였다. 왕건은 여러 세력 및 국가와 전쟁을 하면 자신이 통일의 최종 승자가 되는데 어려움이 많다고 판단하였다. 따라서 그는 전력을 후백제에 집중하고 여타의 상대는 포용정책에 기반한 유화책으로 일관하였다. 왕건의 대 신라 포용정책은 그 대표적인 실행책이었다. 그러면서 왕건은 실리를 위한 명분을 중시하였다.

견훤의 금성공격 직전에 왕건의 대 후백제 대응은 이상의 사안을 잘 보여주고 있다. 왕건은 신라를 도와준다는 대의명분을 내세우면서 경북지역 후백제 영역인 고사갈이성·근품성·용주 등을 점령하고, 신라도성에 가까운 고울부까지 친 고려 진영으로 만들었다. 그리고 그는 경남지역 대량성·강주도 영역화하였다. 이미 나주서남해는 고려의 영역이었고, 충남지역의 운주(홍성)도 왕건은 공략하였다. 왕건은 후백제를 옥죄면서 동시에 신라도 고립시켰다. 이러한 조처들이 견훤의 신라도성 공략 직전에 있었던 왕건의 대 후백제 대응책이었다.

견훤이 신라도성인 금성을 공략하고 신라왕을 갈아치운 927년 9월 사건은 사실상 신라를 멸망시킨 것이나 다름없었다. 그만큼 큰 사건이었다. 왕건은 신라를 구원하지 않을 수 없었다. 이는 전체 통일전쟁 상황으로 보건대 고려에 대한 후백제의 공격이었기 때문이다. 아무튼 왕건의 대응은 신라 구원이라는 명분을 내세우며 시행되었다. 왕건은 고려 최고 관직인 시중을 맡고 있는 공훤(公萱)으로 하여금 군사 1만 명을 인솔하여 급박한 신라를 구원케 하였다. 시중 공훤에게

1만이라는 대군을 신라 구원군으로 보낸 것은 왕건이 그만큼 사태를 중하게 판단했던 것이다. 하지만 고려 구원군이 금성에 이르기 전에 상황이 종료되었다. 견훤은 대략 금성에 보름 정도 머무르고 철수하였다.[52] 사료 Ⅴ다)에 의하면, 왕건은 신라에 조문사절을 보냈다. 아울러 이번에는 자신이 최정예 고려 기병 5천을 거느리고 견훤을 응징하기 위해 직접 나섰다.

4. 공산동수전투 전개과정과 신숭겸(申崇謙)의 역할

왕건은 신라 경애왕을 죽게 한 견훤을 응징하겠다는 명분을 안고 정기(精騎) 5천 군사를 이끌고 왔다. 견훤은 왕건의 이러한 행동을 이미 예상하였다. 마침내 왕건과 견훤은 공산 동수에서 맞닥뜨렸다. 먼저 공산동수전투 발발 시기부터 살펴보자. 각 사료마다 그 시기의 차이가 약간 있기 때문이다. 기존 연구에서 그 시기에 대한 의문은 류영철에 의해 제기되었다.[53] 그 시기를 『삼국사기』 신라본기에서는 경애왕 4년(927) 겨울 11월조에서 찾을 수 있다.[54] 같은 책 견훤전에서는 같은 해 겨울 10월에,[55] 『고려사』 태조세가에는 같은 해 9월에

---

52) 견훤이 신라도성에서 반 달[반월(半月)] 정도 머물렀다는 기록이 있다(『삼국유사』 권3, 탑상4, 삼소관음 중생사). 류영철, 앞의 『高麗의 後三國 統一過程 硏究』, 2005, 112쪽 주21 ; 신성재, 앞의 「고려와 후백제의 공산전투」, 2012, 185쪽 참고.

53) 류영철, 위의 『高麗의 後三國 統一過程 硏究』, 2005, 95~96쪽.

54) 『삼국사기』 권12, 신라본기12, 경애왕, 4년 동11월.

55) 『삼국사기』 권50, 열전10, 견훤, 천성 2년 동10월.

상세히 기록되어 있으면서 11월까지 이어져 있다.[56] 아무튼 해는 927년이 분명한데, 그 달이 기록에 따라 약간 차이가 있어서 9월·10월·11월 등으로 나타나 있다. 류영철은 9월 기록을 신뢰하였다.[57] 이에 반해 신성재는 10월 또는 11월로 보았다.[58]

『고려사』 서술 특징은 중요한 사안에 대해 일단 서술이 시작되면 계속 이어서 정리한 경우들이 있었다. 대표 예를 들면, 발해는 926년 정월에 거란에게 멸망하였음은 잘 알려진 사실이다. 그런데 『고려사』 태조 8년(925) 9월 기사는 발해 관련 내용을 서술하면서 그 멸망 부분까지 이어서 적어 놓았다.[59] 공산동수전투는 그 처음이 927년 9월에 견훤이 근품성을 공격하여 불사른 것부터 시작되었다고 볼 수 있다. 따라서 『고려사』 찬자는 이를 9월조에 서술했을 터이다. 이 전투는 큰 틀에서 여러 전투가 이어져 모아진 것이므로 그 시기는 9월부터 11월 사이에 발발했다고 보아야 하겠다. 대략 두세 달 사이에 벌어진 전투 중에서 공산 동수의 혈투 시기는 견훤의 편지에서 찾을 수 있다.

견훤이 같은 해 12월에 왕건에게 보낸 편지를 살펴보면, "초겨울[동초(冬初)]에 도두(都頭) 색상(索湘)이 성산진(星山陣)아래에서 손이 묶이었고[속수(束手)], 같은 달[월내(月內)]에 좌상(左相) 김락(金樂)이 미리사(美利寺, 대구 동구 지묘동, 팔공산 남서쪽 자락) 앞에서 해골이 앙상하였소"라는 내용이 있다.[60] 이는 12월 편지이므로 그 이전에

---

56) 『고려사』 권1, 세가1, 태조1, 10년 9월·10월·11월.
57) 류영철, 앞의 『高麗의 後三國 統一過程 硏究』, 2005, 95~96쪽.
58) 신성재, 앞의 「고려와 후백제의 공산전투」, 2012, 180~187쪽.
59) 『고려사』 권1, 세가1, 태조1, 8년 추9월.
60) 『고려사』 권1, 세가1, 태조1, 10년 12월, "冬初 都頭索湘 束手於星山陣下 月內

벌어진 내용이다. 12월 이전 초겨울이라 함은 아마도 10월이고, 같은 달이라 함도 10월일 터이다. 그런데 김락은 동수(桐藪)의 싸움에서 사망했다고 왕건도 1년 뒤에 명확하게 말한 바 있다.[61] 따라서 동수 미리사 일대에서 김락이 사망한 10월이 전투 발발 시기라 하겠다. 하지만 9월에 견훤의 금성공격과 그 연장선에서 이 전투가 발발하였다. 견훤의 근품성·금성공격과 공산동수전투는 따로 떼어내 설명할 수가 없다. 여기에 더해 공산 동수의 혈투가 끝나고 견훤이 돌아가면서 일대를 휩쓸고 갔다. 따라서 공산동수전투는 9월에서 11월 사이에 벌어진 전투라 하여도 무방하리라 여겨진다. 다만 공산 동수라는 특정 지점 혈투는 10월이라 하겠다. 류영철과 신성재의 연구에서 밝힌 시기를 두루 아우르는 것이 타당하다고 판단된다.

다음은 이 전투 장소에 대해서 살펴보자. 공산 동수(公山 桐藪)가 격전 장소라 하였다. 공산(公山)은 현 대구 팔공산(八公山)이므로,[62] 동수(桐藪)는 팔공산의 어느 곳이라 하겠다. '전 대구 동화사 비로암 삼층석탑 납석사리호(傳 大邱 桐華寺 毘盧庵 三層石塔 蠟石舍利壺, 보물 741호)'에 명확히 863년(함통 4) 9월 10일 당시 동화사(桐華寺)는 동수라 하였다.[63] 『삼국유사』에서도 동수는 동화사로 나타난다.[64] 따라서

左相金樂 曝骸於美利寺前". 성산진은 성산에 있는 진영(陣營)을 말함인데, 그 이름과 위치로 보아 경북 고령군 성산면(星山面) 일대로 보인다[『신증동국여지승람』 권28, 경상도, 성주목, 건치연혁, 속현 가리현 ; 『한국지명총람』 5(경북편 I), 한글학회, 1978, 251쪽].

61) 『고려사』 권92, 열전5, 유금필, 11년 태조왈(太祖曰).

62) 『신증동국여지승람』 권26, 경상도, 대구도호부, 산천.

63) '전 대구 동화사 비로암 삼층석탑 납석사리호=민애왕석탑 사리함기'의 내용은, 『譯註 韓國古代金石文』Ⅲ(신라2·발해 편), 한국고대사회연구소, 1992, 355~360쪽, 김남윤 역주 참고.

64) 『삼국유사』 권2, 기이2, 후백제 견훤.

동수는 현 동화사(대구 동구 도학동)가 명확한데 팔공산의 남쪽 중턱 아래에 자리잡고 있다.

팔공산은 높이가 해발 1,192m이고, 봉우리와 산자락이 여럿이다. 이 산은 대구분지의 북쪽에 병풍처럼 둘러쳐 있는데 동서로 뻗은 능선의 길이가 20km이고, 산이 앉은 자리의 면적은 울릉도의 두 배 가량인 122km^{2}에 이르고 있다.[65] 팔공산은 이러한 지형요건 때문에 그 범위가 상당히 넓은 편이다. 실제 답사를 통해서도 당시 전투가 이 산 전체에서 이루어졌다고 보기에 무리가 있다. 그런데 이 전투가 팔공산의 동수에서 벌어졌다고 지적되고 있다. 왕건 자신도 이 전투를 동수지전(桐藪之戰)이라 말하며[66] 동수라는 전투장소를 특정하였다. 이 전투의 주 장소는 팔공산의 동화사와 그 남쪽 가까운 곳에 있었던 김락이 사망한 미리사 일대(지묘동)로 보여진다.

공산동수전투 시 양군의 군세는 어떠했는지 비교해 보자. 견훤의 후백제군 규모는 정확히 나타나 있지 않다. 그런데 920년에 견훤이 신라 대야성(경남 합천)을 공격할 적에 동원한 군대는 보기(步騎) 1만이었다.[67] 920년 대야성전투보다 927년 금성(경주)을 공격한 후백제의 군세는 훨씬 컸을 것이다. 견훤은 금성에서 일부 병력을 동원하여 전리품을 후백제도성 완산으로 보내고, 대부분의 병력을 이끌고 공산 동수에 이르렀다. 공산동수전투 시 후백제군은 최소한 보기 1만을 넘어선 병력이리라 짐작된다.

견훤의 전체 진군로는 먼저 삼년산성(충북 보은)을 주목하면서

65) 『팔공산』, 대구문화방송, 1987, 11쪽.

66) 『고려사』 권92, 열전5, 유금필, 11년 태조왈(太祖曰).

67) 『삼국사기』 권50, 열전10, 견훤, 정명 6년.

그려야 한다. 삼년산성은 원래 신라가 축성했는데, 앞선 시기에 신라·백제·고구려가 자웅(雌雄)을 다툴 때에도 난공불락 성이었다. 이는 잘 알려진 사실이다. 공산동수전투 발발 다음해인 928년(태조 11) 가을 7월에 왕건이 직접 출전하여 삼년산성을 공격하였으나 이기지 못하고 청주로 갔다. 그러자 후백제의 장군 김훤(金萱)·애식(哀式)·한장(漢丈) 등이 3천여 명의 군사들을 이끌고 청주를 공격하였다. 이때 다행히 유금필(庾黔弼)이 탕정군(충남 아산)에서 구원하러왔다. 왕건은 또 한 번 위기를 넘겼다.[68] 삼년산성은 고려가 통일을 완성할 때까지 한 번도 함락하지 못한 요새였다. 그런데 927년 공산동수전투 이후 왕건의 첫 친정(親征) 장소가 삼년산성이었다. 이는 공산동수전투 시 삼년산성의 역할을 가름하게 한다. 삼년산성은 근품성(경북 문경시 산양면)에 제일 가까운 후백제의 안전지대였다. 따라서 공산동수전투 시 후백제 진군로의 주요 거점성은 삼년산성이었다는 가정은 허락된다 하겠다.

견훤은 먼저 완산에서 출발하여 삼년산성을 지나 근품성과 고울부(경북 영천)를 거쳐 금성을 점령했으리라 판단된다.[69] 견훤의 이 진군로는 상당히 먼 거리이다. 927년 상황인 사료 V다)의 한 부분을 다시 살펴보면, "(고려군이) 이르기 전에 견훤이 신라도성을 갑자기 쳐들어갔다"고 하였다.[70] 근품성에서 고울부까지는 가까운 곳이 아

---

68) 『고려사절요』 권1, 태조신성대왕, 무자 11년 추7월 ; 『고려사』 권92, 열전5, 유금필 ; 김명진, 「고려 태조 왕건의 일모산성전투와 공직의 역할」 『軍史』 85, 국방부 군사편찬연구소, 2012, 79쪽.

69) 삼년산성에서 산양면사무소까지 지도상 직선거리는 약 48km이고, 자동차 도로거리는 약 79km이다.

70) "未至 萱猝入新羅都城".

니었다. 즉 견훤의 전선(戰線)이 너무 긴 것이다. 따라서 왕건과 신라 경애왕은 상황이 급박하였지만, 견훤이 신라도성까지 쳐들어오리라고는 예상치 못한 것 같다. 그러나 견훤은 허를 찔렀다. 여기에 더해 신라도성을 아수라장으로 만들면 왕건이 다급하게 오리라 예상했을 터이다. 견훤은 기습작전에 능한 지휘관이었다.

고려의 신라 구원병 1만은 신라도성에 이르지도 못하고 후백제군의 저지 내지는 공격에 제 기능을 발휘하지 못하였다. 왕건은 신라도성 사정 및 경애왕 사망 소식을 듣고 신라에 사절을 보내 조문과 제사를 치르게 하였다. 그리고 그는 친히 정예 기병 5천을 거느리고 견훤을 찾아 나섰다. 그렇다면 왕건은 어디에서 출발하였을까 궁금하다. 앞에서 기술했듯이 927년 8월에 왕건은 강주(康州, 경남 진주)를 순행함에, 고사갈이성(경북 문경) 성주 흥달이 귀부했다고 하였다. 왕건은 육로로 개경에서 출발하여 고사갈이성을 거쳐 강주로 갔다.[71] 그는 대략 수천 정도의 병력을 이끌고 갔으리라 여겨진다. 다음 달에 벌어진 견훤의 9월 침공 시 왕건이 어디에 있었는지에 대해서 자세한 기록은 없다. 이에 대해 17세기 조선시대 학자인 미수 허목(眉叟 許穆, 1595~1682)은 『고려사』 태조 10년 해당 기사를 해석함에, "왕이 강주에 순행했다가 동수로 왔다"고 하였다.[72] 이는 받아들일 수 있는 해석이라 하겠다.

---

71) 927년 8월에 왕건이 강주를 순행한 관련 사료 이해는, 장동익, 『고려사세가 초기편보유』 1, 경인문화사, 2014, 214~215쪽 참고. 한편, 이때의 강주(康州)를 강주(剛州, 경북 영주)의 오기(誤記)로 본 견해가 있으나(문경현, 『高麗太祖의 後三國統一研究』, 형설출판사, 1987, 135~136쪽), 정황상 왕건이 남쪽 강주(진주)로 가는 길에 고사갈이성을 지나쳤다고 보는 것이 자연스럽다. 따라서 오기 견해는 따르기 어렵다.

72) 『기언』 권16, 중편, 사, 도산사기(道山祠記).

다음은 공산동수전투를 논함에 필수 인물인 신숭겸에 대한 생애를 살펴볼 필요가 있다.

V 라) 신숭겸(申崇謙)의 처음 이름은 능산(能山)이니 광해주(光海州) 사람이다. 체격이 장대하고 용맹이 있었다. 10년(927)에 태조와 견훤이 공산 동수에서 싸우다가 불리하게 되어 견훤의 군대가 포위하자, 태조가 심히 위급하였다. 이때 신숭겸이 대장으로 있었는데 원보 김락(金樂)과 더불어 힘껏 싸우다가 죽었다. 태조가 이를 매우 슬퍼하였으며 시호를 장절(壯節)이라 하고 그 아우 신능길(申能吉), 아들 신보(申甫), 김락 아우 김철(金鐵)을 모두 원윤으로 등용하고 지묘사(智妙寺)를 창건하여 명복을 빌게 하였다.[73]

사료 V라)에 신숭겸은 광해주(춘주, 강원도 춘천) 출신으로 되어 있다. 그런가 하면 그는 곡성현(전남 곡성) 비래산(飛來山) 근처에서 태어나 자랐다 하고,[74] 왕건이 그에게 평주(平州, 황해도 평산)를 본관으로 삼게 하였으며,[75] 공산 동수에서 사망하여 무덤은 강원도 춘천에 있다고 한다.[76] 아마도 신숭겸은 곡성에서 태어나 어린 시절

---

73) 『고려사』 권92, 열전5, 홍유 부 신숭겸, "崇謙 初名能山 光海州人 長大 有武勇 十年 太祖與甄萱 戰於公山桐藪 不利 萱兵圍 太祖甚急 崇謙時爲大將 與元甫金樂 力戰死之 太祖 甚哀之 謚壯節 以其弟能吉 子甫 樂弟鐵 並爲元尹 創智妙寺 以資冥福".

74) 『신증동국여지승람』 권41, 황해도, 평산도호부, 인물, 고려, 신숭겸 ; 『여지도서』 전라도, 곡성현, 산천.

75) 『신증동국여지승람』 권41, 황해도, 평산도호부, 인물, 고려, 신숭겸.

76) 『신증동국여지승람』 권46, 강원도, 춘천도호부, 총묘. 실제 신숭겸의 무덤은 춘천에 있다.

을 보내다가 광해주(춘주, 춘천)로 터전을 옮겼다고 보는 것이 옳을 듯하다. 『신증동국여지승람』 춘천도호부 우거(寓居) 항목에 그가 기술되어 있기에 그리 판단된다.[77] 우거라 함은 임시 거처를 말하므로 한 때 광해주에 살았던 것 같다.[78] 이에 더해 광해주는 그 처가가 아닐까 한다. 그래야 그 무덤이 춘천에 있는 것이 설명 가능하다. 당시 처가살이는 혼인의 일반적인 형태였다. 또한 곡성은 후백제 영역이었기에 그의 무덤이 있을 곳이 못되었다.

원래 신숭겸은 전라도 곡성에서 태어나 살고 있었는데, 당시 곡성이 포함된 나주 서남해 일대가 혼란스러웠다. 892년(신라 진성여왕 6) 직전에 견훤이 서남해방수군으로 파견된 사실을 통해서[79] 당시 그 지역정세를 이해할 수 있다. 그런데 894년 이후에 궁예가 명주(강원도 강릉)를 비롯한 강원지역 일대에서 세를 떨치며, 민(民)들의 신망을 받았다.[80] 신숭겸은 혼란스러움에 곡성에서 살 수 있는 여건이 되지 않자, 광해주 쪽으로 옮기어 민의 신망을 받은 궁예 휘하 군사가 되었으리라 추정된다. 그리고 광해주에서 혼인하고, 궁예를 따라 종군하다가 역시 궁예 아래에서 활동하던 왕건과 함께 군 생활을 한 것이 아닐까 한다.

그 후 신숭겸은 918년 6월에 홍유·배현경·복지겸 등과 함께 왕건을 추대하고 초심을 잃은 궁예를 몰아냈다. 이들은 모두 기병장군(騎兵將

---

77) 『신증동국여지승람』 권46, 강원도, 춘천도호부, 우거, 고려, 신숭겸.

78) 신숭겸의 출신에 대해서는, 이재범, 「申崇謙의 生涯와 死後 追崇」 『사림』 44, 수선사학회, 2013 참고. 그 유지(遺址)에 대해서는, 민병하, 「申崇謙과 公山桐藪 戰鬪」 『軍史』 29, 국방군사연구소, 1994, 58~78쪽 참고.

79) 『삼국사기』 권50, 열전10, 견훤.

80) 『삼국사기』 권50, 열전10, 궁예, 건녕 원년.

軍, 마군장군[馬軍將軍])이었다.[81] 한편, 궁예는 898년(신라 효공왕 2)에 왕건을 정기대감(精騎大監)으로 임명하였다.[82] 따라서 왕건과 신숭겸 등은 모두 기병이라는 공통분모가 있었다. 새롭게 탄생한 고려에서 신숭겸을 포함한 네 사람은 고려 개국 1등공신이 되었다. 그런데 배현경은 병졸[항오(行伍)]에서 출발하여 장군이 되었다 하므로 평민(농민)출신이라 생각된다. 같이 어울린 신숭겸 또한 평민(농민)출신일 것이다.[83] 이 4인방 중에서 특히 신숭겸은 왕건의 정벌 시 항상 따라다녔다[상종(常從)]고 한다.[84] 그는 체격이 장대하고 활을 잘 쏘았다.[85] 따라서 그는 왕건의 정벌 시 기병장군 역할과 호위 책임자 역할도 겸한 최측근이었을 터이다. 당연히 신숭겸은 왕건의 강주 순행 시 함께 했다고 이해된다.

왕건의 통일에 대한 최종 목표는 신라와 후백제 그리고 옛 고구려 영역을 모두 아우르는 것이었다. 하지만 그는 실리를 숨기고 겉으로 신라와의 우호를 강조한 명분을 앞세웠다. 왕건은 견훤의 신라도성 점령에 분노하며 구원군 1만을 보냈으나 제 역할을 못하였다. 견훤은 신라도성에 대략 보름 정도 머물렀다. 그는 비록 신라도성을 장악했지만 자신의 진군로가 너무 길고 왕건의 고려군이 신라를 구원하러

---

81) 홍유·배현경·신숭겸·복지겸 등 개국공신 4인방은 모두 기병장군들인데 (『고려사』 권1, 세가1, 태조1, 글머리), 복지겸이 마군장군이라는 문구가 있다(『고려사』 권127, 열전40, 반역1, 환선길, "馬軍將 卜智謙"). 따라서 이들은 기병장군이자 마군장군이라 하겠다.

82) 『고려사』 권1, 세가1, 태조1, 글머리.

83) 『고려사』 권92, 열전5, 홍유 ; 김갑동, 『羅末麗初의 豪族과 社會變動 硏究』, 고대민족문화연구소 출판부, 1990, 200~201쪽.

84) 『고려사절요』 권1, 태조신성대왕, 정해 10년 9월.

85) 신숭겸은 당시 최고의 명궁수(名弓手)였다(『신증동국여지승람』 권41, 황해도, 평산도호부, 인물, 고려 신숭겸).

계속 오기에 지체할 수 없었다. 그리고 고려 영역인 벽진군(경북 성주군 벽진면) 장군 이총언(李忩言)[86]과 성산진(星山陣, 경북 고령군 성산면 일대) 도두 색상(索湘) 등은 왕건과 함께 견훤을 위협할 수 있는 존재였다. 특히 이들은 지리 특성상 후백제군 퇴로를 위협할 수도 있었다. 비록 견훤이 신라도성을 장악했지만 이처럼 경상지역 전체를 장악한 것이 아니었기 때문에 그는 돌아가야만 했다.

견훤의 신라도성 장악은 선(線)을 장악했을 뿐이고, 면(面)을 장악한 것이 아니었기에 불안정한 것이었다. 이후 견훤의 진군로는 이렇게 추정할 수 있다. 먼저 견훤은 일부 병력으로 하여금 전리품과 유용한 신라인들을 데리고 완산(전주)으로 돌아가게 했을 것이다. 견훤은 최소 1만이 넘는 병력을 데리고 신라도성으로 왔던 길인 고울부(영천)를 거쳐 공산 동수로 향하였다.[87] 이때, 견훤은 치고 빠지는 상태였고 왕건은 명분을 앞세워 견훤을 응징하러 가는 상태였다. 그러므로 견훤이 공산 동수를 선택하여 먼저 와 있었을 터이다. 이곳에 후백제 대군이 진을 치면 고려군의 상하 연결을 막을 수 있는 차단지 역할을 할 수 있었다. 북쪽 또는 주변에서 오는 고려군과 남쪽에서 올라오는 왕건의 군대가 서로 연결하지 못하도록 차단할 수 있는 장소가 동수라고 견훤은 판단하였다. 아울러 동수는 혹시 견훤 자신이 불리하면 빠져나가 경북 칠곡군을 거쳐 추풍령을 넘어 삼년산성 아래 안전지대를 이용하여 완산으로 돌아가기 용이한 곳이

86) 『고려사』 권92, 열전5, 왕순식 부 이총언 ; 『신증동국여지승람』 권28, 경상도, 성주목, 명환, 고려 이총언. 한편, 벽진군에는 친 고려세력인 장군 양문(良文)도 있었다(『고려사』 권1, 세가1, 태조1, 6년 추8월 임신).

87) 견훤의 회군 경로는, 신성재, 앞의 「고려와 후백제의 공산전투」, 2012, 195쪽 참고.

었다. 실제 그는 전투 후 경북 칠곡군 약목면 일대에 있었던 대목군(大木郡)을 점령하면서 돌아갔다.[88] 양군의 진군로는 〈도 V-2〉로 나타내 보일 수 있다.

견훤은 일대에서 제일 크고 자락이 넓은 팔공산의 지형을 최대한 유리하게 이용할 수도 있었다. 그는 원래 창을 잘 다루었기 때문에,[89] 신라군 시절에 긴 창을 다루는 부대인 비금서당(緋衿誓幢, 장창당[長槍幢])[90] 운영에 대해서 잘 알고 있었을 것이다. 아울러 견훤은 정예 갑사부대(甲士部隊)를 보유하였고,[91] 적을 포위하여 집중 공격하는 전술을 잘 구사하였다. 이를 '포위집중공격'이라 이름 붙일 수 있다.[92] 그렇다면 견훤의 공산동수전투에서 펼쳐진 전술은 이렇다. 팔공산의 동화사부터 미리사·지묘사(대구 동구 지묘동)까지[93] 포함한 곳에

---

88) 『고려사절요』 권1, 태조신성대왕, 정해 10년 9월. 고려 통일전쟁기에 대목군은 두 곳이 등장한다. 여기에서 대목군은 경북 칠곡군 약목면 일대에 있었던 고을을 말한다(김명진, 「고려 태조대 천안지역의 사상적 동향과 사찰의 역할」『한국중세사연구』 48, 한국중세사학회, 2017, 17쪽 주32).

89) 『삼국사기』 권50, 열전10, 견훤.

90) 『삼국사기』 권40, 잡지9, 직관 하, 무관, 9서당.

91) 왕건이 934년(태조 17) 9월에 운주에서 견훤의 갑사부대 5천 명을 상대하기 전에 근심한 적이 있다(『고려사절요』 권1, 태조신성대왕, 17년 추9월). 따라서 후백제 갑사부대는 최정예 보병이라 하겠다. 후백제 갑사부대는, 김명진, 앞의 「고려 태조 왕건의 운주전투와 긍준의 역할」, 2015, 199~201쪽 참고.

92) 견훤이 적을 '포위집중공격'한 대표적인 예는 다음과 같다. 그는 910년에 금성(錦城, 전남 나주)을 포위하고 공격했으며(『삼국사기』 권50, 열전10, 견훤, 개평 4년), 912년 덕진포전투(전남 영암)에서도 그러하였다(『고려사』 권1, 세가1, 태조1, 글머리).

93) 실제 지묘사(智妙寺)는 사료 V라)에 의하면, 공산동수전투 이후에 조성되었다. 그 이름의 같음에 따라 현 지묘동(智妙洞)에 지묘사가 있었을 것이고, 전투 현장이었을 터이다. 지묘사(智妙寺)의 지묘(智妙)란, 신숭겸의 행위가 지혜로운 묘책이었다는 것이다. 미리사·지묘사·지묘동 등 그 지명과 위치에 대해서는, 류영철, 앞의 『高麗의 後三國 統一過程 硏究』, 2005, 116~117쪽

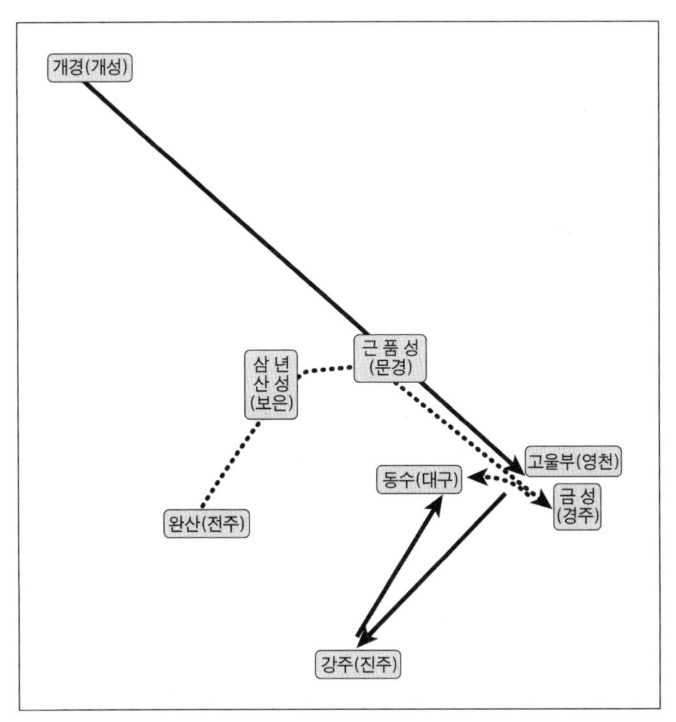

〈도 V-2〉 공산동수전투 시 양군의 진군로(고려군 : 실선, 후백제군 : 점선)

후백제군은 포위망을 형성하며 잠복 대기하였다. 견훤은 왕건의 정예 기병 5천이 포위망으로 들어오면 후백제 장창(長槍) 갑사부대가 고려 기병을 무력화 시키리라 판단했을 것이다.

그러면서 견훤은 이미 자기 세력화했을 동화사 승려들을 합류시켰을 가능성이 높고,[94] 성산진의 색상을 꼼짝 못하게 묶어 놓았다[속수(束手)]. 성산진은 경북 고령군 성산면 일대인데, 이곳은 동쪽 낙동강

참고.

94) 이문기, 「新羅末 大邱地域 豪族의 實體와 그 行方-〈新羅 壽昌郡 護國城 八角燈樓記〉의 分析을 통하여-」 『鄕土文化』 9·10합집, 향토문화연구회, 1995, 96쪽 ; 류영철, 위의 『高麗의 後三國 統一過程 硏究』, 2005, 114~115쪽.

본류와 그 지류인 서쪽 회천(會川) 사이에 있다. 이곳은 두 하천이 자연 해자 역할을 해주는 좋은 군사 주둔지라 하겠다. 견훤은 이를 역이용하여 색상을 두 하천 밖으로 나오지 못하게 묶어 두어 그가 왕건과 호응하지 못하게 하였던 것이다. 이러한 상황에서 왕건은 동수로 정예 기병 5천을 이끌고 왔다. 이 5천은 왕건이 강주 순행 시 신숭겸과 함께 대동한 병력과 앞서 구원병 1만 중에서 색출한 병력이 합쳐진 기병이리라 여겨진다.[95]

신라도성 점령과 의자왕의 원한을 갚았다는 승리감에 싸인 후백제군의 사기는 대단하였을 터이다. 여기에 견훤의 주도면밀한 계획이 더해져 후백제군은 유리한 상황을 만들어 놓고 공산 동수에서 대기하고 있었다. 이에 비해 왕건의 병력은 비록 정예 기병 5천이라 하지만 병력 조합 및 피로감이 쌓여 있었으리라 쉬이 짐작된다. 5천 군사가 개경에서 출발했다면 상황이 달랐겠지만, 왕건이 강주 순행 시 벌어진 사태였기 때문에 고려군은 불리한 처지에 놓일 수밖에 없었다. 더불어 고려군은 색상까지 견훤에게 차단되어 묶여 있었다. 색상이 군사를 이끌고 낙동강을 건너 현풍(현 달성군 비슬산 서쪽 일대)[96]을 거쳐 공산 동수로 와야 되는데 그렇지 못하였다. 색상이 정상 이동하였다면 현 5번국도와 비슷한 진군로를 그으며 공산 동수에 이르렀을 것이다.[97] 결국 색상은 전투 종결 직후에 전사하였다.[98] 여기에 더해

95) 구원병 1만 명이 몰살했거나 원 위치로 돌아갔다는 기록 및 정황이 없으므로 그 일부가 동수로 향한 왕건의 5천 군사에 포함되었을 가능성이 높다.

96) 현 경북 달성군 비슬산 서편이면서 낙동강에 접한 지역이 옛 현풍현(玄風縣)이었다. 현풍현이라는 이름은 고려 태조 23년(940)에 만들어졌다(『대동지지』 권8, 경상도, 현풍, 연혁).

97) 한편, 대구분지에 있었던 수창군에 이재(異才)라는 지역세력이 있었는데, 공산동수전투 이전에 사라진 듯하다. 이재에 대해서는, 이문기, 앞의 「新羅末

왕건의 기병은 산악지대인 공산 동수에서 제 기능을 발휘하지 못하였다.[99] 기병의 장점은 평지에서 최대치를 누릴 수 있는 것이다.

V 마)-① (왕건이) 친히 정예 기병 5천을 거느리고 공산 동수에서 견훤을 맞아 크게 싸웠는데 (형세가) 불리하였다. 견훤의 군사가 왕을 포위하여 매우 위급하였다. 대장 신숭겸과 김락이 힘껏 싸우다가 사망하고 각 부대들은 패배를 당하였으며 왕은 겨우 몸만 피하였다.[100]

V 마)-② … 공(신숭겸)은 대장으로서 얼굴이 여조(왕건)와 비슷하였는데 자신이 대신 죽겠다고 청하여 어거(御車)를 타고 나가 싸우다가 죽음에, 여조는 벗어날 수 있었다. 견훤의 군사들은 공을 여조로 알고 머리를 취해 갔는데, 여조는 공의 시신을 찾아 장인에게 머리를 만들게 하여 의복을 갖추어 입히고 광해주 소양강 비방동으로 옮겨 장사지냈으니, (그곳은) 지금의 춘천부(春川府)이다. … 한 나라 기신(紀信)처럼 몸으로 인(仁)을 바꾸고 ….[101]

V 마)-③ 한나라 3년(B.C. 204), … 이에 항왕(항우)이 범증과 함께 서둘러 형양(滎陽, 형양성)을 포위하였다. … 한나라 장수 기신이 한왕(유방)을 설득하여 아뢰기를, "일이 이미 급해졌으니, 청컨대 왕을 위하여

大邱地域 豪族의 實體와 그 行方-〈新羅 壽昌郡 護國城 八角燈樓記〉의 分析을 통하여-」, 1995 참고.

98) 『고려사』 권1, 세가1, 태조1, 10년, 11월.

99) 신성재, 앞의 「고려와 후백제의 공산전투」, 2012, 200쪽.

100) 『고려사』 권1, 세가1, 태조1, 10년 9월, "親帥精騎五千 邀萱於公山桐藪 大戰不利 萱兵圍王甚急 大將申崇謙 金樂力戰死之 諸軍破北 王僅以身免".

101) 『상촌선생집』 권27, 신도비 6수, 고려태사장절신공충렬비 병서(高麗太師壯節申公忠烈碑 并序), "… 公爲大將而貌類麗祖 請以身代 乘御車出戰死之 麗祖得脫 萱兵以公爲麗祖 取頭而去 麗祖求公尸 命工雕造頭面 備服移葬于光海州昭陽江悲方洞 今之春川府也 … 若漢紀信 以身易仁 …".

초를 속여 왕이 되고자 하오니 왕께서는 그 틈에 나가심이 옳을 듯하나이다" 하였다. 이에 한왕이 밤에 여자 이천 명에게 갑옷을 입혀 형양성 동문으로 내보내니, 초나라 군사들이 사방에서 공격하였다. 기신이 왼쪽에 독기(왕을 상징하는 꿩털 등으로 만든 깃발)를 단 황옥거를 타고 소리치길, "성 안에 식량이 다 떨어져 한왕이 항복한다"하니 초나라 군사들이 모두 만세를 불렀다. 한왕 역시 수십 명의 기병과 더불어 성 서문으로 나가 성고(成皐)로 달아났다. 항왕이 기신을 보고 묻기를, "한왕은 어디에 있는가?" 하니, 기신이 답하기를, "한왕은 이미 나갔소" 하였다. 항왕은 기신을 불태워 죽였다.[102]

사료 V마)-①에 의하면, 왕건은 신라를 구원한다는 명분을 앞세워 급하게 정예 기병을 이끌고 동수로 왔다. 그런데 그는 강주를 순행하다가 왔기에 V마)-②에 나오는 어거(御車)를 가지고 왔다. 왕의 수레인 어거는 순행 시 권위를 상징하는 것이었으리라 생각된다. 그러나 이는 급박한 상황에서 기동성의 걸림돌이었다. 결국 고려 기병은 정예부대였지만 능력을 발휘하지 못하고 견훤의 '포위집중공격'을 받아 위태로운 지경이 되었다.

V마)-②는 조선 인조대에 영의정을 지낸 신숭겸의 후손인 상촌 신흠(象村 申欽, 1566~1628)의 문집인 『상촌선생집』에 실려 있는 '고려태사장절신공충렬비'의 한 내용이다.[103] 이에 의하면, 신숭겸이 왕건

102) 『사기』 권7, 항우본기7, "漢之三年 … 項王乃與范增急圍滎陽 … 漢將紀信說漢王曰 事已急矣 請爲王誑楚爲王 王可以閒出 於是漢王夜出女子滎陽東門被甲二千人楚兵四面擊之 紀信乘黃屋車 傅左纛 曰 城中食盡 漢王降 楚軍皆呼萬歲 漢王亦與數十騎從城西門出 走成皐 項王見紀信 問 漢王安在 信曰 漢王已出矣 項王燒殺紀信".

과 얼굴이 비슷했는데 동수에서 위급한 상황에 맞닥뜨리게 되자, 어거를 왕처럼 타고서 죽었다고 한다. 이 틈에 왕건은 탈출에 성공하여 목숨을 건졌다. 왕의 목숨도 위태로울 지경이었으니, 이는 고려군 대부분이 몰살당하는 상황이었다. 그런데 신숭겸의 이러한 행위가 한 나라 기신(紀信)과 같다고 하였다.

그렇다면 기신의 행위가 어떠했는지를 살펴보면, 신숭겸의 행위에 대한 이해가 높아질 것이다. V마)-③은 기신의 행위가 기록된 『사기』 항우본기에 실린 내용이다. 한 유방과 초 항우가 천하의 패권을 겨룸에 항우가 유방이 있는 형양성(滎陽城)을 포위하였다. 이때 한나라 장군 기신이 위기에 빠진 상황 타개를 위해 자신이 유방의 수레를 타고 한왕(漢王)인 양하여 초나라 군사를 속였다. 이 틈에 한왕 유방이 달아나 목숨을 건졌다. 결국 당시 역사 주인공은 유방이 되었다. 비슷한 내용이 같은 책 고조본기에서는 기신이 거짓으로 한왕인 양했다고 한다[사위한왕(詐爲漢王)].[104]

따라서 사료 V마)를 종합하면, 신숭겸은 왕건의 복장을 하고 어거를 탔으니 후백제군이 봤을 때 그가 고려 국왕처럼 보였을 터이다. 더욱이 그가 왕건과 얼굴이 비슷했다 하니 한나라 기신보다 더 완벽하게 위장되었던 것이다. 결국 왕건은 신숭겸의 대사(代死)로 살아남아 유방처럼 역사의 주인공이 되었다. 신숭겸은 자신을 바쳐 세상에 충(忠)이란 무엇인가를 드러내었다. 자신이 대사한 왕건은 충성을 바칠만한 위인임을 소문나게 하였다. 왕건은 즉위 후 명분을 중시하

103) 비슷한 내용이 뒷시기 자료인 『동사강목』 제5하, 정해 4년, 동11월조에서도 나타난다.

104) 『사기』 권8, 고조본기8, 3년.

였다. 그는 위험에 처한 신라와 신라왕을 구원하고자 자신을 위험에 빠지게 하였다. 비록 견훤에게 처절한 패배를 당하였지만 명분상 왕건은 승자였다. 이러한 왕건의 행위를 더욱 돋보이게 한 이가 신숭겸이었다. 이것이 신숭겸의 당시 역할의 참이었다.

왕건은 신숭겸을 예를 다해 장사(葬事)하였다. 그는 신숭겸에게 장절공(壯節公)이라는 시호를 내리고, 그 명복을 비는 지묘사(智妙寺)를 순절 장소에 창건하였다. 이와 같은 왕건의 행위는 유교와 불교의 예로서 그 공을 기린 것이다. 이뿐만 아니라 왕건은 도교의 예로서 신숭겸의 못 다한 복을 빌어 주었다. 팔공산 남쪽 줄기 한 봉우리인 초례산(醮禮山, 초례봉[醮禮峰])은 왕건이 공산동수전투 이후에 하늘을 향해 초례(醮禮)를 지낸 곳이다.[105] 이는 도교 의식인데 고려의 앞날과 신숭겸의 넋을 위해 빌었을 터이다. 왕건은 신숭겸을 위해 당시 성행했던 신앙들을 동원하여 그 충성을 드러내고 복을 빌어 주었다.[106] 이는 모든 신하 및 백성들에게 본보기가 되었을 것이다. 이러한 중심에 죽음으로 바꾼 신숭겸의 충성이 있었다.

공산동수전투의 승자는 후백제 국왕 견훤이었다. 고려를 건국하고 국력을 상승시켜 나가던 왕건은 이 전투에서 패배하여 그 세가 하강하게 되었다. 하지만 왕건은 비록 패배했지만 의(義)를 좇은 행위였으므로 얻은 것이 있었다. 그가 얻은 것은 이 지역의 민심이었다. 전투

---

105) 『신증동국여지승람』 권27, 경상도, 하양현, 산천, 초례산. 경북 경산시 하양읍과 대구광역시 동구 사이에 팔공산 줄기인 초례봉(초례산)이 있다.

106) 한편, 신숭겸은 그 시기가 정확하지 않으나 전라도 곡성현의 성황신(城隍神)이 되었다고 한다(『신증동국여지승람』 권39, 전라도, 곡성현, 인물, 고려 신숭겸). 즉 신숭겸이 곡성현을 지켜주는 신이 되었다는 것이다. 이는 그가 민간신앙으로서도 숭배되었음을 알 수 있다.

후에 주변지역이 동요하지 않았던 것이 그 증거가 되겠다. 이후 고려 통일전쟁의 역사는 계속되는데, 다음 대전(大戰)인 930년 고창군전투(경북 안동)가 대기하고 있었다.[107] 왕건은 자신에게 우호적인 지역 민심을 토대로 지역민의 협조 속에서 고창군전투를 승리할 수 있었다. 이후 왕건은 통일의 주인공이 되었다.

5. 맺음글

왕건의 고려군과 견훤의 후백제군은 927년에 공산 동수(公山 桐藪, 대구 팔공산 동화사 일대)에서 혈투를 벌였다. 이 혈투의 원인은 나름의 정치 및 지리적 배경이 있다 하겠다. 왕건은 즉위 후에 궁예와 달리 신라를 우호적으로 상대하였다. 고려와 신라는 가까워지고, 양국과 후백제는 반목하게 되었다.

925년(태조 8) 10월, 고려와 후백제가 조물성(조물군, 경북 내륙의 어느 곳)에서 맞닥뜨림에 서로 희생을 피하고자 질자(質子)를 교환하였다. 그 대상은 왕건의 사촌 동생인 왕신(王信)과 견훤의 사위 진호(眞虎)였다. 신라 경명왕의 뒤를 이은 경애왕이 조물성 질자교환 후에 사절을 왕건에게 보내 견훤을 믿지 말고 화친도 하지 말라고 부추겼다. 그런데 고려에 질자로 온 진호가 6개월만인 926년 4월에 사망하여 양국은 전운이 감돌았다. 견훤은 자신의 사위를 고려가 고의로 죽였다고 판단하여 분노하였다. 그는 중간에 이간질하는 경애왕에 대해서

---

107) 『고려사』 권1, 세가1, 태조1, 13년 춘정월.

도 보복을 품었다. 진호의 사망은 공산동수전투가 발발하기 전해에 발생한 큰 사건이었음은 분명하다. 이는 고려와 후백제의 대격돌을 예고하는 것이었다.

왕건의 집권기에 가장 큰 고통이 927년에 있었다. 이 해의 9월 이전까지 왕건의 영역 확장은 순탄한 듯하였다. 왕건은 용주(경북 예천군 용궁면)·근품성(경북 문경시 산양면)·고사갈이성(문경)·배산성(문경시 호계면)을 고려의 영역으로 만들었다. 그는 특히 경북 문경 일대를 촘촘히 장악하였다. 이는 일찍부터 고려의 영역인 충북 충주에서 경상지역으로 향하는 안전한 진군로 확보를 위해 그 관문인 문경 일대가 중요했기 때문이다. 고려군은 계속해서 더욱 안전하게 진군로를 동남쪽 고울부(경북 영천시 임고면)로 연결하는 것도 가능하였다. 이는 바로 신라도성 금성(경북 경주)으로 연결되는 것이었다. 여기에 더해 고려군은 운주(충남 홍성)·대량성(경남 합천)·강주(경남 진주) 일대도 장악하였다. 점차 고려군이 후백제를 옥죄며 포위하는 형상이 되었다. 한편, 경애왕은 질자교환과 관련하여 모두 두 차례나 고려의 편을 들었다. 그런가 하면 용주전투에서는 신라군이 고려군과 함께 후백제군을 협공하는 상황에까지 이르렀다.

이제 주 교전국 고려와 동조한 신라, 양측에 대한 견훤의 분노와 위기감이 극에 달했다. 이를 타개하기 위한 견훤의 선택은 신라도성 기습이었다. 927년 9월에 견훤은 근품성을 공격하여 그 성을 불사르고 고울부를 습격하였다. 이는 왕건이 직전에 고려의 영역으로 만든 곳을 견훤이 무력화 시킨 것이다. 큰 위기의식에 처한 신라 경애왕은 왕건에게 구원을 요청하였다. 그러나 견훤은 경애왕의 생각보다도 빨리 신라도성을 기습하였다. 왕건은 시중 공훤이 이끄는 1만 명을 구원군으로 보냈으나 이르지 못하였다. 견훤은 왕건이 먼저 신라를 획득하기 전에 이를 차단할 필요성을 느끼고 있었다. 특히 경애왕에 대한 견훤의 분노가 상당하였다. 그러나 무엇보다도 견훤의 대 신라 기본 입장이 있었다. 견훤은 900년에 후백제를 건국함에, "내가 의자왕의 억울하고 원통한 마음을 눈처럼 하얗게 씻겠노라!" 하였다. 견훤은 신라도성을 공략하고 신라왕을 죽게 함으로서 자신의 백성에게 했던 약속을 지켰다. 이처럼 견훤의 신라도성 공략은 복합적인 이유가 그 배경으로 작용하였다.

그렇다면 왕건의 대응은 어떠했는지 정리가 필요하다. 궁예는 신라를 드러내놓고 적대(敵對)하였다. 하지만 왕건은 신라를 포용정책으로 접근하였다. 견훤이 신라도성인 금성을 공략하고 신라왕을 갈아치운 927년 9월 사건은 사실상 신라를 멸망시킨 것이나 다름없었다. 왕건의 대응은 신라 구원이라는 명분을 내세우며 시행되었다. 이때 강주 순행 중이었던 왕건은 견훤을 응징하기 위해 정기(精騎) 5천 군사를 이끌고 왔다. 견훤은 왕건의 이러한 행동을 이미 예상하였다. 마침내 왕건과 견훤은 공산 동수에서 맞닥뜨렸다. 공산동수전투는 927년 9월부터 11월 사이에 벌어진 전투였다. 다만 공산 동수라는 특정 지점 혈투는 10월에 발발하였다. 동수(桐藪)는 대구 팔공산의 동화사(동구 도학동)를 말함인데, 전투장소는 동화사에서부터 미리사·지묘사(동구 지묘동)에 이르는 팔공산의 남쪽지대였다.

공산동수전투를 논함에 필수 인물인 신숭겸의 생애는 다음과 같다. 평민(농민) 출신인 신숭겸은 곡성(전남 곡성)에서 태어나 살다가 혼돈의 시기에 고향에서 살 수 있는 여건이 되지 않자, 광해주(춘주, 강원도 춘천)쪽으로 옮기어 당시 민(民)의 신망을 받은 궁예 휘하 군사가 되었으리라 추정하였다. 그리고 그는 광해주에서 혼인하고, 궁예를 따라 종군하다가 역시 궁예 아래에서 활동하던 왕건과 함께 군 생활을 한 것이 아닐까 한다. 그 후 신숭겸은 918년 6월에 홍유·배현경·복지겸 등과 함께 왕건을 추대하고 초심을 잃은 궁예를 몰아냈다. 이들은 모두 기병장군[마군장군(馬軍將軍)]이었다. 왕건과 신숭겸 등은 모두 기병이라는 공통분모가 있었다. 이 4인방 중에서 신숭겸은 왕건의 정벌 시 항상 따라다녔다[상종(常從)]고 한다. 신숭겸은 체격이 장대하고 활을 잘 쏘았다. 그는 왕건의 정벌 시 기병장군 역할과 호위 책임자 역할도 겸한 최측근이었다. 당연히 신숭겸은 왕건의 강주 순행 시 함께 하였다.

견훤은 비록 신라도성을 장악했지만 자신의 진군로가 너무 길고 왕건의 고려군이 신라를 구원하러 계속 오기에 지체할 수 없었다. 이후 견훤의 진군로는 이렇게 추정할 수 있다. 먼저 견훤은 일부 병력으로 하여금 전리품과 유용한 신라인들을 데리고 완산(完山, 전북 전주)으로 돌아가게 했을 것이다. 견훤은 최소 1만이 넘는 병력을 데리고 신라도성으로 왔던 길인 고울부(영천)를 거쳐 공산 동수로 향하였다. 견훤은 치고 빠지는 상태였고 왕건은 명분을 앞세워 견훤을 응징하러 가는 상태였다. 그러므로 견훤이 공산 동수를 선택하여 먼저 와 있었을 터이다.

견훤의 전술은 이렇다. 팔공산의 동화사 남쪽지대에서 후백제군은 포위망을 형성하며 잠복 대기하였다. 견훤은 왕건의 정예 기병 5천이 포위망으로 들어오면 후백제 장창(長槍) 갑사부대(甲士部隊)가 고려 기병을 무력화 시키리라 판단했을 것이다. 이러한 상황에서 왕건은 신숭겸·김락 등과 함께 정예 기병 5천을 이끌고 동수로 왔다. 신라도성 점령과 의자왕의 원한을 갚았다는 승리감에 싸인 후백제군의 사기는 대단하였다. 여기에 견훤의 주도면밀한 계획이 더해져 후백제군은 유리한 상황을 만들어 놓고 공산 동수에서 대기하고 있었다. 이에 비해 왕건의 병력은 비록 정예 기병 5천이라 하지만 병력 조합의 문제점 및 피로감이 쌓여 있었다. 왕건이 남쪽 강주에서 순행하다가 온 것도 패인의 한 이유가 되었다. 고려군은 불리한 처지에 놓일 수밖에 없었다. 여기에 더해 왕건의 기병은 산악지대인 공산 동수에서 제 기능을 발휘하지 못하였다.

마침내 벌어진 전투에서 견훤의 '포위집중공격'을 당한 왕건의 고려군은 몰살당할 위기에 처하자, 신숭겸이 왕건을 대신하여 순절하였다. 이는 한(漢) 장군 기신(紀信)의 행위와 비슷하였다. 신숭겸은 왕건의 복장을 하고 어거(御車)를 타고서 왕건처럼 보이게 하였다. 더욱이 그가 왕건과 얼굴이 비슷했다 하니 후백제군은 그를 고려 국왕으로 믿었다. 결국 왕건은 신숭겸의 대사(代死)로 살아남았다. 공산동수전투 시 신숭겸은 태조 왕건을 대신하여 죽음으로써 세상에 충(忠)이란 무엇인가를 드러내었다. 자신이 대사한 왕건은 충성을 바칠만한 위인임을 소문나게 하였다. 왕건은 즉위 후 명분을 중시하였다. 그는 위험에 처한 신라와 신라왕을 구원하고자 자신을 위험에 빠지게 하였다. 비록 견훤에게 처절한 패배를 당하였지만 명분상 왕건은 승자였다. 이러한 왕건의 행위를 더욱 돋보이게 한 이가 신숭겸이었다. 이것이 신숭겸의 당시 역할의 참이었다.

왕건은 예를 다해 죽은 신숭겸을 장사(葬事)하였다. 그는 신숭겸에게 장절공(壯節公)이라는 시호를 내리고(유교), 그 명복을 비는 지묘사(智妙寺)를 순절 장소에 창건하였다(불교). 팔공산의 한 봉우리인 초례산(醮禮山, 초례봉[醮禮峰])은 왕건이 공산동수전투 이후에 초례(醮禮)를 지낸 곳이다. 여기에서 그는 고려의 앞날과 신숭겸의 넋을 빌었다(도교). 왕건은 신숭겸을 위해 당시 성행했던 신앙들을 동원하여 그 충성을 드러내고 복을 빌어 주었다. 이는 모든 신하 및 백성들에게 본보기가 되었을 것이다.

공산동수전투의 승자는 후백제 국왕 견훤이었다. 고려를 건국하고 국력을 상승시켜 나가던 왕건은 이 전투에서 패배하여 그 세가 하강하게 되었다. 하지만 왕건은 비록 패배했지만 의(義)를 좇은 행위였으므로 얻은 것이 있었다. 그가 얻은 것은 이 지역의 민심이었다. 이러한 지역 민심을 토대로 지역민의 협조 속에서 왕건은 930년 고창군전투(경북 안동)를 승리할 수 있었다. 이후 왕건은 통일의 주인공이 되었다.

Ⅵ. 운주전투와 긍준의 역할

1. 머리글

고려 태조 왕건이 수행한 통일전쟁의 여러 전투 중에서 충청지역의 판세는 물론이고, 전체 전장의 판세까지도 결정지은 전투가 운주전투(運州戰鬪)였다. 운주성(運州城)은 운주(홍주, 충남 홍성) 일대의 주요 거점성인데, 고려 통일전쟁 중에 이 성과 주변에서 고려와 후백제가 2차례나 전투를 치렀다.[1] 고려 통일전쟁의 주요한 전투로는 왕건이 즉위 전에 수행한 덕진포전투(전남 영암)와 즉위 후에 수행한 조물성전투·공산동수전투(대구)·고창군전투(경북 안동)·일모산성전투(충북 청주시 상당구 문의면)·운주전투·일리천전투(경북 구미) 등 여러

1) 이 전투는 운주성이 중심이었기에 그 이름을 운주성전투라고 쓸 수도 있다. 하지만 실제 전투현장은 운주성보다는 그 가까운 바깥이었기 때문에 좀 더 확장된 의미로서 그 이름을 '운주전투'로 쓰고자 한다. 윤용혁, 「나말여초 洪州의 등장과 運州城主 兢俊」『한국중세사연구』 22, 한국중세사학회, 2007에서 두 차례에 걸친 운주전투를 '제1차 운주전투', '제2차 운주전투'라 이름하였는데 이 글에서는 이를 따른다.

전투가 있었다. 이는 고려와 후백제 사이의 다툼이었다.

이상의 전투 중에서 마지막 전투인 일리천전투가 발생하기 전에 양국의 판세를 결정지은 전투가 934년의 제2차 운주전투였다. 그런데 이미 927년에 제1차 운주전투가 발생하였다. 운주성은 양국의 접경지였으며 고려 국왕인 왕건이 2차례 모두 이곳에 친정(親征)하였다. 이는 그만큼 중요한 거점에서 일어난 중요한 전투였다는 것이다. 그런가 하면 당시 운주성에는 지역세력으로서 긍준(兢俊)이라는 인물이 양국 판세의 주요 변수로 자리매김하고 있었다.

운주전투에 대해서는 운주(홍주)의 탄생과 변천 과정을 검토하면서 지역세력인 긍준과 이곳에서 행해진 전투를 주목한 연구들이 있었다.[2] 그리고 당시 주변 전쟁 상황을 이해하는 데 도움이 될 아산만 공략과정[3]과 일모산성전투[4] 등에 대한 연구도 있었다. 따라서 선행연구로 인하여 운주전투의 실상은 어느 정도 밝혀졌다. 하지만 고려 통일전쟁의 마지막 판세를 결정지은 운주전투를 전쟁사 측면에서 좀 더 세밀하게 조망할 필요가 있다. 그만큼 이 전투가 고려 통일전쟁에서 차지하는 비중이 대단했기 때문이다.

이에 이 글에서는 먼저 고려 통일전쟁 이전 및 당시의 운주지역 역사는 물론이고 이 지역의 지리적 특성을 알아보려 한다. 그리고

---

2) 윤용혁, 「지방제도상으로 본 홍주의 역사적 특성-운주, 홍주, 홍성」『홍주문화』 13, 홍성문화원, 1997 ; 「나말여초 洪州의 등장과 運州城主 兢俊」『한국중세사연구』 22, 한국중세사학회, 2007 ; 김갑동, 「고려초기 홍성지역의 동향과 지역세력」『史學硏究』 74, 한국사학회, 2004.

3) 김명진, 「고려 태조 왕건의 아산만 일대 공략과정 검토」『지역과 역사』 30, 부경역사연구소, 2012.

4) 김명진, 「고려 태조 왕건의 일모산성전투와 공직의 역할」『軍史』 85, 국방부 군사편찬연구소, 2012.

이곳의 유력한 지역세력이었던 긍준을 주목하고자 한다. 이러한 기본 작업 후에 운주전투의 제1차 전투와 제2차 전투의 실상을 그려보는 게 논지 전개의 자연스런 흐름이 될 것이다. 이 글의 완성을 위해서 기본사서 및 선행연구들을 꼼꼼하게 검토하고, 부족한 부분은 전투 현장을 답사하여 해결하고자 한다.

2. 운주의 역사·지리적 배경

운주(運州, 홍주, 충남 홍성)는 고려 통일전쟁기 이전의 모습을 알 수 있는 확실한 사료가 별반 보이지 않고 있다. 다만 간접적으로 실상에 접근해 볼 수 있다. 현재의 충남 홍성군은 동쪽에 예산군, 남동쪽에 청양군, 남서쪽에 보령시가 접하고, 서쪽으로 서해 천수만(淺水灣)이 있으며, 북쪽에는 서산시가 자리잡고 있다.

홍성(洪城)이라는 이름은 일제시대인 1914년 이후의 제도 개편에 의하여 이웃하고 있었던 홍주군과 결성군이 통합되면서 양군의 지명을 한자씩 조합하여 새 이름으로 탄생되었다.[5] 대체로 홍주는 동쪽의 내륙쪽에 위치해 있고 결성은 서쪽의 바다에 인접해 있었는데, 이 둘을 더하고 보령군(충남 보령시) 청소면의 일부를 합한 것이 오늘날의 홍성군이다.[6] 운주(홍주)의 고려 통일전쟁기 이전의 모습은 현 홍성군 관내에 있었던 군현의 옛 흔적을 통해서 지나온 이력을 알

5) 윤용혁,「지방제도상으로 본 홍주의 역사적 특성-운주, 홍주, 홍성」『홍주문화』 13, 홍성문화원, 1997, 30~31쪽.

6) 『地方行政區域發展史』, 내무부, 1979, 105쪽.

수 있다. 여기에 고고학 자료를 덧붙여 살펴보면 다음과 같다.

운주지역은 구석기시대와 신석기시대부터 사람이 살아온 흔적이 보이고 있다.[7] 이어서 청동기시대의 대표적 유적인 고인돌도 다수 자리하고 있으므로[8] 이 지역은 일찍부터 사람의 역사가 시작된 곳이었다. 운주의 중심지였을 홍성읍은 홍성천이 삽교천에 합류하면서 북으로 흐르고 그 주변에 농경지가 분포하고 있다. 이 물줄기는 아산만으로 유입한다. 그리고 홍성군 서남쪽의 여러 포구들은 서해의 천수만으로 열려져 있다. 이처럼 사람이 살기에 좋은 입지 조건을 가지고 있는 운주는 당연히 백제시대에도 쓸모 있는 곳이었으리라 판단된다. 그러나 기록의 흔적은 홍성읍보다는 홍성군 관내 면단위에서 보다 뚜렷이 나타나고 있다.

대표적인 몇 군데를 살펴보면, 백제 때 결기군(結己郡)은 백제를 멸망시킨 신라가 경덕왕대에 결성군(潔城郡)으로 고쳤다.[9] 그 이름의 같음으로 보아 이곳은 현 홍성군 결성면일 터이다. 백제 사시량현(沙尸良縣)은 신라 경덕왕대에 신량현(新良縣)으로 이름이 바뀌고, 고려시대에는 여양현(黎陽縣)이라 하였다.[10] 그런데 장곡산성(여양산성, 석성산성, 홍성군 장곡면 산성리)에서 사시(沙尸)라는 명문이 찍힌 기와편이 발견되어[11] 백제의 사시량현은 현 홍성군 장곡면 일대라고

---

7) 『洪城邑誌』, 홍성읍지편찬위원회, 2008, 122~123쪽.

8) 『문화유적분포지도 - 홍성군』, 충청남도·공주대학교박물관, 2002, 290~291쪽.

9) 『삼국사기』 권36, 잡지5, 지리3, 결성군.

10) 『삼국사기』 권36, 잡지5, 지리3, 결성군, 신량현.

11) 장곡산성(여양산성, 석성산성)에 대해서는, 『文化遺蹟總覽』(城廓 官衙 篇), 충청남도, 1991, 219~220쪽 ; 『洪城郡 長谷面 一帶 山城 地表調査報告書』, 상명여자대학교 박물관·홍성군청, 1995 ; 앞의 『문화유적분포지도 - 홍성군』,

단정된다.

그러면 운주의 중심이었을 홍성읍에는 고려 통일전쟁기 이전에 어떤 군현이 있었는지 궁금하다. 『삼국사기』 지리지에 '삼국시대의 지명만 있고 내력이 분명하지 않은 지역'이 열거되어 있는데 그 중에서 해풍향(海豊鄉)이라는 곳이 있다.[12] 그런데 운주가 어느 때에 해풍(海豊)으로 불리던 때가 있었다. 『신증동국여지승람』에는 홍주목의 군명(郡名)이 5개 나열되어 있다. 운주(運州)·안평(安平)·해풍(海豊)·해흥(海興)·홍양(洪陽)이 그것이다.[13] 이 중에서 해풍이 『삼국사기』의 해풍향이라고 지적한 견해가 있는데 참고된다.[14] 그런가 하면 『고려사』 지리지에서는 안평과 해풍을 모두 고려 성종대에 정한 별호(別號)라고 하였다.[15] 또한 『충청도읍지』의 홍주목 고적조에는 "해풍현의 옛터가 지금의 홍주목 주치(州治)"라고 하였다.[16]

아마도 운주의 주치는 대략 10세기 이전의 어느 때에 있었던 해풍향 또는 해풍현의 치소가 그 뿌리였으며, 이로 인하여 고려 성종대에 별호로서 해풍이라는 이름을 사용했다고 판단된다. 해풍(海豊)이라는 이름은 그 뜻으로 보아 바다와 친연성이 높은 곳이라는 생각을 갖게 한다. 실제로 이곳은 관내 주요 하천들이 대부분 삽교천을 통해

2002, 192~193쪽 참고.

12) 『삼국사기』 권37, 잡지6, 지리4, 삼국유명미상지분 해풍향(三國有名未詳地分 海豊鄉).

13) 『신증동국여지승람』 권19, 충청도, 홍주목, 군명.

14) 조원찬, 「제4장 신라시대」 『洪州大觀』상권, 홍주대관편찬위원회, 2002, 243~245쪽.

15) 『고려사』 권56, 지10, 지리1, 홍주.

16) 운주 이전의 해풍현에 대해서는 윤용혁, 「고려시대 홍주의 성장과 홍주읍성」 『전통문화논총』 7, 한국전통문화학교, 2009, 220~223쪽 참고.

아산만으로 연결된다. 그리고 옛 결성군 방향과 남서쪽(현 홍성군 광천읍 일대) 지역은 서해 천수만과 접해있다. 해풍현(해풍향)은 각종 지리지에 그 흔적이 없거나 미미했는데 이는 이곳이 일대에서 비중 있는 지역이 아니었기 때문이다.[17] 그랬던 곳이 고려 통일전쟁기에 운주(運州)라는, 전혀 새로우면서 거창한 이름으로 포장되어 나타났다. 관련내용을 제시하면 다음과 같다.

Ⅵ 가) (918년 8월) 웅주(熊州, 충남 공주)·운주(運州) 등 10여 주현이 모반하여 (후)백제로 가 붙었다.[18]

위의 사료에서 비로소 운주가 등장하고 있다. 주(州)라는 것은 잘 알려졌듯이 원래 중국 고대에 천하를 아홉 개로 나누어서 생각할 때에 그 하나였다. 신라에서도 이를 모방하여 백제와 고구려를 멸망시킨 후에 전국을 9주로 나누어 정리하였는데 신문왕 5년(685)에 완성하였다.[19] 이 같은 신라의 행동은 어쩌면 황제국 체제를 모방했다고 할 수 있는 것이었다. 그만큼 주는 지역단위로서 무게감이 있었다. 신라의 9주는 『삼국사기』 지리지에 의하면, 상주(尙州)·양주(良州)·강주(康州)·한주(漢州)·삭주(朔州)·명주(溟州)·웅주(熊州)·전주(全州)·무주(武州) 등이 있었다. 9주 중에서 현 충청지역의 대부분은 웅주로 분류되었다. 그러나 사료 Ⅵ가)에서는 태조 원년인 918년 8월에 웅주와 대등한 관계로 보이는 또 하나의 주인 운주가 보이고 있다.

---

17) 윤용혁, 위의 「고려시대 홍주의 성장과 홍주읍성」, 2009, 220쪽.
18) 『고려사』 권1, 세가1, 태조1, 원년 8월 계해, "以熊運等十餘州縣 叛附百濟".
19) 『삼국사기』 권8, 신라본기8, 신문왕, 5년.

고려 태조 왕건이 즉위하면서 새롭게 원년을 칭한 것이 918년 6월인데[20] 불과 2달 후에 운주의 존재가 드러나고 있다. 그렇다면 운주를 주로 정해 준 국왕이 왕건이라고 보기에는 시간적으로 무리가 따른다. 그 존재가 미약했던 해풍현(해풍향) 지역이 주로서 보다 큰 이름으로 재탄생한 것은 왕건이 즉위하기 이전일 것이다. 이제 기존의 9주 이외의 주로서 왜 운주가 탄생되었는지 살펴볼 필요가 있다. 먼저 9주 이외의 주로서 죽주(竹州, 경기 안성시 죽산면)가 891년에 나타나고 있다.[21] 많은 지역들이 889년(진성여왕 3)에 발생한 원종(元宗)과 애노(哀奴)의 반란을 기점으로 신라 중앙정부로부터 분리되어 나갔다.[22] 따라서 죽주의 출현을 통해 이전에 크게 주목되지 않았던 지역들에서 특정 지역세력이 주동하여 9주와 대등한 주를 표방한 것이 아닐까하는 판단을 하게 된다.

이어서 궁예의 통치 시기 및 고려 태조 왕건의 통일전쟁기에 주가 다수 나타난다. 『고려사』 태조세가에 의하면, 왕건이 개국하기 전인 900년에 궁예가 왕건에게 명하여 광주(경기 광주)·충주(충북 충주)·청주(靑州, 충북 청주)·당성군(경기 화성)·괴양군(충북 괴산) 등의 군현을 토벌하게 했는데, 왕건이 이를 다 평정하였다는 기록이 있다.[23] 여기서 광주(한주)는 9주의 하나이고,[24] 충주와 청주가 새로운 주로서 등장하였다. 충주는 태조 23년(940)에 그 이름이 지어졌다

20) 『고려사』 권1, 세가1, 태조1, 원년 6월.

21) 『삼국사기』 권50, 열전10, 궁예, 대순 2년 신해.

22) 『삼국사기』 권11, 신라본기11, 진성왕, 3년 ; 김명진, 『고려 태조 왕건의 통일전쟁 연구』, 혜안, 2014, 32~33쪽.

23) 『고려사』 권1, 세가1, 태조1, 글머리, 광화 3년 경신.

24) 『삼국사기』 권35, 잡지4, 지리2, 한주.

하고[25] 청주 또한 같은 해에 이름이 지어졌다한다.[26] 하지만 청주는 한자 표기의 변화가 있어서 940년에 청주(淸州)이지만 그 이전인 900년에는 청주(靑州)라고 표기하였다.[27] 이는 청주가 이미 900년 즈음부터 주로서 등장했다고 생각할 수 있는 사안이다. 따라서 충주도 900년경에 주가 되었을 가능성이 높다 하겠다.[28]

이상의 추정에 힘을 실어주는 것은 나주(羅州, 전남 나주)의 생성 때문이다. 903년, 왕건에 의해서 금성군이 궁예의 영역이 되면서 그 명칭이 나주로 바뀌었다.[29] 또한 이즈음에 정주(貞州)도 보인다.[30] 918년 3월에는 동주(東州, 강원 철원)라는 지명도 나타난다.[31] 그리고 왕건이 즉위한 후에는 보다 더 많은 다수의 주들이 발견된다. 이는 궁예가 자신의 세력 확장에 도움이 될 만한 지역들을 주로 승격하여 해당 지역을 우대하며 생겨난 현상이었다. 또한 특정 지역이 스스로

---

25) 『고려사』 권56, 지10, 지리1, 충주목.

26) 『고려사』 권56, 지10, 지리1, 청주목.

27) 청주의 한자표기가 청주(靑州)에서 청주(淸州)로 변했다는 것에 대해서는, 김명진, 「太祖王建의 天安府 設置와 그 運營」 『한국중세사연구』 22, 한국중세사학회, 2007, 41쪽, 주15 ; 김명진, 앞의 『고려 태조 왕건의 통일전쟁 연구』, 2014, 59~61쪽 참고.

28) 한편, 태조 23년(940)에 전국의 주부군현(州府郡縣)의 명칭을 처음으로 고쳤다고 했는데(『고려사』 권56, 지10, 지리1, 글머리), 이는 그 명칭을 전국적으로 처음 확정했다는 것이지, 모든 지역이 그 명칭을 처음 사용했다는 것은 아니다. 예를 들면 공주(충남 공주)라는 명칭을 태조 23년에 고쳤다고 했는데(『고려사』 권56, 지10, 지리1, 공주), 이미 견훤이 892년에 공주라는 명칭을 사용하고 있었다(『삼국사기』 권50, 열전10, 견훤, "~全武公等州軍事~"의 公州). 따라서 태조 23년의 전국 주부군현 명칭 확정은 기존의 사용하던 것과 새로운 것들을 다 포함하여 확정한 것으로 이해된다.

29) 『고려사』 권1, 세가1, 태조1, 글머리, 천복 3년 계해.

30) 『고려사』 권1, 세가1, 태조1, 글머리.

31) 『고려사』 권1, 세가1, 태조1, 글머리, 정명 4년 3월.

지역세력의 주도 아래 자신들의 거주지를 주로 승격해서 자칭했던 것을 궁예가 인정해 주었을 가능성도 있다. 아무튼 궁예는 주라는 이름의 무게감으로 해당 민들에게 인심을 쓴 것이다. 이를 왕건이 즉위한 후에도 그대로 이어받아 주가 양산되었다고 판단된다.[32] 그리고 견훤의 후백제에서도 비슷한 현상이 있었다고 추정된다. 이러한 시대적 환경 속에서 탄생된 주 중의 하나가 바로 운주였다.

요컨대 사료 Ⅵ가)는 918년 8월의 일이므로, 운주가 탄생된 때는 889년 이후부터 918년 8월 이전의 어느 시기였다. 물론 해풍현(해풍향) 치소 자리에 들어선 운주를 궁예가 승인했을 가능성도 있고, 아예 궁예가 설치했을 가능성도 있다.[33] 또한 지역세력이 자신의 통치지역을 운주라고 자칭했을 가능성도 있다. 아무튼 운주는 그 명칭이 주로 개칭되어 이전에 비해 한껏 격상된 대접을 받았을 터이다. 여기에는 해당지역이 전략적으로 중요한 지리적 조건을 가지고 있었으며, 또한 궁예정권에게 귀부한 강력한 지역세력이 있었기에 가능한 일이었다. 운주는 당시 궁예정권과 견훤정권의 최일선 접경지였기에 전략적으로 중요한 지역이었다. 이곳에는 강력한 지역세력이 있었는데 그는 긍준(兢俊)이었다.

---

32) 고려 초의 주(州)는 궁예 → 태조의 경략 과정에서 그들에게 귀부 내지 협조한 지역이라는 견해가 참고된다(김갑동, 「'高麗初'의 州에 대한 考察」 『고려사의 제문제』, 삼영사, 1986, 279쪽).

33) 궁예 통치기에 그 남방기지로서 운주가 설치되었다는 견해가 참고된다(김갑동, 「고려초기 홍성지역의 동향과 지역세력」 『史學硏究』 74, 한국사학회, 2004, 135쪽).

3. 긍준(兢俊)의 고려 귀부와 운주성

신라는 진성여왕 3년(889)부터 급속히 멸망의 길로 내달리게 되었으며 지방은 해체되어 갔다.[34] 급기야 900년에 전주에서 견훤이 후백제를 건국하고,[35] 901년에는 궁예가 송악(개성)에서 고려(마진, 태봉)를 건국하기에 이르렀다.[36] 충청지역은 두 국가의 접경지역이면서 전장의 최일선이 되었다. 운주는 그 접경지역의 주요 거점 중 하나였다. 앞에 기술한 사료 Ⅵ가)는 그 근거가 된다. 웅주(충남 공주)와 운주가 접경지역이었기에 소속 국가를 바꾸는 게 가능한 측면이 있었다. 만약 운주가 고려의 내륙에 위치해 있었다면 후백제로 귀부하는 것은 불가능하였다. 당시 특정지역이 소속을 바꾸는 것은 두 가지 방법이 있었다. 해상을 통해서 연결 가능한 지역이거나, 접경지역이거나였다. 나주가 전자에 해당하는 대표적인 지역이었다. 운주는 해상으로도 연결이 가능했지만 무엇보다도 접경지역이었기에 소속을 바꾸는 것이 가능한 측면이 강했다.

한편, 운주의 남쪽인 공주에 공주장군 홍기(弘奇)라는 인물이 있었다. 홍기는 904년에 궁예에게 귀부하였다.[37] 따라서 공주의 북서쪽에 있던 운주도 이즈음에 궁예에게 귀부하였을 것이다.[38] 이러한 운주

---

34) 『삼국사기』 권11, 신라본기11, 진성왕, 3년 ; 김명진, 앞의 『고려 태조 왕건의 통일전쟁 연구』, 2014, 32~33쪽.

35) 『삼국사기』 권50, 열전10, 견훤.

36) 『삼국사기』 권50, 열전10, 궁예 ; 『삼국유사』 권1, 왕력1, 후고려 ; 『고려사』 권1, 세가1, 태조1, 글머리.

37) 『삼국사기』 권50, 열전10, 궁예.

38) 김갑동, 앞의 「고려초기 홍성지역의 동향과 지역세력」, 2004, 139쪽 참고.

를 관할하고 있었던 지역세력은 긍준(兢俊)이었다. 다음 사료는 『고려사』에 처음 등장하는 긍준의 모습이다.

Ⅵ 나) (927년 3월 신유) 왕(왕건)이 운주로 쳐들어가 그 성주(城主) 긍준(兢俊)을 성 아래에서 깨뜨렸다.[39]

앞에서 제시한 사료 Ⅵ가)와 위의 사료 Ⅵ나)를 아울러 살펴보면, 먼저 918년에 운주라는, 이전에 비해 보다 큰 의미로 작명된 지역명이 등장하였다. 이는 889년 이후의 어느 시점에 운주가 탄생한 것인데 그 중심은 운주 지역 내에 있는 어느 성이었다. 그리고 그 성의 주인, 즉 성주(城主)는 긍준이라는 인물이었다. 그렇다면 운주의 중심인 치소성은 운주성이라고 기술할 수 있을 것이다.[40] 그곳이 현재 어디쯤일지 궁금하다.

사료 Ⅵ나)에서 전투의 승리 현장은 운주성 아래였다. 긍준은 적군인 고려군이 공격해왔는데, 그것도 고려 국왕이 직접 군대를 이끌고 공격해 온 상태에서 성 밖에서 맞아 싸웠다. 고려 태조 왕건은 최고 정예부대를 이끌고 최상의 장비를 갖추어 운주성을 공격했을 터이다. 그런 상태에서 긍준은 과감히 성 밖에서 전투를 벌였다. 긍준의 이러한 전투자세는 매우 무모한 것이었다. 아마도 긍준이 그럴 수밖에

39) 『고려사』 권1, 세가1, 태조1, 10년 3월 신유, "王入運州 敗其城主兢俊於城下".

40) 사료 Ⅵ나)의 "王入運州 敗其城主兢俊於城下"에서 '운주성'이라는 명칭은 없지만 내용상 긍준의 성은 운주성으로 보아야 할 것이다. 즉 '군현명+성'의 형태로 볼 수 있다. 당시 읍호(군현명)를 포함한 성은 대부분 치소의 역할을 하였다고 판단되므로(최종석, 「羅末麗初 城主·將軍의 정치적 위상과 城」 『韓國史論』 50, 서울대학교 국사학과, 2004, 101~102쪽), 운주의 치소성은 운주성이라고 기술할 수 있을 것이다.

없었던 상황이 있었던 것은 아닐까 한다. 긍준의 입장에서 적의 최고 정예부대가 공격해 왔으니 이를 막아낼 방법을 생각해 내는 건 병법상 당연한 것이었다. 긍준은 운주성에서 농성하며 적을 막아낼 방법이 없었던 것이다. 그 이유는 운주성이 평지성이었기에 오히려 성 밖으로 나아가 정면 승부하는 방법이 최상이었다고 추정된다.

앞에서 "해풍현의 옛터가 지금의 홍주목 주치"라는 내용을 기술하였다. 따라서 시기적으로 해풍현과 홍주목의 중간에 자리한 운주의 치소 역시 홍주목의 치소라고 여겨진다. 『세종장헌대왕실록』 지리지에서도 927년(태조 10) 3월의 운주가 홍주라고 하였다.[41] 이를 통해서도 홍주의 주치가 운주의 주치였다고 판단할 수 있다. 또한 최근 2006년 9월부터 2007년 2월까지 실시한 '홍주성 의병공원 조성부지'에 대한 시굴 및 발굴 조사에서 신라 말·고려 초로 추정되는 토성벽과 구상유구(溝狀遺構)가 발굴되어[42] 홍주의 치소인 홍주읍성의 모태가 운주성이라는 확신을 갖게 하는 환경이 만들어졌다.

현재 홍성읍내 중심지에 홍주읍성(홍주성, 사적 231호)이 평지성으로서 자리하고 있다.[43] 석축성인 홍주읍성의 둘레는 약 1,460m이

---

41) 『세종장헌대왕실록』 권149, 지리지, 충청도, 홍주목.

42) 『홍주성내 의병공원 조성부지 1차 문화유적 발굴조사 보고서』, 홍성군·백제문화재연구원, 2009. 이 발굴에서 신라 말·고려 초에 해당하는 토기편과 고려 초에 제작된 햇무리굽 청자가 출토되었다. 이외에도 당말오대(唐末五代)~북송대(北宋代)에 제작된 청자편도 출토되었다. 한편, 윤용혁, 앞의 「고려시대 홍주의 성장과 홍주읍성」, 2009, 237쪽에서 이 토성 유구를 긍준과 연결할 수 있는 고고학적 자료의 확인이라 하였는데 필자도 동의한다.

43) 이 성의 입지는 완벽한 평지는 아니고 부분적으로 작은 언덕처럼 솟은 곳도 있다. 하지만 대략 평지성으로 보아도 무난할 것이다. 해자(垓字)는 월계천과 홍성천이 홍주읍성을 감싸며 자연해자 역할을 하는데 그 수량은 비가 오지 않을 때는 크지 않다. 2015년 6월 29일 답사.

다.[44] 따라서 현재까지 발굴된 성과를 토대로 추정해보면, 토성(土城)[45]인 운주성(또는 해풍현성)을 모태로 하여 고려시대 또는 늦어도 조선 초에 석성(石城)으로 바뀌었다고 생각된다. 『세종장헌대왕실록』 지리지에 '읍석성(邑石城)'이라고 표현되어 있으니,[46] 이미 조선 초인 세종 이전에 홍주읍성을 석성으로 쌓았음을 알 수 있다. 즉, 현재의 홍주읍성 자리에 있었던 평지성이 운주성이었다.

이번에는 운주성의 성주 긍준은 어떤 인물인지 살펴보자. 당시 신라가 제 역할을 못하면서 많은 지방이 중앙으로부터 분리되어 갔다. 각각의 지방은 특정 지역세력의 보호아래 자위권을 행사하였다. 이때의 지역세력을 학계에서는 흔히 호족이라고 이름하였다. 하지만 당시 사료에 호족이라는 명칭은 보이지 않는다. 지역세력은 주로 성주(城主) 및 장군(將軍), 지주제군사(知州諸軍事) 등의 명칭으로 자칭 또는 불리어졌다.[47]

먼저 지주제군사(知州諸軍事)는 앞선 연구에서 이를 국가로부터

---

44) 『홍성 홍주성 남문지』, 홍성군·백제문화재연구원, 2012, 1쪽. 이 성의 정식 명칭은 '홍성 홍주읍성'이고 그 둘레는 자료마다 차이가 있다. 『세종장헌대왕실록』 권149, 지리지, 충청도, 홍주목에서는 읍석성의 둘레가 5백 33보 2척이라 하였다. 앞의 『문화유적분포지도-홍성군』, 2002, 104쪽에는 1,460m로 되어 있고, 문화재청 홈페이지(2018년 4월 17일 확인)에는 약 1,772m로 표기되어 있다. 현재 성벽은 일부만 남아 있어서 정확한 둘레는 모르는 실정이다.

45) 만약 전체적으로 발굴이 진행된다면 초창기에 축조된 성 전체가 토성이었는지, 아니면 일부구간은 석성(石城)이었는지를 알 수 있을 것이다.

46) 『세종장헌대왕실록』 권149, 지리지, 충청도, 홍주목.

47) 그 밖에 수(帥) 또는 대모달(大毛達) 등의 칭호도 사용하였다. 또한 적괴(賊魁)·적수(賊帥)로 불리어지기도 했으나 이는 반대 세력에서 비하한 호칭이었다(김명진, 「고려 태조 왕건의 삼한일통과 왕실 신성화 검토」 『한국중세사연구』 46, 한국중세사학회, 2016, 13쪽).

임명 혹은 적어도 승인을 얻은 관직명이라 하였다.[48] 하지만 지주제군사가 모두 그러했던 것은 아니었다. 견훤의 경우는 달랐다. 892년에 견훤은 '신라서면도통(新羅西面都統)·지휘병마(指揮兵馬)·제치지절도독(制置持節都督)·전무공등주군사(全武公等州軍事)·행전주자사(行全州刺史)·겸어사중승(兼御史中丞)·상주국(上柱國)·한남군개국공(漢南郡開國公)·식읍이천호(食邑二千戶)'라고 자서(自署)하였다.[49] 이 관직도 '○○주군사' 즉 지주제군사 유형이었다. 이것은 신라 조정에서 공식적으로 인정해준 것이 아니라 그렇게 자칭한 것이다. 이때는 견훤이 후백제를 정식으로 건국하기 이전의 일이었다.[50]

지주제군사를 견훤처럼 자칭한 경우가 있고 국가로부터 임명받은 경우가 있는데 김행도(金行濤)는 중앙으로부터 임명받아 지방으로 임무수행을 위해 내려온 대표적인 경우였다. 사료 Ⅵ가)에서 918년 8월에 웅주와 운주를 비롯한 10여 개의 주현이 모반하여 후백제로 붙었다고 하였다. 고려는 그 후속조치로 전시중(前侍中) 김행도를 동남도초토사(東南道招討使)·지아주제군사(知牙州諸軍事)로 임명하였다.[51] 여기서 아주는 현 충남 아산시 중에서 주로 아산만과 접해 있던 곳이었다. 김행도는 이곳의 지역세력이 아니라 국왕 왕건의 명에 의해 아산만 일대까지 후백제의 영역이 확장되는 것을 막기

---

48) 전기웅, 「羅末麗初의 地方社會와 知州諸軍事」 『경남사학』 4, 경남사학회, 1987, 7~8쪽.

49) 『삼국사기』 권50, 열전10, 견훤.

50) 김갑동, 「百濟 이후의 禮山과 任存城」 『百濟文化』 28, 공주대백제문화연구소, 1999/「예산지역」 『고려의 후삼국 통일과 후백제』, 서경문화사, 2010, 171쪽 ; 김명진, 「고려 태조 왕건의 아산만 일대 공략과정 검토」 『지역과 역사』 30, 부경역사연구소, 2012, 14쪽.

51) 『고려사』 권1, 세가1, 태조1, 원년 8월 계해.

위한 특별 임무를 부여 받고 중앙에서 파견된 관리였다.[52] 이처럼 지주제군사는 자칭과 임명직이 있었는데 궁준은 이러한 지주제군사는 아니었다.

궁준은 사료 Ⅵ나)에 나와 있는 것처럼 성주로 대접받는 인물이었다. 당시 지역세력이 가장 많이 표방한 명칭은 성주 및 장군이었다. 혼돈스러운 전쟁의 시기에 일정 지역의 민들이 거점 성(城)을 중심으로 무장하여 자위권을 행사해야지만 생존이 가능했기에 그 우두머리는 성주를 자칭하였다고 생각된다. 이들은 자신의 영역을 군사적·경제적·정치적으로 지배하였다.[53] 또한 성주는 곧 장군을 칭하였다.[54] 당시 장군은 자칭장군과 임명직장군이 있었는데, 성주를 칭한 자는 거의 다 장군(자칭장군)이라 하였다.

이때의 장군이라는 칭호는 일정한 권위와 권력을 상징하는 이름이었다.[55] 대표적인 자칭장군인 견훤의 아버지 아자개와 궁예가 그 예라 하겠다. 상주 가은현(경북 문경시 가은읍) 출신인 아자개는 본래 농사를 지어 자력으로 살았으나 뒤에 집안을 일으켜 장군이 되었다.[56] 아자개는 혼란한 시기에 힘을 길러 자칭장군이 되었던 것이다. 궁예도 894년에 명주(강원 강릉)에서 자립의 기반을 잡게

52) 김명진, 앞의 「고려 태조 왕건의 아산만 일대 공략과정 검토」, 2012, 11~15쪽.

53) 최종석, 앞의 「羅末麗初 城主·將軍의 정치적 위상과 城」, 2004, 77~78쪽.

54) 신라 진성여왕 3년 이후에 각지에서 일어난 농민봉기가 성주·장군의 등장계기가 되었다는 견해가 참고된다(윤희면, 「新羅下代의 城主·將軍－眞寶城主 洪術과 載岩城將軍 善弼을 中心으로－」 『한국사연구』 39, 한국사연구회, 1982, 58쪽).

55) 이재범, 『後三國時代 弓裔政權의 硏究』, 성균관대학교 대학원 박사학위논문, 1991, 53쪽.

56) 『삼국사기』 권50, 열전10, 견훤.

되기에 이르자 민들의 추대를 받아 장군이 되었다.[57] 이는 궁예의 의지가 적극 반영된 자칭장군이라 하겠다. 이들 이외에도 자칭장군들은 다수가 있었다. 가히 '장군의 시대'라 할 정도였다. 그런데 ○○주군사(지주제군사)인 견훤과 장군인 궁예는 특정 지역을 넘어 국가를 세우기에 이르렀다. 그러나 대부분의 자칭장군들은 특정 지역의 성을 중심으로 자신의 세력권을 확보하고 있으면서 이해관계에 따라 궁예·왕건 또는 견훤에게 귀부하였다.

충청지역의 지역세력 중에서 성주·장군을 함께 칭했던 공직(龔直)이라는 인물이 있었다. 공직을 통해서 긍준을 이해하는 것이 가능하리라 생각된다. 매곡성(매곡산성, 충북 보은군 회인면)을 거점으로 매곡현 일대를 관장하였던 성주 공직은 장군을 자칭하였다.[58] 따라서 운주성의 성주 긍준도 장군을 자칭하였을 것으로 판단된다.[59] 이들은 각자 웅거하였던 성을 중심으로 해당 군현을 관장했을 것인데 고려와 후백제의 접경지역에 위치한 관계로 소속 국가가 여러 번 바뀌는 공통점을 가지고 있었다. 이때 매곡현과 운주의 민(民)들은 자신들이 섬기는 성주·장군이 소속 국가를 바꾸면 같이 따라갔다. 아마도 이 지역의 민들은 난세에 자신들의 안위만 보장된다면 국가를 바꾸는 것이 크게 문제되지 않았던 것 같다.

운주의 성주 겸 장군이었던 긍준의 관할구역은 적어도 현 홍성군 관내는 모두 해당되었다고 판단된다.[60] 당시 홍성군 관내에 있었던

---

57) 『삼국사기』 권50, 열전10, 궁예, 건녕 원년.

58) 『고려사』 권92, 열전5, 공직, "龔直 燕山昧谷人 自幼有勇略 新羅末爲本邑將軍"; 『고려사』 권127, 열전40, 반역1, 환선길 부(附) 임춘길, "… 景琮姊乃昧谷城主龔直妻也".

59) 공주장군 홍기도 비슷한 경우였다.

결기군이나 여양현에서 특별한 움직임을 알 수 있는 단서가 보이지 않기 때문이다. 그리고 긍준은 출신 성분이 한미한 집안 출신이었지만, 무적 능력이 뛰어나 운주의 성주가 되었다고 추정해 본다. 일단 그의 이름으로 보아 원래 성씨가 없었다고 생각되기에 집안은 한미했을 것이다. 하지만 그는 사료 Ⅵ나)에서 비록 패배했지만 왕건의 군대와 직접 맞부딪쳤기에 무적 능력을 소유한 인물이었다. 그는 고려 통일전쟁의 마지막 전투인 일리천전투(경북 구미) 당시 고려군의 중군에 소속되어 대광 왕순식 다음의 지위를 가진 대상(大相)으로서 참여하였다. 대상 긍준은 일리천전투에서 몇 명의 지휘관과 함께 마군(馬軍) 2만 명을 지휘하였다.[61] 이러한 점도 그가 무적 능력이 뛰어났다는 것을 증명하고 있다.

그런데 후백제 국왕 견훤 아래에 있었던 긍준이 어느 시기에 고려 태조 왕건의 아래로 들어와 일리천전투에서 고려군 장수로 참여했다고 한다. 그가 언제 주군(主君)을 바꾸었을지 궁금하다. 한편, 같은 시기에 운주의 지역세력으로 등장하는 이름이 있었다. 그는 바로 홍규(洪規)였다.

Ⅵ 다)-① 홍복원부인 홍씨는 홍주(운주)사람으로 삼중대광(三重大匡) (홍)규의 딸이다. 태자 직(稷)과 공주 하나(이름은 모름)를 낳았다.[62]

---

60) 성주와 장군은 대부분 군현명+성주, 군현명+장군 등으로 기록되어 이들이 해당 군현의 지배자였음을 알 수 있다(최종석, 앞의 「羅末麗初 城主·將軍의 정치적 위상과 城」, 2004, 83쪽). 따라서 운주성주 긍준이라는 명칭을 통해서 긍준의 관할구역이 운주 일대(홍성)라고 이해할 수 있다.

61) 『고려사』 권2, 세가2, 태조2, 19년 9월.

62) 『고려사』 권88, 열전1, 후비1, 태조 흥복원부인 홍씨, "興福院夫人洪氏 洪州人 三重太匡規之女 生太子稷公主一".

Ⅵ 다)-② 홍규(洪規), 태조를 섬겨 벼슬이 삼중대광에 이르렀다.[63]

사료 Ⅵ다)에 의하면, 고려 태조대에 운주에서 긍준 이외의 지역세력으로 홍규라는 인물이 등장하고 있다. 홍규는 태조 왕건을 섬겨서 삼중대광이라는 높은 관계(官階)를 가지고 있었으며 그 딸이 태조의 부인이었다. Ⅵ다)-①의 흥복원부인은 『고려사』 후비전에 그 순서가 12번째 부인으로 기록되어 있다.[64] 홍규는 상당히 비중있는 인물이었던 것이다. 그런데 긍준과 홍규를 동일인물로 보는 견해들이 있다.[65] 한 지역에 지역세력이 복수로 있는 경우도 있었지만, 대개는 하나의 군현에 중심 성을 거점으로 한 명의 지역세력이 있었던 것이 당시의 일반적인 경향이었다. 또한 긍준의 일리천전투 참전 공로로 보아 홍규의 지위는 긍준의 것으로 보아도 될 것이다. 당시 운주에서 딸을 태조의 부인으로 들일 수 있을 정도의 지역세력은 긍준밖에 없었다. 따라서 긍준과 홍규는 동일인물로 볼 수 있다.[66] 성씨가 없던 긍준이 왕건에게 귀부하고 홍규라는 성과 이름을 하사받고 딸을 왕의 부인으

---

63) 『신증동국여지승람』 권19, 홍주목, 인물, 고려, "洪規 事太祖 官至三重大匡".

64) 『고려사』 권88, 열전1, 후비1, 태조.

65) 윤용혁, 앞의 「지방제도상으로 본 홍주의 역사적 특성-운주, 홍주, 홍성」, 1997, 25~26쪽 ; 「제5장 고려시대」 『洪州大觀』상권, 홍주대관편찬위원회, 2002, 260~262쪽 ; 김갑동, 앞의 「고려초기 홍성지역의 동향과 지역세력」, 2004, 152쪽.

66) 한편, 긍준과 홍규의 동일인물 여부와 관련하여 다른 견해도 있다. 신호철은 태조 10년 3월의 운주 긍준과 태조 19년 9월의 일리천전투 시 긍준은 동일인물인데, 홍규는 다른 인물로 보았다(「高麗初 後百濟系 人物들의 활동」 『한국중세사연구』 22, 한국중세사학회, 2007, 99~100쪽). 장동익은 운주의 긍준과 일리천전투의 긍준을 별개의 인물로 추정하였다(『고려사세가초기편보유』 1, 경인문화사, 2014, 212쪽과 342쪽).

로 들였다고 판단된다.[67] 그의 관계는 일리천전투 당시 대상이었지만 이후 삼중대광에 이르렀다. 그는 무적능력이 뛰어나 운주성의 성주 및 장군이 되었지만 고려와 후백제의 접경지역에 자리잡고 있었던 상황으로 인하여 힘의 향배에 따라 소속 국가를 여러 번 바꿀 수밖에 없었다.

궁준(홍규)은 사료 Ⅵ나)에 의하면, 왕건이 운주성 아래에서 그를 깨뜨렸다고 하였다. 아마 이때 궁준은 운주성과 그 휘하 민들의 생존을 보장받는 대신에 주군(主君)을 견훤에서 왕건으로 바꾸었다고 생각된다. 앞에서 기술했듯이 918년 8월에 운주가 모반하여 후백제로 붙었다고 하였다. 왕건이 918년 6월에 즉위한 것을 감안하면 운주성의 궁준은 궁예에게 복속되었다가 왕건의 즉위에 불만을 품고 후백제 견훤에게 귀부하였다고 여겨진다. 이는 왕건의 새 국가 창설과 즉위로 인한 혼란스러운 상황 속에서 후백제의 접경지역에 대한 회유와 압박이 강하게 작용했기에 그리했을 것이다. 또한 궁준의 궁예에 대한 밀접성도 한 요소로 작용했을 수도 있었다.

따라서 운주성 성주 궁준은 신라 말의 혼란기에 자립하고 있다가 궁예 휘하로 들어갔으며, 그 후 왕건이 집권함에 약 2달은 그 휘하였으나, 모반하여 후백제의 견훤에게 귀부하였다가, 다시 왕건에게 귀부하였다는 것이 추정 가능한 그의 행적이 되겠다. 즉, 궁준은 제1차 운주전투 이후에 자신이 섬기는 주군을 견훤에서 왕건으로 바꾸었던

---

67) 궁준의 생몰 연대는 알려지지 않았다. 그런데 자신의 딸이 왕건의 12비가 되었기 때문에 927년 당시에 최소한 삼십대 후반은 되었으리라 추정해본다. 혼인할 딸을 가질 정도면 그의 나이가 이 정도는 되어야 할 것인데, 그는 공주장군 홍기가 나타난 904년에도 활동했을 개연성이 있으므로 나이가 삼십대 후반 이상일 가능성이 더 높다 하겠다.

것이다.[68] 그러면 이렇게 주군을 여러 번 바꾸는 긍준을 왕건은 어떤 믿음 속에서 다시 받아들였을까 수수께끼이다. 긍준이 또다시 왕건을 배반할 수도 있기 때문이다. 먼저 왕건은 긍준의 용맹을 아까워했을 것이다. 긍준의 용맹에 대해서는 다음에서 기술하려한다. 그리고 왕건은 운주성이 접경지로서의 군사적 가치가 매우 높았기 때문에 그 성주의 협조를 필요로 하였던 것이다. 그래서 왕건이 꺼낸 묘책은 긍준의 딸을 부인으로 맞아들이는 것이었다. 긍준의 입장에서도 자신의 목숨을 구하고 운주성을 보전하면서 왕건의 장인이 되는 상황을 순순히 받아들였으리라 생각된다. 긍준은 자신의 딸을 왕건에게 납비한 상태에서 다시 견훤에게 돌아갈 수는 없었다. 아마도 흥복원부인의 납비 시기는 긍준이 왕건에게 패배한 927년 3월 이후의 가까운 시기가 아닐까 한다.

이상 살펴본 바를 토대로 긍준의 향배를 〈표 VI-1〉로 작성해 보았다.

〈표 VI-1〉 긍준의 향배

시기	긍준의 소속 국가	전거
889년 이후의 어느 때 ~904년 전후	독자세력	공주장군 홍기의 행동으로 보아 추정됨(『삼국사기』 권50, 열전10, 궁예).
904년 전후~918년 8월	태봉, 고려	공주장군 홍기의 행동으로 보아 추정됨(『삼국사기』 권50, 열전10, 궁예) ; 『고려사』 권1, 세가1, 태조1, 원년 8월 계해.
918년 8월~927년 3월	후백제	『고려사』 권1, 세가1, 태조1, 원년 8월 계해 ; 『고려사』 권1, 세가1, 태조1, 10년 3월 신유.
927년 3월 이후	고려	『고려사』 권1, 세가1, 태조1, 10년 3월 신유.

68) 김명진, 앞의 「고려 태조 왕건의 아산만 일대 공략과정 검토」, 2012, 29쪽.

4. 운주전투의 전개과정

태조 왕건이 918년 6월에 고려를 건국하고 난 직후에 모두 6차례의 모반이 발생하였다. 그 모반은 주로 충청지역 특히 청주와 직간접으로 연관되었다. 모반의 주 무대인 충청지역이 모두 후백제로 넘어갈 상황이었다. 운주도 그러한 상황 속에서 918년 8월에 후백제로 넘어갔다. 왕건은 이를 바로 수습하면서 아산만을 중심으로 대 후백제 방어망을 다시 재편성하였다. 아산만은 간만의 차이가 큰 자연조건으로 인하여 빠르게 이동이 가능한 해상로를 가지고 있었다. 왕건은 고려군의 주요한 보급로 및 진군로 역할을 하는 해상로 확보 때문에 아산만을 매우 중시하였다.[69] 고려군의 아산만 확보 정점에 운주성이 자리잡고 있었다.

918년 8월에 웅주와 운주 일대가 후백제로 넘어가자, 고려는 같은 달에 김행도를 동남도초토사·지아주제군사로 파견하여 아주(충남 아산)를 안정화시켰다.[70] 다음해인 919년 8월에 왕건은 오산성을 고쳐 예산현(충남 예산)이라 하고, 대상 애선과 홍유를 보내어 유민(流民)을 모아 편안히 살게 하였다.[71] 당진지역, 특히 혜성군(충남 당진시 면천면)은 왕건의 충복인 복지겸과 박술희의 연고지였다. 두 사람 중에서 복지겸이 혜성군에 대한 재지적 연고가 강하였다. 이곳은 복지겸의 영향으로 일찌감치 고려의 안정지대였다.[72] 이처럼 왕건은

---

69) 왕건의 즉위 초에 발생한 모반과 아산만의 해상로에 대해서는, 김명진, 위의 「고려 태조 왕건의 아산만 일대 공략과정 검토」, 2012 참고.

70) 『고려사』 권1, 세가1, 태조1, 원년 8월 계해.

71) 『고려사절요』 권1, 태조신성대왕, 2년 추8월.

72) 김명진, 앞의 「고려 태조 왕건의 아산만 일대 공략과정 검토」, 2012, 25~26쪽.

아산만의 남쪽지대를 확보해 나갔다. 그리고 아산만의 북쪽은 이미 궁예정권 때에 왕건의 활약으로 태봉의 수중에 있었으며, 왕건이 즉위한 이후에도 민이 동요하는 모습은 없었다.[73]

이제 왕건은 좀 더 안정적으로 아산만을 확보하기 위해서, 더불어 남쪽으로 후백제를 밀어붙이기 위한 군사적 행동을 감행하였다. 그는 925년(태조 8) 10월에 정서대장군 유금필을 보내어 후백제의 임존군(임존성, 충남 예산군 대흥면)을 공격해서 3천여 명을 죽이거나 사로잡았다.[74] 임존성이 있는 봉수산 정상에 오르면 서쪽으로 홍성은 물론이고 서해바다까지 잘 보인다 하므로,[75] 운주를 공략하기 위한 좋은 조건을 위해서 왕건에게 임존성 확보는 필요하였다. 이윽고 1년 5개월이 흐른 뒤에 고려군은 임존성에서 가까운 운주성을 공격하였다. 사료 Ⅵ나)에 기술되어 있듯이 927년 3월에 왕건은 직접 운주로 쳐 들어가 성주 긍준을 깨뜨렸다. 이 전투가 바로 제1차 운주전투였다.

운주성(홍주읍성의 모태)은 평지성이었다. 그보다 훨씬 험준한 지형조건을 갖추고 있는 임존성은 운주성 동쪽의 가까운 거리에 있었다. 두 성의 지도상[76] 직선거리는 불과 약 10km 정도이다.[77]

---

73) 김명진, 위의 「고려 태조 왕건의 아산만 일대 공략과정 검토」, 2012, 10~11쪽.

74) 『고려사절요』 권1, 태조신성대왕, 8년 동10월. 임존성은 충남 예산군 대흥면과 광시면, 홍성군 금마면의 경계가 이루어진 곳에 위치한 봉수산 정상부에 있는 테뫼식 석축성이다. 산세가 험한 곳에 자리한 이 성은 7세기 백제 부흥운동의 거점이었던 곳이다(『문화유적분포지도 - 예산군』, 충청남도·충남발전연구원, 2001, 212~213쪽 ; 김명진, 위의 「고려 태조 왕건의 아산만 일대 공략과정 검토」, 2012, 22쪽 주49).

75) 제보자 : 박상구(남 66세, 충남 예산군 광시면 마사리 토박이, 2015년 6월 29일 마사리 마을에서 구술).

76) 『1/10만 도로지도』, (주)성지문화사, 2007, 94쪽.

77) 임존성 서벽부터 홍주읍성 조양문까지 자동차로 금마로와 21번국도를 경유

고려가 험준한 임존성을 공략하기 위해서 필요했던 군사의 숫자가 얼마 정도였을지 상상해 볼 수 있다. 고려군의 총수는 적어도 적의 2배 이상인 최소 6천에서 최대 1만 명은 되어야 임존성 함락이 가능했을 것이다.[78] 이러한 고려군을 상대로 긍준은 운주성 아래에서 왕건의 고려군을 맞받아 부딪쳤다. 긍준은 평지성인 운주성에서 농성하는 것보다 과감히 성 밖으로 나와서 고려군에 대항하는 것이 그나마 나을 것이라고 판단하여 그리하였을 것이다.

운주성은 비록 부분적인 발굴조사였지만 현재 가장 잘 남아 있는 성벽의 높이는 150cm이고 너비는 400cm 내외인데, 실제는 높이가 380~400cm이고 너비는 약 14m 내외까지 추정되고 있다.[79] 긍준은 운주성의 실상이 이러하고 가까운 거리에 있는 험준한 임존성이 고려군에 함락되었기 때문에 성 안에서 방어만 할 수는 없었다. 일찍이 신라는 성을 공격할 때 썼던 구름다리인 운제(雲梯)를 사용하고 있었다. 신라의 운제당(雲梯幢)의 존재가 이를 말해준다.[80] 고려도 당연히 운제를 가지고 있었을 터이다. 이는 고려군이 험준한 임존성 공략에 성공했기 때문에 그리 생각할 수 있다. 따라서 평지성의 성주인 긍준이 공격해오는 왕건의 고려군에 대하여 할 수 있는 선택은 두 가지 뿐이었다. 성을 버리고 도주할 것인가, 아니면 성 밖으로 나가서 고려군에 당당히 맞부딪힐 것인가였다. 긍준은 용감히 성

하는 최단거리를 말이 달리는 속도와 비슷한 시속 약 60km로 주행하면 거리는 약 15km이고 소요시간은 30분 정도이다(2015년 6월 29일).

78) 김명진, 앞의 「고려 태조 왕건의 아산만 일대 공략과정 검토」, 2012, 22~23쪽.

79) 앞의 『홍주성내 의병공원 조성부지 1차 문화유적 발굴조사 보고서』, 2009, 18쪽과 22쪽.

80) 『삼국사기』 권40, 잡지9, 직관 하, 무관, 사설당(四設幢) 운제당(雲梯幢).

밖 평지전투를 감행하였다. 이러한 추정이 가능한 것은 당시 전투가 운주성 아래에서 벌어졌기 때문이다.[81]

상황을 보건대 이 전투에서 긍준은 패배하고 왕건에게 사로잡혔다. 하지만 왕건은 비록 적장이지만 긍준의 행동을 용맹한 선택으로 좋게 생각했을 것이다. 또한 접경지역인 운주성의 군사적 가치를 생각하여 긍준을 회유했으리라 여겨진다. 왕건이 제시한 회유책은 앞에서 간단히 기술되어 있는 사료 Ⅵ다)의 내용으로 보아 다음과 같이 추정할 수 있다. 먼저 운주성과 그 민(民)의 안전을 보장하고 긍준에게는 홍규라는 성과 이름을 하사하였다. 또한 관계(官階)를 수여했는데 앞에서 기술했듯이 일리천전투에서 긍준의 관계는 대상이었다. 그의 관계는 후에 삼중대광까지 상승하였다. 제일 중요한 것은 긍준의 딸을 왕건의 제12비인 홍복원부인으로 맞아들인 점이다. 이는 모두 왕건의 포용정책의 일환이었다. 왕건은 긍준에게 후한 대접과 함께 다시 배반하지 못하도록 안전책으로서 그의 딸을 부인으로 맞아들였다. 성주의 잘못된 판단은 성에 복속된 민의 허망한 몰살을 자초하는 것이었다. 선택의 기로에 선 긍준도 왕건에게 기꺼이 자신의 딸을 납비(納妃)하였을 터이다.[82]

---

81) 운주성을 감싸고 있는 두 하천(월계천, 홍성천)은 수량이 많지 않아서 대군이 공격해 올 때는 해자로서 큰 역할을 하지 못했을 것이다. 그리고 운주성 주변에는 너른 평지가 일정정도 자리하고 있기 때문에 평지전투가 가능했으리라 판단된다. 2015년 6월 29일 답사.

82) 왕건의 비는 기록상 나타나는 사람만 모두 29명인데, 그 기록의 순서는 주로 비의 아버지가 통일전쟁에서 거두었던 공로의 크고 작음이 작용하였다(김갑동, 앞의 「고려초기 홍성지역의 동향과 지역세력」, 2004, 150쪽 ; 김명진, 앞의 「太祖王建의 天安府 設置와 그 運營」, 2007, 56~63쪽). 따라서 홍복원부인이 12비인 것은 그만큼 아버지인 긍준(홍규)의 고려 통일전쟁에서의 공이 크다 할 것이다. 또한 왕건과 아들인 혜종(무)은 충청지역에 연고성이

왕건은 즉위 초에 모반사건이 연이어 발생하면서 어려움을 겪었으나 이를 수습하고 충남지역에서는 아산만 일대를 중시하면서 차츰 후백제를 압박하였다. 충남 아산지역·예산지역 등을 접수하였고, 당진쪽은 복지겸 등의 재지기반으로 인하여 공고히 할 수 있었다. 그리고 홍성지역인 운주를 고려의 영역으로 바꾸어 놓았다. 차츰 후백제에 대하여 군사적 우위에 서게 되었다. 이에 견훤은 위축된 전쟁 상황에서 벗어나기 위한 타개책이 필요하였다. 그는 927년 9월에 신라도성인 금성(경주)을 공격하고, 이를 구원하러 온 왕건의 부대마저 공산동수전투(대구 팔공산)에서 대패시켰다.[83] 견훤의 신라도성 공격의 여러 이유 중에 하나를 제공한 것이 제1차 운주전투였다. 견훤은 운주지역 상실에 대한 만회를 위해서 신라도성 공격이라는 군사행동을 감행한 측면이 있었다. 제1차 전투가 끝나고 불과 6개월 만에 견훤이 신라도성을 함락시켰기 때문에 이러한 설정을 그릴 수 있다.

그동안 상승세를 탔던 고려군의 전세가 공산동수전투에서 후백제군에게 대패함으로써 크게 추락하게 되었다. 특히 경상지역에서 고려군의 전세가 밀리고 있었다. 왕건은 충청지역에서도 밀리지 않기

강하게 있는 집안과 혼인관계를 맺었다. 왕건은 제3비 신명순성왕태후(충북 충주 : 유긍달의 딸)·제10비 숙목부인(충북 진천 : 임명필의 딸)·제11비 천안부원부인[충남 천안 : 경주 임언(林彦)의 딸]·제12비 흥복원부인(충남 홍성 : 홍규의 딸) 등을 비로 맞아 들였다. 그리고 혜종의 비(妃)인 의화왕후는 진주(鎭州, 충북 진천) 임희(林曦)의 딸이었다. 이 같은 혼인 사례들은 왕건에게 충청지역에서 지역적 기반을 다지게 하는 한 요인이 되었다(김명진, 앞의 『고려 태조 왕건의 통일전쟁 연구』, 2014, 69~70쪽). 한편, 고려 국왕 후비의 기록 순서는 대체로 결혼한 순서와 비례함이 원칙이라는 견해도 있다(정용숙, 『고려시대의 后妃』, 민음사, 1992, 42쪽 주22).

83) 『고려사』 권1, 세가1, 태조1, 10년 9월.

위하여 성을 축조하면서 견훤의 침공에 대비하였다.

Ⅵ 라)-① (태조 11년, 928년 4월에 왕이) 탕정군에 행차하였다.[84]

Ⅵ 라)-② (928년 4월) 운주의 옥산(玉山)에 성을 쌓고 국경을 지키는 군사[수군(戍軍)]를 두었다.[85]

Ⅵ 라)-③ (928년 7월) … 그때 유금필이 (왕의) 명을 받들어 탕정군에서 성을 쌓고 있었는데, …[86]

Ⅵ 라)-④ [산수] 월산(月山), 옛말에 이르기를 옥산(玉山)이라 하고 서쪽 3리에 있다. [성지] 월산고성(月山古城), 고려 태조 11년에 운주 옥산(玉山)에 성을 쌓고 국경을 지키는 군사[수졸(戍卒)]를 두었으며 둘레는 9천 7백 척이고 우물은 하나이다.[87]

928년(태조 11) 4월에 왕건은 탕정군(충남 아산)에 행차하여 성을 쌓도록 하였다. 더불어 운주의 옥산에도 성을 쌓도록 하였는데 정황상 4월에 두 개의 성을 쌓도록 명했으며, 유금필은 같은 해 7월에 이르도록 탕정군에서 성을 쌓고 있었다고 이해된다.[88] 그런데 19세기 지리지인 『대동지지』에 기록된 Ⅵ라)-④를 통해 운주의 월산은 예전에 옥산이라고 했으며 그곳에 쌓은 성을 월산고성이라 했음을 알 수

84) 『고려사』 권1, 세가1, 태조1, 11년 하4월, "幸湯井郡".

85) 『고려사절요』 권1, 태조신성대왕, 11년 하4월, "城運州玉山 置戍軍".

86) 『고려사절요』 권1, 태조신성대왕, 11년 추7월, "… 時庾黔弼 受命城湯井郡 …".

87) 『대동지지』 권5, 충청도, 홍주, [산수] "月山 古云 玉山 西三里", [성지] "月山古城 高麗太祖十一年 城運州玉山 置戍卒 周九千七百尺 井一".

88) 김명진, 앞의 「고려 태조 왕건의 아산만 일대 공략과정 검토」, 2012, 16쪽.

있다. 그리고 그 위치가 읍치의 서쪽 3리라고 되어 있다. 현재 홍주(운주)의 읍치였던 홍주읍성의 서쪽 가까운 곳에 홍성의 진산인 백월산(白月山, 또는 일월산[日月山], 394m)이 홍성읍 월산리(月山里)에 있다. 그곳에 허물어진 옛 성곽이 있는데 그 이름을 백월산성(白月山城, 월산성)이라고 한다.[89] 즉 운주 옥산에 쌓은 월산고성은 지금의 백월산성인 것이다.[90]

여기에 왕건이 성을 쌓도록 한 것은 평지성인 운주성이 방어하는데 불리하므로 그 단점을 보완하고자 운주성에 가까운 옥산에 성을 쌓아서 대 후백제 방어망을 공고히 하고자 함이었다. 또한 그 성을 지키는 군사를 따로 두었다는 것은 긍준을 견제할 목적도 있었을 것이다. 아무튼 이때까지 운주일대가 고려의 영역이면서 양국의 접경지역이었던 것은 확실하였다. 수졸(戍卒)·수군(戍軍), 즉 국경을 지키

89) 『한국지명총람』 4(충남편 하), 한글학회, 1974, 414쪽 ; 앞의 『文化遺蹟總覽』(城廓 官衙 篇), 1991, 210~211쪽 ; 앞의 『문화유적분포지도-홍성군』, 2002, 111~112쪽.

90) 한편, 선행연구에서 다른 견해가 제시되었다. 김갑동, 앞의 「고려초기 홍성지역의 동향과 지역세력」, 2004, 144쪽에서는 운주 옥산에 쌓은 성을 여양산성이나 월산성이라 하였다. 그리고 윤용혁, 「나말여초 洪州의 등장과 運州城主 兢俊」 『한국중세사연구』 22, 한국중세사학회, 2007, 21~24쪽에서는 고려군이 축성한 성을 용봉산성으로 보았다. 현지답사를 해보니 토박이들은 이 산을 보통 월산(정식명칭은 백월산)이라 부르고 있었다. 월산의 정상에서 동쪽을 보면 홍성읍 시내는 물론이고 임존성이 있는 봉수산이 보인다. 날씨가 맑으면 서쪽으로 천수만을 비롯하여 안면도와 서해도 잘 보인다고 한다. 월산 동쪽은 충남 홍성군 홍성읍 월산리이고, 서쪽은 홍성군 구항면 오봉리이다. 그리고 유태섭의 구술에 의하면, 이 산의 중턱 가파른 곳 위에 성이 있으며 성 위쪽으로 조금 오르면 식수역할을 할 수 있는 작은 도랑이 몇 개 있다고 한다. 제보자 : 2015년 6월 29일. 원성노(남 79세, 월산1리 토박이, 월산1리 마을에서 구술), 유태섭(월산1리 이장, 남 68세, 월산1리 토박이, 월산1리 마을회관과 백월산 정상에서 구술).

는 군사를 두었다고 했기 때문이다. 그런데 이후의 어느 때에 운주는 후백제의 영역으로 바뀌었다. 그 근거는 뒤에 기술할 제2차 운주전투가 934년에 벌어졌으므로 그리 판단하게 된다. 934년 이전에 운주의 주인이 바뀐 것이다.

한편, 경상지역에서 열세를 면치 못했던 왕건은 929년 12월부터 930년 정월사이에 벌어진 고창군전투(경북 안동)에서 승리를 거두며 대반전을 이루었다.[91] 그러나 바로 이어서 견훤은 나주(전남 나주)를 고려로부터 탈환하면서 역시 반전을 꾀하였다.[92] 왕건은 경상지역을 공고히 하였지만 나주 서남해와 서해의 제해권에 큰 타격을 입었다. 그는 이러한 와중에 충청지역에서 대 후백제 전선을 우위에 두고자 하였다. 먼저 930년(태조 13) 8월에 천안부(충남 천안)를 설치하고 대 후백제 전초기지의 중심으로 삼았다.[93]

이후 고려가 충청지역의 주도권을 잡을 수 있는 사건이 하나 발생하였다. 충청지역의 대표적 지역세력 중의 한 사람인 매곡성(매곡산성, 충북 보은군 회인면) 성주 공직이 고려로 귀부하였는데 이때가 932년(태조 15) 6월이었다.[94] 왕건은 이를 기회로 같은 해 7월과 11월 즈음에 매곡성의 바로 서편 가까이에 있는 일모산성(양성산성, 충북 청주시 상당구 문의면)을 연거푸 공격하여 마침내 성을 함락하였다.[95] 후백제를 남쪽으로 좀 더 밀어 붙인 형국이 되었으니 이제 충청의 충북지역

91) 『고려사』 권1, 세가1, 태조1, 12년 12월과 13년 정월.
92) 김명진, 앞의 『고려 태조 왕건의 통일전쟁 연구』, 2014, 140쪽.
93) 『고려사』 권1, 세가1, 태조1, 13년 8월.
94) 『고려사』 권2, 세가2, 태조2, 15년 6월.
95) 김명진, 「고려 태조 왕건의 일모산성전투와 공직의 역할」 『軍史』 85, 국방부 군사편찬연구소, 2012, 77~84쪽.

에서도 고려는 유리한 전선을 확보하게 되었다. 다음 전선은 충남지역이었다.

이때 후백제도 반격 작전을 전개하였다. 932년 9월에 견훤은 후백제 수군을 동원하여 예성강 일대인 염주·백주·정주에서 선박 1백 척을 불사르고, 제산도(저산도)에서 기르던 말 3백 필을 취하여 돌아갔다.[96] 계속해서 후백제는 다음 달인 10월에 대우도를 공략하였다.[97] 이 상황은 고려도성인 개경과 가까운 지역들이 후백제 수군에 의해 타격당한 것이었다. 이는 아산만 입구 및 충남 서해안의 제해권을 후백제에게 넘겨주는 것과 마찬가지였다. 이때를 전후하여 운주가 다시 후백제 영역으로 바뀌었을 가능성이 높다.[98] 하지만 운주가 후백제로 넘어갔어도 긍준은 왕건의 휘하에 남았다고 판단된다. 4년 뒤인 936년 9월의 일리천전투에 긍준은 고려군의 주요 구성원으로 참전하였다. 따라서 비록 운주가 다시 후백제의 영역으로 넘어갔지만 긍준은 고려군으로 남아있었을 것이다.

왕건은 아산만일대를 공고히 하고 충남지역에서도 유리한 전선을 확보하기 위하여 다음 수순을 밟았다. 이는 서해 제해권 확보와도 밀접한 연관이 있는 작전이었다. 934년(태조 17) 5월에 예산진(충남 예산)에 행차하여 자애로운 내용의 조서를 반포하였다.[99] 왕건의 이런 행동은 곧 닥칠 9월 전투 준비를 위한 사전 포석의 하나였다.[100]

96) 『고려사』 권2, 세가2, 태조2, 15년 9월.

97) 『고려사』 권2, 세가2, 태조2, 15년 동10월.

98) 김갑동, 앞의 「고려초기 홍성지역의 동향과 지역세력」, 2004, 148쪽.

99) 『고려사』 권2, 세가2, 태조2, 17년 하5월. 예산진에서 왕건이 내린 장문(長文)의 조서는 한마디로 "백성들을 괴롭히지 말고 편안히 살게 하라"이다(김명진, 앞의 「고려 태조 왕건의 아산만 일대 공략과정 검토」, 2012, 23~25쪽).

예산진은 개경에서 예성강과 서해, 그리고 아산만을 거쳐 빠르게 군사와 군수물자를 이동시킬 수 있는 여건을 가지고 있었다. 아마도 왕건은 이때 예산진에서 지역민들에게 자애로운 모습을 보이고, 그들의 협조를 구하려 했을 것이다. 드디어 제2차 운주전투가 발발하였다.

> Ⅵ 마) (934년 가을 9월) 왕이 친히 군사를 거느리고 운주를 정벌하려 하니, 견훤이 이 소식을 듣고 갑사(甲士) 5천 명을 선발하여 (운주에) 이르러 말하기를, "양편의 군사가 서로 싸우면 형세를 보전하지 못하겠소. 무지한 병졸이 살상을 많이 당할까 염려되니 마땅히 화친을 맺어 각기 국경을 보전합시다" 하였다. 왕이 여러 장수를 모아 의논하니 우장군(右將軍) 유금필(庾黔弼)이 아뢰기를, "오늘날의 형세는 싸우지 않을 수 없으니, 원컨대 임금께서는 신들이 적을 쳐부수는 것만 보시고 근심하지 마소서" 하였다. 저 편에서 진을 치기 전에 굳세고 날랜 기병[경기(勁騎)] 수천 명으로 돌격하여 3천여 명을 목 베거나 사로잡고, 술사(術士) 종훈(宗訓)과 의사(醫師) 훈겸(訓謙)과 용맹한 장수 상달(尙達)·최필(崔弼)을 사로잡으니, 웅진(熊津) 이북의 30여 성이 소문을 듣고 스스로 항복하였다.[101]

이상의 내용은 제2차 운주전투의 실상이다. 왕건은 934년(태조

---

100) 윤용혁, 앞의 「나말여초 洪州의 등장과 運州城主 兢俊」, 2007, 16쪽.

101) 『고려사절요』 권1, 태조신성대왕, 갑오 17년 추9월, "王自將征運州 甄萱聞之 簡甲士五千至曰 兩軍相鬪 勢不俱全 恐無知之卒 多被殺傷 宜結和親 各保封境 王會諸將議之 右將軍庾黔弼曰 今日之勢 不容不戰 願王 觀臣等破敵 勿憂也 及彼未陣 以勁騎數千 突擊之 斬獲三千餘級 擒術士宗訓 醫師訓謙 勇將尙達 崔弼 熊津以北三十餘城 聞風自降".

17) 9월 제2차 운주전투에 직접 참여하였다. 그런데 그 해에 서경(평양)에는 가뭄이 들고 누리(메뚜기)의 피해가 있었다.[102] 고려는 식량 사정이 여의치 않았던 것이다. 따라서 왕건은 그나마 농사 수확기에 전투를 해야 군량미 수급이 원활할 수 있다고 판단하여 9월에 전투를 단행했다고 여겨진다. 지리적인 면을 염두에 둘 때, 고려군은 예산진에서 운주로 바로 진격했거나, 예산진에서 임존성을 경유하여 진격했거나, 아니면 예산진과 임존성 두 곳에서 동시에 전장으로 나아갔을 것이다. 아무튼 일대 지리 모양새를 통해 고려군의 진군로는 1차와 2차 모두 비슷했으리라 짐작된다. 고려군은 왕이 참여하는 정벌이면서 충남지역의 중요 접경지역인 운주를 재탈환하기 위한 작전이었기에 최정예부대였다. 굳세고 날랜 기병으로 읽혀지는 경기(勁騎) 수천 명이 포함된 병력이었다. 고려군은 우장군 유금필이라는 내용이 있으니 적어도 좌군·우군·중군의 3군 체제를 갖추었을 것이다. 경기가 수천 명이므로 운주에 온 고려군 총 숫자는 최소 5천 명 이상이 아닐까 한다.

그러나 견훤이 직접 이끌고 있는 후백제군도 만만치 않았다. 비록 견훤이 먼저 화친을 제의했지만 왕건도 여러 장수들과 회의를 하면서 근심하는 모양새였다. 사료 Ⅵ마)에 나타나는 후백제의 갑사(甲士) 5천 명은 갑졸(甲卒) 5천 명과 같은 의미이다. 갑졸(갑사)은 갑옷을 입은 사졸(士卒), 곧 보병을 지칭한다.[103] 이와 관련하여 5년 전에 의성부에서 중요한 전투가 있었다. 견훤이 929년(태조 12) 7월에 의성

---

102) 『고려사절요』 권1, 태조신성대왕, 갑오 17년 글꼬리.

103) 갑졸에 대해서는 『회남자(淮南子)』의 내용을 인용 소개한 장동익, 『고려사세가초기편보유』 1, 경인문화사, 2014, 253쪽 참고.

부를 공격하여 그 성주·장군 홍술을 전사시켰는데 이때 동원된 후백제군이 갑졸 5천 명이었다. 홍술의 전사 소식을 들은 왕건은 "나의 양팔을 잃었다"라며 통곡하였다.[104] 이는 후백제군 갑졸 5천 명이 정예부대였다는 것을 말해준다. 한편, 홍술은 923년 11월에 갑옷[개(鎧)] 30벌을 왕건에게 헌상하였다.[105] 따라서 홍술도 나름 갑옷으로 무장한 병사들을 갖출 수 있는 능력의 소유자였다. 그런데도 후백제 갑졸부대에 목숨을 빼앗겼던 것이다. 그만큼 후백제군 갑졸의 전력이 뛰어났었다.

의성부전투 당시의 갑졸이나 운주전투 시 갑사나 단어의 뜻이 같고 병사의 숫자도 같으므로 동일한 전투부대로 이해할 수 있다. 특히 운주전투의 후백제군은 심리전에 관여했을 술사와 군의관인 의사를 대동했으므로 잘 준비된 부대였다. 그 주요 지휘관 중에는 용장(勇將)이라 일컫는 상달과 최필이 포함되어 있었으니, 이 부대가 견훤의 최정예부대라는 것을 알 수 있게 해준다. 갑졸(갑사)은 보병인데 고려군의 경기와 맞먹고 있었다. 상식적으로 보병은 기병 그것도 정예기병인 경기와는 상대가 되지 않는다. 그런데도 왕건은 후백제의 '갑사부대(甲士部隊)'를 경계하고 있었다. 이 갑사부대는 경기도 함부로 할 수 없었다는 질문을 하게 된다. 일찍이 견훤은 후백제를 건국하기 전에 신라군으로 종군하며 자면서도 창을 베고[침과(枕戈)] 적을 대비했다고 하였다.[106] 또한 신라는 긴 창을 다루는 부대인 비금서당(緋衿誓幢, 장창당[長槍幢])을 보유하고 있었다.[107] 아마도 견훤은 후백

---

104) 『고려사』 권1, 세가1, 태조1, 12년 7월.
105) 『고려사』 권1, 세가1, 태조1, 6년 11월.
106) 『삼국사기』 권50, 열전10, 견훤.

제를 건국한 후에 신라의 장창부대를 자기화했다고 여겨진다. 그는 갑옷으로 무장한 보병 중에서 장창(長槍)을 소지한 인원을 일정 정도 포함시켜 적 기병을 무력화하는 전술에 능하지 않았나싶다.[108)]

이 창을 질러대는 후백제 갑사부대를 향해 고려군 경기의 말들이 함부로 나설 수 없었다. 따라서 경기 수천 명을 대동한 왕건이 머뭇거리는 모습을 보였던 것이 이해된다. 후백제도 비록 갑옷으로 무장하고 장창을 소지했지만 고려군의 경기가 너무 많고 강해보여서 머뭇거렸을 터이다. 양측이 서로 함부로 할 수 없는 위세였다. 이런 상황에서 고려군은 유금필의 주도아래 후백제 갑사부대가 진을 치기 전에 먼저 타격을 가해 승리를 거머쥐었다. 보병인 후백제 갑사부대는 진을 치기 전에 고려군의 타격을 받으면 그 진용이 흐트러졌을 것이고, 그런 후에 연이은 공격을 받으면 속수무책이었을 것이다. 이런 전투가 가능하려면 지형조건이 평지여야 하겠다. 따라서 운주성 일대의 평지에서 양측이 격돌했는데 선제공격을 감행한 고려군의 경기가 승리했다고 전투상황을 그려볼 수 있다.

제2차 운주전투에서 당연히 긍준은 왕건에게 여러 도움을 아끼지 않았을 것이다. 그리고 운주에 가까운 예산진에서 왕건이 자애로운 내용의 조서를 내린 것은 일대 지역민들의 협조를 원했기 때문이 아닐까 한다. 운주의 지역세력이었던 긍준의 태도는 지역 민심 확보를 위해 중요하였다. 또한 유금필이 앞장섰던 경기에 긍준과 그 휘하

107) 『삼국사기』 권40, 잡지9, 직관 하, 무관, 구서당(九誓幢). 신라의 장창당에 대해서는, 서영교, 「新羅 長槍幢에 대한 新考察」 『慶州史學』 17, 경주사학회, 1998 참고.

108) 견훤의 장창을 소지한 정예 보병부대를 이 글에서 편의상 '갑사부대'라고 명명하였다.

도 포함되었으리라 짐작된다. 그 이유는 긍준이 936년 9월의 일리천전투에서 유금필과 함께 중군의 마군(馬軍) 지휘관이었기에 그리 판단하였다.[109] 아마도 제2차 운주전투 때부터 유금필과 긍준은 말을 부리는 전투부대를 함께 했으리라 여겨진다. 비록 운주가 긍준의 고려 귀부 이후에 일시적으로 다시 후백제의 소유로 바뀌었지만 운주를 재탈환하려는 고려의 작전에 긍준은 여러모로 유용할 수밖에 없었다.

그 밖에 운주전투에서 도움을 주었을 사람으로 운주와 인접한 몽웅역(夢熊驛)[110]의 한씨(韓氏)를 들 수 있다. 서산과 태안 쪽에서 고려 통일전쟁기에 가장 주목받은 곳은 정해현(貞海縣, 충남 서산시 해미면)이었다. 정해현은 "세간에 전하기를 태조 때에 몽웅역의 역리였던 한씨 성을 가진 자가 큰 공로가 있어 대광(大匡)의 호를 내리고, 고구현(高丘縣)의 땅을 나누어 이 현을 설치하여 그의 관향으로 삼게 하였다"고 한다.[111] 이처럼 그의 이름은 알려지지 않은 채 성씨와 업적만 간단히 기술되어 있다.

그렇다면 한씨가 세운 큰 공이라는 것이 무엇인가 궁금하다. 원래 지위가 높지 않고 특별히 지역세력이라고 내세울만한 인물도 아닌 사람이 한씨였다. 그에게 수여된 대광이라는 관계는 당시 지역민에게

---

109) 『고려사』 권2, 세가2, 태조2, 19년 9월.

110) 현 충남 서산시 해미면 동암리[『한국지명총람』 4(충남편 하), 한글학회, 1974, 85쪽]. 현지답사를 해보니 토박이들은 동암리의 원래 이름을 역말(역마을)이라고 구술해 주었다. 그리고 이 마을이 예전에 몽웅역이었다는 것도 알고 있었다. 제보자 : 오관복(남 78세, 해주오씨, 동암리 토박이, 2015년 8월 18일 동암리 마을에서 구술) 외 4인.

111) 『고려사』 권56, 지10, 지리1, 홍주, 정해현, "世傳 太祖時 夢熊驛吏韓姓者 有大功 賜號太匡 割高丘縣地 置縣 爲其鄕貫".

주어진 것으로서는 최고의 대우에 해당되었다. 왕건이 명주(강원도 강릉)의 실력자로 잘 알려진 왕순식에게 내린 관계가 대광이었다.[112] 바로 왕순식과 동급의 대광 관계를 한씨가 받았던 것이다. 서산지역에서 대광이라는 관계를 받을 정도로 큰 공을 세웠다면 떠오르는 생각이 있다. 바로 인근에서 벌어진 운주전투이다. 한씨가 세웠을 큰 공의 내용에 대해서는 다음과 같이 추정할 수 있다. 군령(軍令) 전달과 군수(軍需) 보급은 물론이고, 적에 대한 정탐·진군로에 대한 안내·기병들의 말먹이 보충 등이 그가 했을 공로가 아닐까 한다.[113]

이러한 한씨의 역할은 긍준에게도 요구되는 사항이었다. 제2차 운주전투에서 왕건에게 도움을 주었을 지역의 대표적 인물로 긍준과 한씨가 있었다. 특히 긍준의 공이 컸다. 전투의 현장이 원래 긍준의 지역이었기 때문이다. 이후 운주(홍주)는 호서(湖西, 충청도)의 거읍(巨邑)[114]으로 발전하였다. 운주가 일대의 큰 고을로 발전할 수 있도록 발판을 마련해준 긍준(홍규)은 가히 운주의 개조(開祖)라 하겠다.[115]

사료 Ⅵ마)에 의하면, 고려군에 의해 후백제의 정예부대인 갑사부대 5천 명 중에서 3천여 명이 목 베이거나 사로잡히니, 그 소문을 듣고 웅진(熊津, 충남 공주) 이북의 30여 성이 스스로 항복하였다 한다. 한마디로 고려군의 압승이었다. 제2차 전투의 승리로 인한 파장은

---

112) 『고려사』 권92, 열전5, 왕순식.

113) 김명진, 앞의 「고려 태조 왕건의 아산만 일대 공략과정 검토」, 2012, 26~27쪽 참고.

114) 『신증동국여지승람』 권19, 충청도, 홍주목, 신증, 궁실 객관, 조위(曹偉) 기(記).

115) 윤용혁, 앞의 「제5장 고려시대」 『洪州大觀』 상권, 2002, 256쪽 ; 앞의 「고려시대 홍주의 성장과 홍주읍성」, 2009, 221쪽.

1차에 비해 대단히 컸다. 918년 8월에 웅주·운주 등 10여 개의 주현이 모반을 일으켜 후백제로 넘어 갔었다. 16년이 지난 후에 정반대로 웅진 이북 30여 성이 고려로 귀부하였던 것이다. 918년보다 더 넓은 지역이 고려의 영역으로 바뀐 상황이 되었다.[116] 이러한 양국 영역의 접경선 변화에 대해서 약도를 그려보았다.

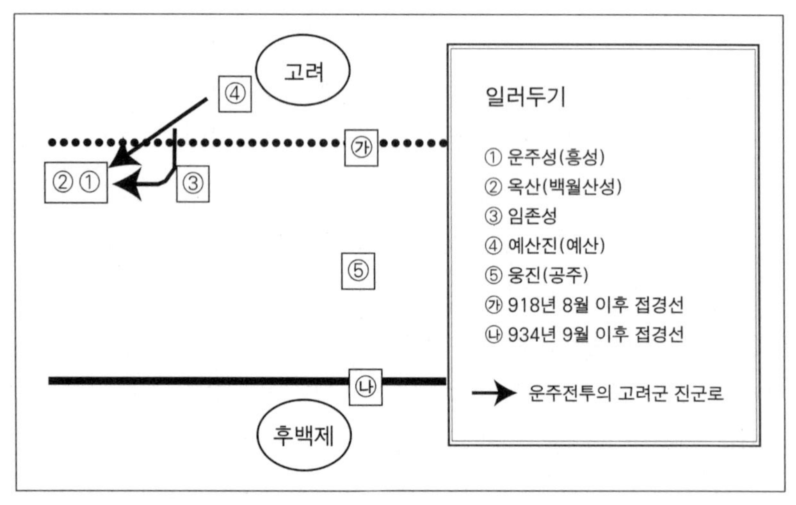

〈도 Ⅵ-1〉 운주성 일대의 고려와 후백제의 접경선 변화

〈도 Ⅵ-1〉에 나타나 있듯이 후백제의 영역은 제2차 운주전투 이후에 공주 이남으로 후퇴하였다. 견훤은 이미 고창군전투(경북 안동)에서 대패하여 경상지역의 주도권을 왕건에게 넘겨준 상태였다. 그런데 여기에 더해 견훤은 제2차 운주전투에서 패배하여 충남지역의 대부

116) 김명진, 앞의 「고려 태조 왕건의 아산만 일대 공략과정 검토」, 2012, 28쪽. 이때의 웅진 이북 30여 성이 후일 공주와 홍주의 속군현이 된 지역과 서산 일대라는 견해가 있는데 참고된다(김갑동, 앞의 「고려초기 홍성지역의 동향과 지역세력」, 2004, 149쪽).

분을 상실하면서 재기불능 상태가 되었다. 따라서 제2차 운주전투가 고려 통일전쟁에서 차지하는 위상은 대단한 것이었다. 세력이 급격히 축소된 후백제는 제2차 운주전투가 끝나고 불과 6개월 만에 급변사태가 발발하였다. 935년 3월에 부자간의 내분으로 견훤이 큰 아들 신검에게 내쫓겨 금산사(전북 김제)에 감금되고 말았다.117) 신검은 후백제의 왕이 되었지만 아버지 견훤은 같은 해 6월에 금산사에서 탈출하여 아이러니하게도 왕건에게 귀부하였다.118) 마침내 고려는 태조 19년(936) 9월에 통일전쟁의 마지막전투인 일리천전투(경북 구미)에서 후백제의 신검군을 대패시켰다. 왕건은 마성(전북 완주군 용계산성)에서 신검의 항복을 받았으며, 후백제는 국가의 문을 닫고 말았다.119) 이처럼 제2차 운주전투는 고려 통일전쟁사에 큰 획을 그었다.

5. 맺음글

이상과 같이 고려 태조 왕건이 수행한 통일전쟁의 주요 전투 중 하나인 운주전투(충남 홍성)에 대해서 살펴보았다. 이를 크게 몇 가지로 정리하면 다음과 같다.

첫째, 대략 10세기 이전의 어느 때에 충남 홍성읍을 중심으로 하는 해풍향 또는 해풍현이 있었는데, 이곳이 고려 통일전쟁기에 운주(運

---

117) 『고려사』 권2, 세가2, 태조2, 18년 춘3월.

118) 『고려사』 권2, 세가2, 태조2, 18년 하6월.

119) 『고려사』 권2, 세가2, 태조2, 19년 추9월. 김명진, 앞의 「고려 태조 왕건의 아산만 일대 공략과정 검토」, 2012, 29쪽.

州)라는 거창한 이름으로 포장되어 나타났다. 해풍향(해풍현)은 그 명칭이 주(州)로 개칭되었고, 일대를 관할하며 이전에 비해 한껏 격상된 대접을 받았다. 이는 해당지역이 전략적으로 중요한 지리적 조건을 가지고 있었으며, 또한 궁예정권에게 귀부한 강력한 지역세력이 있었기에 가능한 일이었다. 운주는 당시 궁예정권과 견훤정권의 최일선 접경지였기에 전략적으로 중요한 지역이었다. 그리고 그곳에는 강력한 지역세력이 있었는데 그는 긍준(兢俊)이었다.

둘째, 운주성의 성주(城主)이자 장군(將軍)인 긍준은 신라 말의 혼란기에 자립하고 있다가 궁예 휘하로 들어갔다. 그러나 그는 918년 6월에 왕건이 궁예를 몰아내고 즉위하자, 2달 후인 8월에 후백제로 귀부하였다. 하지만 긍준은 927년 3월의 제1차 운주전투에서 왕건의 고려군에 패배하자, 다시 소속 국가를 바꾸어 왕건에게 귀부하고 말았다. 그런데 긍준은 왕건의 제12비인 흥복원부인의 아버지 홍규(洪規)와 동일 인물이었다. 그리고 운주성(해풍현성)은 현 홍성읍내에 있는 평지성인 홍주읍성의 모태였다.

셋째, 왕건은 928년 4월에 운주 옥산(玉山)에 성(백월산성)을 쌓게 하였다. 그러나 932년 9월을 전후하여 운주는 후백제의 영역으로 바뀌었다. 하지만 긍준은 계속 고려에 잔류하였다. 이후 왕건은 932년 11월 즈음에 일모산성(충북 청주시 상당구 문의면) 공략에 성공하며 유리한 전선을 갖추게 되었다. 마침내 그는 긍준의 협조 속에서 934년 9월에 운주를 친정(親征)하였다. 왕건은 고려군 경기(勁騎)를 유금필에게 맡기어 견훤의 후백제 갑사부대(甲士部隊)를 상대로 대승을 거두었다. 이것이 제2차 운주전투인데 이 전투에서 왕건이 승리하자, 웅진(충남 공주) 이북의 30여 성이 고려로 투항하였다. 패배한 견훤은 충남지역의 대부분을 상실하면서 몰락의 길로 접어들고 말았다. 이처럼 제2차 운주전투는 고려 통일전쟁사에 큰 획을 그었다.

참고문헌

1. 기본자료

『삼국사기』, 『삼국유사』, 『고려사』, 『고려사절요』, 『세종장헌대왕실록』, 『신증동국여지승람』, 『상촌선생집』, 『기언』, 『택리지』, 『동사강목』, 『여지도서』, 『대동지지』, 『충청도읍지』.
『사기』, 『삼국지』, 『수서』, 『구오대사』, 『신오대사』, 『고려도경』.

한국고대사회연구소, 『譯註 韓國古代金石文』 I (고구려·백제·낙랑 편), 가락국사적개발연구원, 1992.
한국고대사회연구소, 『譯註 韓國古代金石文』 III(신라2·발해 편), 가락국사적개발연구원, 1992.
한국역사연구회 중세1분과 나말여초연구반 편, 『譯註 羅末麗初金石文』上, 혜안, 1996.
이강래 역, 『삼국사기』 I , 한길사, 1998.
이강래 교감, 『원본 삼국사기』, 한길사, 2003.
김용선 편저, 「朴景山 墓誌銘」 『고려묘지명집성』 제4판, 한림대학교 출판부, 2006.
동아대학교 석당학술원, 『국역 『고려사』 1, 세가1』, 경인문화사, 2008.
이기백·김용선, 『『고려사』 병지 역주』, 일조각, 2011.

『문화유적분포지도－예산군』, 충청남도·충남발전연구원, 2001.
『문화유적분포지도－홍성군』, 충청남도·공주대학교박물관, 2002,

『문화유적분포지도-문경시』, 문경시·영남대학교 민족문화연구소, 2004.

『한국지명총람』 4(충남편 하), 한글학회, 1974.
『한국지명총람』 5(경북편 I), 한글학회, 1978.
『地方行政區域發展史』, 내무부, 1979.
『文化遺蹟總覽』(城廓 官衙 篇), 충청남도, 1991.
『洪城郡 長谷面 一帶 山城 地表調査報告書』, 상명여자대학교 박물관·홍성군청, 1995.
『報恩 昧谷山城 地表調査 報告書』, 충북대학교 중원문화연구소, 1998.
『淸原 壤城山城』, 충북대학교 중원문화연구소, 2001.
『開泰寺址』, 공주대학교박물관·논산시, 2002.
『洪州大觀』 상권, 홍주대관편찬위원회, 2002.
『淸原 壤城山城 圓池 發掘調査 報告書』, 충북대학교 중원문화연구소, 2005.
조선 과학백과사전출판사·한국 평화문제연구소, 『조선향토대백과』 9 황해남도 ②, 평화문제연구소, 2006.
『1/10만 도로지도』, (주)성지문화사, 2007.
(사)한국성곽학회, 『삼년산성』, 충청북도, 2008.
『洪城邑誌』, 홍성읍지편찬위원회, 2008.
『홍주성내 의병공원 조성부지 1차 문화유적 발굴조사 보고서』, 홍성군·백제문화재연구원, 2009.
『홍성 홍주성 남문지』, 홍성군·백제문화재연구원, 2012.

今西龍 遺著, 『朝鮮史の栞』, 京城 近澤書店, 1935.
諸橋轍次, 『大漢和辭典』 권10, 大修館書店, 1985 수정판.

2. 박사학위논문과 단행본

권은주, 『渤海 前期 北方民族 關係史』, 경북대학교 대학원 박사학위논문, 2012.
김갑동, 『羅末麗初의 豪族과 社會變動 硏究』, 고려대학교 대학원 박사학위논문, 1989 / 『羅末麗初의 豪族과 社會變動 硏究』, 고려대학교 민족문화연구소, 1990.

김갑동, 『고려의 후삼국 통일과 후백제』, 서경문화사, 2010.
김명진, 『고려 태조 왕건의 통일전쟁 연구』, 경북대학교 대학원 박사학위논문, 2009 / 『고려 태조 왕건의 통일전쟁 연구』, 혜안, 2014.
김윤곤, 『高麗郡縣制度의 硏究』, 경북대학교 대학원 박사학위논문, 1983.
김창현, 『고려 개경의 구조와 그 이념』, 신서원, 2002.
노명호, 『고려국가와 집단의식』, 서울대학교 출판문화원, 2009.
노태돈, 『삼국통일전쟁사』, 서울대학교 출판문화원, 2010.
류영철, 『高麗와 後百濟의 爭覇過程 硏究』, 영남대학교 대학원 박사학위논문, 1997 / 『高麗의 後三國 統一過程 硏究』, 경인문화사, 2005.
문경현, 『高麗太祖의 後三國統一硏究』, 영남대학교 대학원 박사학위논문, 1986 / 『高麗太祖의 後三國統一硏究』, 형설출판사, 1987.
문수진, 『高麗의 建國과 後三國 統一過程 硏究』, 성균관대학교 대학원 박사학위논문, 1991.
문안식, 『후백제 전쟁사 연구』, 혜안, 2008.
박한설, 『高麗 建國의 硏究』, 고려대학교 대학원 박사학위논문, 1985.
신성재, 『弓裔政權의 軍事政策과 後三國戰爭의 전개』, 연세대학교 대학원 박사학위논문, 2006.
신성재, 『후삼국시대 수군활동사』, 혜안, 2016.
신호철, 『後百濟 甄萱政權 硏究』, 서강대학교 대학원 박사학위논문, 1989 / 『後百濟 甄萱政權 硏究』, 일조각, 1993.
오강남, 『세계 종교 둘러보기』, 현암사, 2003.
음선혁, 『高麗太祖王建硏究』, 전남대학교 대학원 박사학위논문, 1995.
이재범, 『後三國時代 弓裔政權의 硏究』, 성균관대학교 대학원 박사학위논문, 1991 / 『後三國時代 弓裔政權 硏究』, 혜안, 2007.
장동익, 『宋代麗史資料集錄』, 서울대출판부, 2000.
장동익, 『고려사세가초기편보유』 1, 경인문화사, 2014.
전기웅, 『羅末麗初의 文人知識層 硏究』, 부산대학교 대학원 박사학위논문, 1993 / 『羅末麗初의 政治社會와 文人知識層』, 혜안, 1996.
정선용, 『高麗太祖의 新羅政策 硏究』, 서강대학교 대학원 박사학위논문, 2010.
정용숙, 『고려시대의 后妃』, 민음사, 1992.
정청주, 『新羅末 高麗初 豪族 硏究』, 전북대학교 대학원 박사학위논문, 1991 /

『新羅末高麗初 豪族研究』, 일조각, 1996.
조인성, 『泰封의 弓裔政權 研究』, 서강대학교 대학원 박사학위논문, 1991/『태봉의 궁예정권』, 푸른역사, 2007.
최규성, 『고려 초기 정치세력과 정치체제 연구』, 단국대학교 대학원 박사학위논문, 1988.
『팔공산』, 대구문화방송, 1987.
한우근, 『其人制研究』, 일지사, 1992.
한정훈, 『高麗時代 交通과 租稅運送體系 研究』, 부산대학교 대학원 박사학위논문, 2009

3. 논문

김갑동, 「'高麗初'의 州에 대한 考察」『고려사의 제문제』, 삼영사, 1986.
김갑동, 「高麗太祖 王建과 後百濟 神劍의 戰鬪」『滄海 朴秉國教授 停年紀念史學論叢』, 滄海朴秉國教授停年紀念史學論叢刊行委員會, 1994.
김갑동, 「百濟 이후의 禮山과 任存城」『百濟文化』 28, 공주대백제문화연구소, 1999.
김갑동, 「고려초기 홍성지역의 동향과 지역세력」『史學研究』 74, 한국사학회, 2004.
김갑동, 「고려의 건국 및 후삼국통일의 민족사적 의미」『한국사연구』 143, 한국사연구회, 2008.
김광수, 「高麗建國期의 浿西豪族과 對女眞關係」『史叢』 21·22합집, 고려대학교 사학회, 1977.
김명진, 「太祖王建의 天安府 設置와 그 運營」『한국중세사연구』 22, 한국중세사학회, 2007.
김명진, 「太祖王建의 一利川戰鬪와 諸蕃勁騎」『한국중세사연구』 25, 한국중세사학회, 2008.
김명진, 「太祖王建의 나주 공략과 압해도 능창 제압」『島嶼文化』 32, 목포대학교 도서문화연구소, 2008.
김명진, 「고려 태조 왕건의 아산만 일대 공략과정 검토」『지역과 역사』 30, 부경역사연구소, 2012.

김명진, 「고려 태조 왕건의 일모산성전투와 공직의 역할」『軍史』 85, 국방부 군사편찬연구소, 2012.
김명진, 「고려 태조 왕건의 質子政策에 대한 검토」『한국중세사연구』 35, 한국중세사학회, 2013.
김명진, 「고려 태조 왕건의 운주전투와 긍준의 역할」『軍史』 96, 국방부 군사편찬연구소, 2015.
김명진, 「고려 태조 왕건의 천안부 설치 배경 검토」『천안향토연구』 2, 천안시서북구문화원, 2015.
김명진, 「고려 태조 왕건의 삼한일통과 왕실 신성화 검토」『한국중세사연구』 46, 한국중세사학회, 2016.
김명진, 「고려 태조 왕건의 기병 운영에 대한 검토」『軍史』 101, 국방부 군사편찬연구소, 2016.
김명진, 「고려 태조대 천안지역의 사상적 동향과 사찰의 역할」『한국중세사연구』 48, 한국중세사학회, 2017.
김명진, 「고려 태조 왕건의 공산동수전투와 신숭겸의 역할」『한국중세사연구』 52, 한국중세사학회, 2018.
김상기, 「羅末地方群雄의 對中通交－特히 王逢規를 중심으로－」『黃義敦先生古稀紀念史學論叢』, 1960 / 『東方史論叢』, 서울대출판부, 1984 개정판.
김성준, 「其人의 性格에 대한 考察」(上)·(下)『歷史學報』 10·11, 역사학회, 1958·1959.
김철준, 「新羅 上代社會의 Dual organization」(下)『歷史學報』 2, 역사학회, 1952.
남도영, 「高麗時代의 馬政」『曉城趙明基博士華甲記念 佛敎史學論叢』, 효성조명기박사화갑기념불교사학논총간행위원회, 1965.
노명호, 「고려 태조 왕건 동상의 황제관복과 조형상징」『북녘의 문화유산』, 국립중앙박물관, 2006.
노태돈, 「三韓에 대한 認識의 變遷」『한국사연구』 38, 한국사연구회, 1982.
류영철, 「공산전투의 재검토」『鄕土文化』 9·10합집, 향토문화연구회, 1995.
류영철, 「古昌戰鬪와 後三國의 정세변화」『한국중세사연구』 7, 한국중세사학회, 1999.
류영철, 「曹物城싸움을 둘러싼 高麗와 後百濟」『국사관논총』 92, 국사편찬위원회, 2000.

류영철, 「一利川戰鬪와 後百濟의 敗亡」 『大邱史學』 63, 대구사학회, 2001.
민병하, 「申崇謙과 公山桐藪 戰鬪」 『軍史』 29, 국방군사연구소, 1994.
박한설, 「王建 및 그 先世의 姓·名·尊稱에 對하여」 『史學硏究』 21, 한국사학회, 1969.
변동명, 「申崇謙의 谷城 城隍神 推仰과 德陽祠 配享」 『한국사연구』 126, 한국사연구회, 2004.
서금석, 「궁예의 국도 선정과 국호·연호 제정의 성격」 『한국중세사연구』 42, 한국중세사학회, 2015.
서영교, 「新羅 長槍幢에 대한 新考察」 『慶州史學』 17, 경주사학회, 1998.
서영교, 「張保皐의 騎兵과 西南海岸의 牧場」 『震檀學報』 94, 진단학회, 2002.
서영교, 「新羅 騎兵隊 五州誓 附屬 步兵」 『경주문화연구』 6, 경주대학교 경주문화연구소, 2003.
성주탁·차용걸, 「百濟未谷縣과 昧谷山城의 歷史地理的 管見」 『삼불 김원룡교수 정년퇴임기념논총』 II, 일지사, 1987.
신성재, 「태봉과 후백제의 덕진포해전」 『軍史』 62, 국방부군사편찬연구소, 2007.
신성재, 「일리천전투와 고려태조 왕건의 전략전술」 『韓國古代史硏究』 61, 한국고대사학회, 2011.
신성재, 「고려와 후백제의 공산전투」 『한국중세사연구』 34, 한국중세사학회, 2012.
신형식, 「新羅의 對唐交涉上에 나타난 宿衛에 對한 一考察」 『歷史敎育』 9, 역사교육연구회, 1966.
신호철, 「新羅末·高麗初 昧谷城(懷仁)將軍 龔直－지방호족 존재양태의 일단」 『湖西文化硏究』 10, 충북대 호서문화연구소, 1992.
신호철, 「高麗初 後百濟系 人物들의 활동」 『한국중세사연구』 22, 한국중세사학회, 2007.
윤경진, 「고려 태조대 군현제 개편의 성격－신라 군현제와의 상관성을 중심으로－」 『역사와 현실』 22, 한국역사연구회, 1996.
윤경진, 「나말려초 성주(城主)의 존재양태와 고려의 대성주정책」 『역사와 현실』 40, 한국역사연구회, 2001.
윤경진, 「新羅 中代 太宗(武烈王) 諡號의 追上과 재해석」 『韓國史學報』 53, 고려

사학회, 2013.
윤경진, 「고려의 三韓一統意識과 '開國' 인식」 『한국문화』 74, 서울대학교규장각한국학연구원, 2016.
윤용혁, 「지방제도상으로 본 홍주의 역사적 특성－운주, 홍주, 홍성」 『홍주문화』 13, 홍성문화원, 1997.
윤용혁, 「936년 고려의 통일전쟁과 개태사」 『韓國學報』 114, 일지사, 2004.
윤용혁, 「나말여초 洪州의 등장과 運州城主 兢俊」 『한국중세사연구』 22, 한국중세사학회, 2007.
윤용혁, 「고려시대 홍주의 성장과 홍주읍성」 『전통문화논총』 7, 한국전통문화학교, 2009.
윤희면, 「新羅下代의 城主·將軍－眞寶城主 洪術과 載岩城將軍 善弼을 中心으로－」 『한국사연구』 39, 한국사연구회, 1982.
이광린, 「其人制度의 變遷에 對하여」 『學林』 3, 연세대 사학연구회, 1954.
이기동, 「新羅 下代의 浿江鎭－高麗王朝의 成立과 關聯하여－」 『韓國學報』 4, 일지사, 1976.
이기백, 「高麗 軍人考」 『高麗兵制史硏究』, 일조각, 1968.
이문기, 「新羅末 大邱地域 豪族의 實體와 그 行方－〈新羅 壽昌郡 護國城 八角燈樓記〉의 分析을 통하여－」 『鄕土文化』 9·10합집, 향토문화연구회, 1995.
이용범, 「麗丹貿易考」 『東國史學』 3, 동국사학회, 1955.
이용범, 「胡僧 襪囉의 高麗往復」 『歷史學報』 75·76합집, 역사학회, 1977.
이우성, 「三國遺事所載 處容說話의 一分析－新羅末·高麗初의 地方豪族의 登場에 대하여－」 『韓國中世社會硏究』, 일조각, 1997.
이인재, 「羅末麗初 申崇謙의 生涯와 死後評價」 『강원문화사연구』 6, 강원향토문화연구회, 2001.
이재범, 「申崇謙의 生涯와 死後 追崇」 『사림』 44, 수선사학회, 2013.
이정란, 「高麗 王家의 龍孫意識과 왕권의 변동」 『韓國史學報』 55, 고려사학회, 2014.
이종서, 「羅末麗初 姓氏 사용의 擴大와 그 背景」 『韓國史論』 37, 서울대학교 국사학과, 1997.
이진한, 「高麗 太祖代 對中國 海上航路와 外交·貿易」 『한국중세사연구』 33,

한국중세사학회, 2012.
이학주, 「신숭겸 설화의 영웅적 형상화 연구」『江原民俗學』 20, 강원도민속학회, 2006.
이형우, 「古昌地方을 둘러싼 麗濟兩國의 각축양상」『嶠南史學』 1, 영남대학교 국사학회, 1985.
임지원, 「高麗 太祖代 高僧碑 건립의 정치적 의미」『大邱史學』 119, 대구사학회, 2015.
장동익, 「高麗時代의 假子」『한국중세사연구』 25, 한국중세사학회, 2008.
전기웅, 「羅末麗初의 地方社會와 知州諸軍事」『경남사학』 4, 경남사학회, 1987.
전덕재, 「新羅 下代 浿江鎮의 設置와 그 性格」『大丘史學』 113, 대구사학회, 2013.
정경현, 「高麗 太祖의 一利川 戰役」『韓國史研究』 68, 한국사연구회, 1990.
정경현, 「경군」『한국사』 13, 국사편찬위원회, 2003.
정선용, 「고려 태조의 改元政策과 그 성격」『동국사학』 52, 동국사학회, 2012.
최종석, 「羅末麗初 城主·將軍의 정치적 위상과 城」『韓國史論』 50, 서울대학교 국사학과, 2004.
한기문, 「高麗時代 開京 奉恩寺의 創建과 太祖眞殿」『韓國史學報』 33, 고려사학회, 2008.
한우근, 「古代國家成長過程에 있어서의 對服屬民施策－其人制起源設에 대한 檢討에 붙여서」 (上)·(下)『歷史學報』 12·13, 1960.
한정수, 「고려시대 태조 追慕儀의 양상과 崇拜」『사학연구』 107, 한국사학회, 2012.
한정수, 「高麗 太祖代 八關會 설행과 그 의미」『大東文化研究』 86, 성균관대학교 대동문화연구원, 2014.

4. 기타

문화재청 홈페이지(2018년 4월 17일 확인)
충청북도 보은군 회인면 홈페이지(2018년 4월 8일 확인)

찾아보기

_ㄴ

_ㄷ

_ㅁ

_ㅂ

_ㅅ

_ㅇ

_ㅈ

_ㅊ

_ㅌ

_ㅍ

_ㅎ

김 명 진

전북 전주에서 나고 전북 고창에서 자람
국립 목포대학교 역사학전공 졸업
국립 공주대학교 대학원 사학과 석사과정 졸업
국립 경북대학교 대학원 사학과 박사과정 졸업(문학박사)
현재 경북대학교 사학과·한밭대학교 인문교양학부 강사

주요 논저 | 『고려 태조 왕건의 통일전쟁 연구』(혜안), 『한국사』(경북대, 공저), 『내포의 불교사상과 문화』(공저), 「고려 태조 왕건의 아산만 일대 공략과정 검토」, 「고려 명종대 조위총의 난과 금의 대응」 외 다수

한국중세사학회 연구총서 9
통일과 전쟁, 고려 태조 왕건
김 명 진 지음

초판 1쇄 발행 2018년 6월 15일

펴낸이 오일주
펴낸곳 도서출판 혜안

등록번호 제22-471호
등록일자 1993년 7월 30일

주소 (우) 04052 서울시 마포구 와우산로 35길 3(서교동) 102호
전화 3141-3711~2 / 팩스 3141-3710
E-Mail hyeanpub@hanmail.net

ISBN 978-89-8494-610-1 93910

값 25,000 원